JN335715

処女神

少女が神になるとき

植島啓司

Ueshima Keiji

集英社

処女神

少女が神になるとき

はじめに——室生寺にて

彼女はずっとぼくを見ていた。それは間違いなかった。ここに来てからも雨は降り続いている。それでなくても暗いお堂の奥にいるのに、雨のせいでなおさら何も見えなくなっていた。ただそこにはただならぬ気配のようなものが漂っていて、それが妙に心をざわつかせるのだった。

いま室生寺《むろうじ》の金堂にいる。先ほどまで紫陽花《あじさい》が咲き乱れる美しい石段を上り、すぐ右の遥拝所のようなところで時間をつぶしていたのが嘘のようで（そのときも雨はかすかに降ってはいたが）、いまや別世界に入ってしまったかのようだった。目の前に姿を現わしたのは十一面観音菩薩像だった。その立ち姿はどう考えても女性的で、みじんも隙を感じさせないものだった。ぼくはたしかに彼女の視線を感じていた。果たして彼女というべきかどうかいまでも謎なのだが。

二〇一二年春、ぼくは雨にぬれながら室生寺の十一面観音をずっと見つめていた。いったいなぜこれほどまでにこの像に惹かれるのか。もともと仏像に特別関心を持っていたわけではない。職柄数多くの仏像を見てきたが、特別に心惹かれるというものはなかった。しかし、この室生寺の十一面観音だけは別だった。はっきり心が動かされたのがわかった。それをもう一度確認するために訪れたのだった。

明らかに女性的な美しさを賞揚されてきたこの像について白洲正子は次のように書く。★01「金堂は西側の扉から入るようになっており、入った所に十一面観音が立っていられた。お堂の中は暗くて、殆んど何も見えないが、ほのかな斜光の中に、観音様だけが浮び上り、思いなしか今日はことさら尊く見える。多くの十一面観音の中でも、この仏像は特に有名で、翻波式と呼ばれる衣文の彫りも、彩色も、貞観時代の特徴をよく止どめている。が、私にいわせればやはり山間の仏で、平野の観音の安らぎはない。両眼をよせ気味に、一点を凝視する表情には、多分に呪術的な暗さがあり、まったく動きのない姿は窮屈な感じさえする」。

このところずっと十一面観音をたずねてまわっている。日本中の聖地をめぐって三十年以上になるのだが、その途上で出会う十一面観音を足のおもむくままに観察してきたのである。木津川にそって笠置寺《かさぎでら》などを訪れた時も、その地域に十一面観音が数多く分布していることを知った。それが水の神信仰の分布とよく重なるということも確かめた。そんなふうにしてそこらじゅうに分布している観音菩薩像を見てまわってきたのだった。

しかし、数ある観音像の中でもなぜ十一面観音に惹かれるのかはいまでもわからない。それでも特別な印象を与えられるのは十一面観音だけなのだった。たとえば、同じ奈良の聖林寺《しょうりんじ》の十一面観音像もなんとも忘れがたいもので、いまでもその時の空気感まで憶えている。夕刻迫る時間に着いたこともあって、長いこと一対一で対面できたのも幸運だったが、その姿からはこれまでに感じたことのない神秘的な力が感じとれた。琵琶湖東岸に位置する渡岸寺《どうがんじ》（向源寺《こうげんじ》）の十一面観音菩薩像もいまだに脳裏を離れない。何度も周囲をぐるりとまわって眺めながら至福の時間を過ごしたものだった。それらはなぜ他の仏像にはない魅力を備えているのか。当時、ぼくにとってまだ長い旅は始まったばかりだった。

ネパールのカトマンズ盆地を訪れるようになってからすでに三十年が経過している。処女神クマリと出会って以来ずっとその背景となる信仰について調べてきたのだが、そうした関心が水の神についての調査へと進み、ふたたび十一面観音像と出会ったのは果たして自然の成り行きだったのだろうか。すべてを産み出す母胎となる大地や森や洞窟は、その本源を水の神にゆだねることによって、われわれ自身が生み出され、そして、最後に戻ってゆくべき場所が暗示されることになる。

この世では不思議なことがたくさん起こっている。一九八八年までバリ島の奥地の村で行われていたバロンダンスは、身体がふるえるほどおそろしいものだった。トランスに入った数人の村人がナイフを振りまわしてこちらに駆け寄ってくる。薄暗いランプの下で行われた祭りはこちらの予想を裏切って進行した。暗闇からそっと姿を現わすバロンはそれはもう神秘的なことこの上なかった。ところが、その後十数年たって奥地の村まで電気が通じるや否や、それはいつのまにか様式美を競う芸能のようなものへと変貌を遂げてしまった。あっというまの出来事だった。光の明暗によって見えるものがまったくちがってしまったのである。

室生寺の十一面観音像

そもそも想像上の動物だってそのほとんどがキメラだ。つまり、いくつかの動物の部位を組み合わせたものにすぎない。われわれが想像できないものは存在しないと同じことなのだ。神のイメージにしても人間の姿をモデルにしないで描くことはできない。イエス・キリストにしても、ゼウスやアポロンにしても、観音菩薩にしても、アマテラス（天照大神）にしても、われわれが思い浮かべるのは人間の姿で描かれたイメージだ。想像力なんてそんなものなのだ。

逆に考えると、およそ人間が想像できるようなことは必ずこの地上のどこかに存在していると思っていい。モンテーニュは次のように書いた。「私は、人間の想像に思い浮かぶどんなにとっぴな考えでも、どこかで公然と通用していないような、したがってわれわれの理性に根ざし、その支持を受けていないようなものはないと思う[★02]」。

本書は、ネパールという一国家の至上神として認知されてきた処女神クマリについて、長い調査を踏まえたうえでここにできるだけ詳細に書き記そうと試みたものである。二〇〇八年ネパールはついに王制を廃止し連邦共和制を宣言するに至った。そうなると、王制と密接なつながりを持つ処女神クマリはどのような運命をたどることになるのだろうか。彼女は仏教徒の中から選ばれることになっているが、ではヒンドゥー教を国教とするネパールにおいて仏教とヒンドゥー教はこれからいかなる関係へと変化していくのか。そもそもなぜ幼い少女を神として祀らなければならなかったのか。これからさまざまな謎に一つひとつ挑戦していきたいと思っている。

【ネパール語の表記その他について】

まず、「カトマンズ」[Kathmandu]という表記だが、カトマンズ市だけを表す場合とカトマンズ盆地全体を表す場合があることを先にお断りしておきたい。また、「カトマンドゥ」と表記するものもよく見かけるが、本書では「カトマンズ」で統一している。インドやネパールの神話に登場する神「バイラブ」[Bhairav]、「バイラヴァ」[Bhairava]、「ガネーシャ」[Ganesha]、「ガネシュ」[Ganesh]もここでは「バイラブ」「ガネシュ」で統一することにした。「アヴァローキテーシュヴァラ」[Avalokiteśvara]（観音菩薩）の表記は、書くと冗長な感じがするので、「アヴァロキテシュヴァラ」としている。佐伯和彦氏や石井溥氏も指摘するように、ネパール語では長さが示差的特徴として使われていないことを考慮に入れたものである。地名の「キルティプル」「カンティプル」「バクタプル」と表記している。「キルティプール」[Kirtipur]、「カンティプール」[Kantipur]、「バクタプール」[Bhaktapur]もそれぞれ「キルティプル」「カンティプル」「バクタプル」と表記している。

僧侶カースト「ヴァジュラーチャーリヤ」[Vajracarya]を「ヴァジュラチャリヤ」としたのも同様である。ただし、この「ヴァジュラチャリヤ」の冒頭の「ヴァ」は、ネパールでは「バ」と発音するのが普通であろう。それも考慮に入れたうえで、これまでの通例に従うことにした。あくまでも記号として通用すればそれで十分という判断である。たとえば、ネパールには独特の「王統譜」[Vamśavali]が残されているが、それは「ヴァンシャヴァリ」ではなく「バンシャバリ」と表記している。

ロイヤル・クマリの出自である「サキャ」[Śakya]は、後にŚakyaをShakyaと綴るようになるにつれて「シャーキャ」と記載するのが一般的になったが、通常耳で聞こえる範囲で「サキャ」として問題ないと考えた。それでも正確を期したいという人はネパール語辞典などを参照してほしい。

その他の表記については、かつてトリブヴァン大学で社会学を教えていたプレム・K・カトリ教授による示唆や、佐伯和彦『ネパール全史』、立川武蔵編『講座　仏教の受容と変容3　チベット・ネパール編』、石井溥編『もっと知りたいネパール』などネパールに関する多くの資料を参考にさせていただいた。なかでもDavid N. Gellner, *Monk, Householder, and Tantric Priest*, Cambridge University Press, 1992. の冒頭にある「発音と略号についてのノート」はもっとも正確なものであろう。

〈凡例〉

＊本文中の引用文献、参考文献の出典については章ごとに通し番号を付し、巻末にまとめた。

＊カラー口絵については写真ごとに通し番号を付し、本文中の関連する箇所でその番号を示した。

＊引用のある海外文献について、邦訳のあるものは原則としてそれにしたがい、一部は新たに訳出した。

＊処女神 目次＊

第1章　処女神クマリとの出会い

01　謎——カトマンズ調査一九八二年

最初は小さな謎だった。

一九八二年九月、ネパールの首都カトマンズでインドラジャトラという大きな祭りに出合ったことがあった。暑い日差しのもと、国王をはじめとして各国の大使などが旧王宮のバルコニーに勢ぞろいする前を、一人の少女が山車《だし》（ratha）に乗って通り過ぎていく。国王らは手にコインを持ち、彼女に祝福を与えようとするのだが、その少女は彼らに一瞥も与えぬまま広場を横切っていった。

このインドラジャトラという祭りは、文字通り、国家の守護神インドラの祭り《ジャトラ》と銘打たれているにもかかわらず、インドラが手厚く祀られている様子もなく、ただひたすらその少女の存在感だけが際立っていた。いったいインドラジャトラの祭りに姿を見せたあの少女は何者だったのか。ずっ

インドラジャトラ　2003年

と心の片隅に引っかかったままだった。

それから七、八年が経過して、一九八九年からは毎年のようにカトマンズを訪れては彼女と会うようになっていった。その少女の名前はクマリ（Kumari）。

生き神として選ばれた少女だった。

ネパールのカトマンズ盆地[★01]では、一人の少女が三、四歳で「生き神」として選び出され、十二、三歳頃（初潮）まで神として君臨するという。最初はただそれだけしか知らされていなかった。しかし、それだけでもう十分だった。最初に彼女を見たのは、ちょうど留学先のシカゴ大学から戻り、東京から京都に移り住んだばかりの頃だった。そんな風習がいまだにこの世に残されており、しかも、この現代においても一国の制度として政治的・社会的に認知されているというのは、まったくの驚きだった。

まず、ぼくが連想したのは、沖縄の聞得大君《きこえのおおきみ》であり、伊勢の斎宮《さいぐう》であり、宮古島の狩俣神事《かりまたしんじ》や島根県物部神社の鎮魂祭の少女たちであった。その背景にはさまざまな民俗行事が含まれているわけだが、いずれも権力（王権）と血縁で結びつきながら共同体（国家）において特別な地位

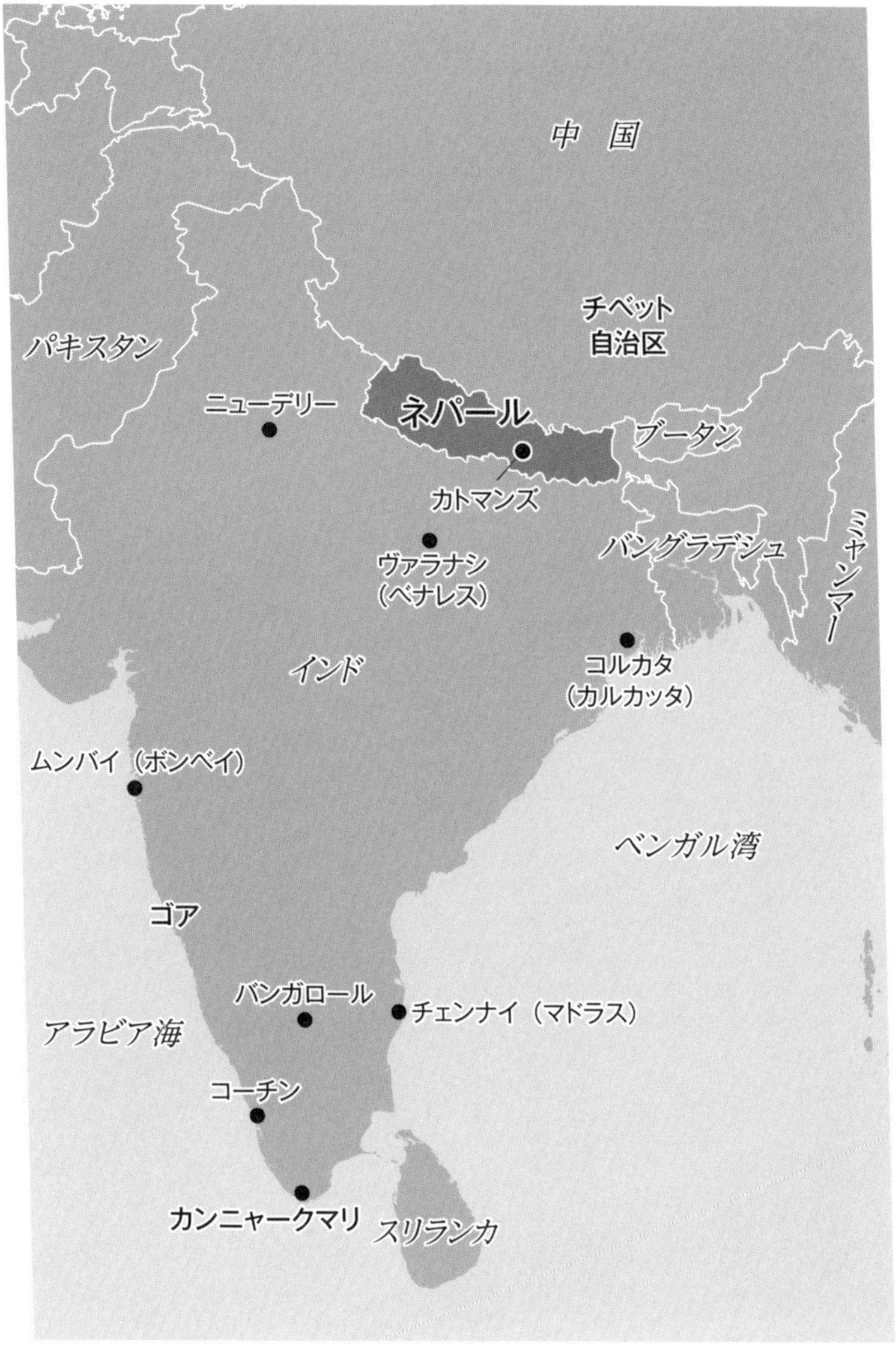
中　国
チベット
自治区
パキスタン
ニューデリー
ネパール
ブータン
カトマンズ
ミャンマー
バングラデシュ
ヴァラナシ
（ベナレス）
インド
コルカタ
（カルカッタ）
ムンバイ（ボンベイ）
ベンガル湾
ゴア
バンガロール
チェンナイ（マドラス）
アラビア海
コーチン
カンニャークマリ
スリランカ
南アジアの地図

を占めている。その役割は神の声を聴くことであった。
なかでも伊勢神宮の式年遷宮に登場する大物忌《おおものいみ》の存在は、まさにクマリそのものと言ってもいいくらいに共通点が多い。神宮において最も重要とされた「床下の秘儀」に参加できるのは、まだ童女である大物忌とその介添え役の禰宜《ねぎ》だけであり、彼女だけは精進潔斎に励んで斎館《さいかん》に籠り、けっして川を渡って外に出てはいけないとされていた。明治政府によって「床下の秘儀」は廃され、大物忌の制度もなくなってしまったが、その儀礼における彼女の役割は処女神クマリと瓜二つと言ってもよかった。[★02]

ネパールのクマリも、実際のところ国を挙げて崇拝の対象とされ、仏教カーストから選ばれるにもかかわらず、ヒンドゥー教の国王でさえもその前では跪《ひざまず》かざるをえないほどの力を持つのだった。彼女をめぐっては、その選別方法、役割（機能）、歴史的背景、政治的意味など、さまざまな謎がささやかれてきた。ただ、最初の印象は意外とピュアなものだった。彼女が幼いながらもこれまでに見たこともない美貌の持ち主だったからである。

そもそも高僧を神に準ずる位置に奉る風習は、多くの地域で見ることができる。しかし、このネパールの例のように無垢な少女を神とする風習はいまやほとんど見られない。なぜ無垢な少女なのか。ヒンドゥー教国のネパールでなぜよりによって仏教徒（少数派）のサキャ・カースト（主に金銀細工を生業とする仏教カースト。サキャはシャカ［釈迦］の意で、自分たちをシャカ族の末裔とする）から選ばれるのか。なぜヒンドゥー教の国王が仏教徒の彼女にそれほどの礼を尽くすのか。二つの宗教は互いにどのように関わりあっているのか。そもそもなぜネパールに「生き神」が必要だったのか……。最初の小さな謎はどんどん膨らんでいった。

おまけに、彼女は神に選ばれるときに「32の身体的条件」（バティスラクチェン［Batislakchhen］、バティスラクサナ［Batislaksana］）をパスしなければならないという。いわゆるイニシエーション儀礼である。その32項目にしても謎だらけ。「広くて均整のとれた額」「湿った舌」「均整のとれたかかと」「子牛のような睫《まつげ》」「骨盤の奥深くある性器」「獅子のような胸」等々。第6章で詳しく検討することになるが、いかにしてその基準は設定されたのか。あるいは、それこそ究極の美人の条件だったのであろうか。

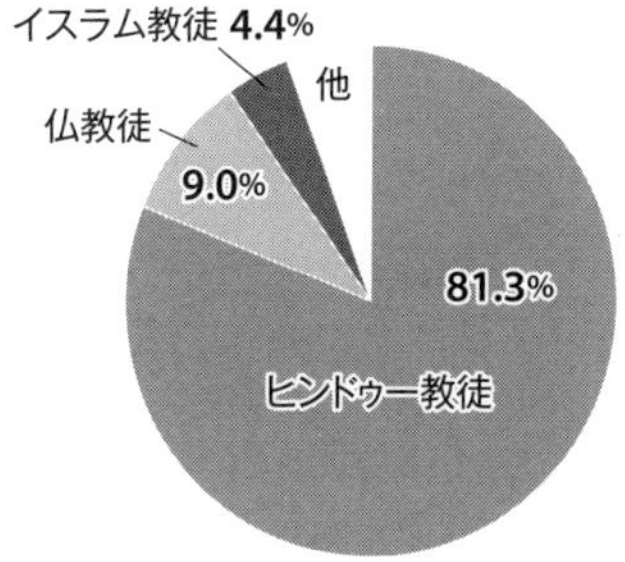

ネパールの宗教
（外務省データより作成、2013年）

しかも、少女はいったんクマリに選ばれると、特別な場合を除いてはクマリの館（クマリハウス）から一歩も外へ出ることを許されなくなる。当然、写真撮影も制限されているし、インタビューなど論外だった。彼女のまわりには神秘のヴェールがかぶせられている。

われわれはこれからクマリをめぐる謎について、さまざまな角度からアプローチしていきたいと思っている。そして、それを解くプロセスにおいて明らかになってくるだろうが、処女神クマリをとりまく謎は単なるネパール一社会の問題などではなく、クマ

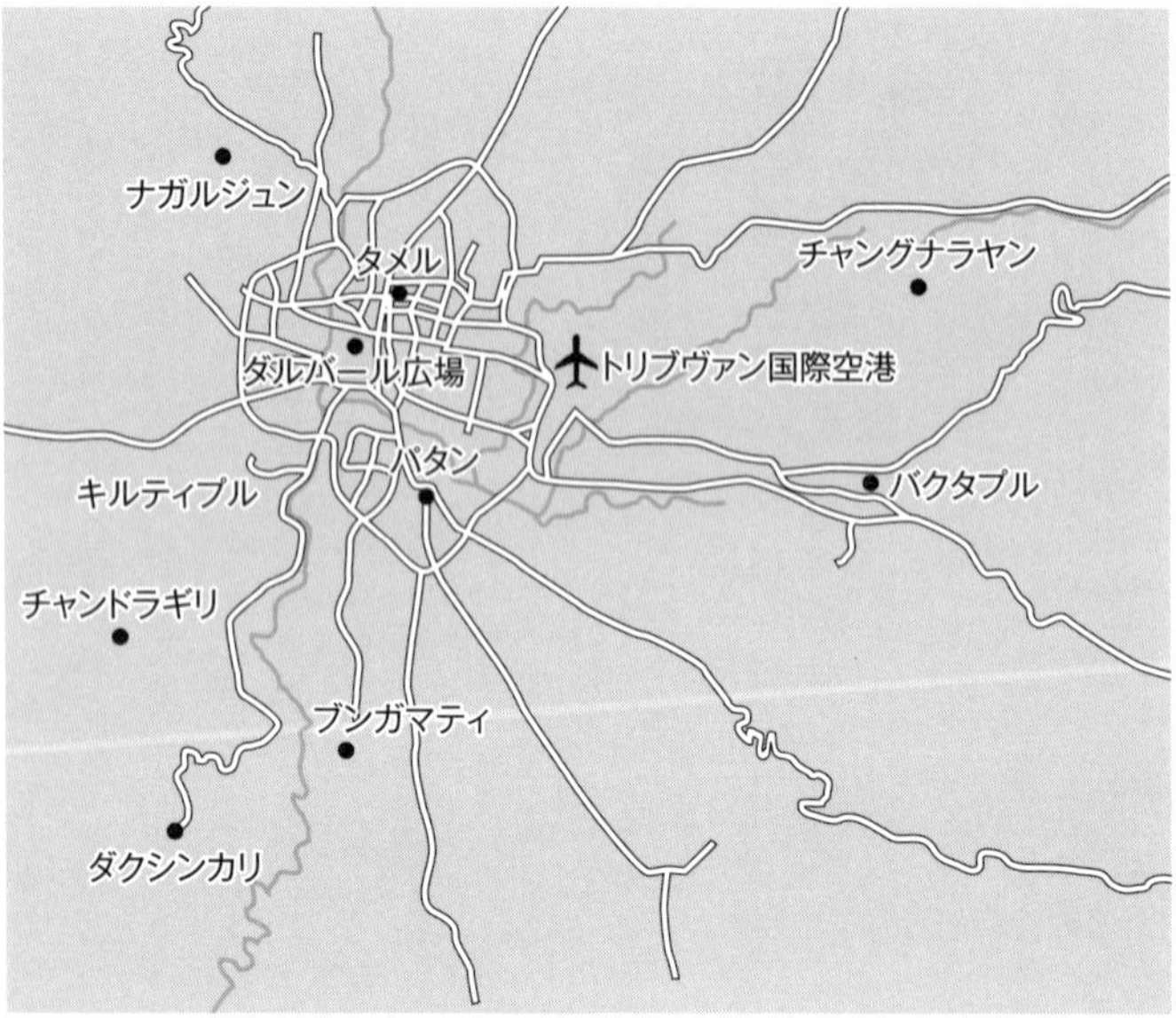

カトマンズ盆地

リを通してこれまで「宗教」を理解する上で決定的に欠けていた幾つかの重要なポイントが見つかることになるだろう。そのためには幾つかの連想の糸を解きほぐすことが必要となってくるのだが。

02　宗教的象徴の性質

最初にネパールに入ったのは一九八〇年。いまは亡き写真家の中村保氏らと一緒だった。たまたまカトマンズの写真集を作るチームに誘われたのだった。当時のカトマンズの光景は現在とはまったく異なっていた。山羊のチーズ売りの姿が朝靄の中ぼうっと浮かび上がるのを見た記憶がある。カトマンズ中心部の道路もまだ十分に舗装されていなかったから、雨が降らないとすぐに埃まみれになった。

そして、雨が降るとたちまち足元は泥だらけとなって歩くのもままならないのだった。ぼくらが泊まったゲストハウスにはまともなトイレもなかった。近くの「ヤク&イエティ」という有名ホテルまでいつも洗面所を借りにいった。それでも何も不自由には感じなかった。その時に買ったタンカ（仏画）はいまでも部屋に飾られている。

わずか二週間ほどの旅だったけれども、山羊や鶏の供犠が行われるダクシンカリに出かけて血の匂いにむせかえったり、ナガルコットまでテント持参でトレッキングに出かけたり、さらには小さなプロペラ機でヒマラヤの峰々を空から眺めたりして過ごしたのだった。特に、いまではホテルが立ち並ぶナガルコットは当時シェルパらを引き連れて野営した地で忘れられない思い出となっている［口絵1・55・56］。

カトマンズのロイヤル・クマリ　2003年

そして、実際にクマリ崇拝の調査を集中的に始めたのは一九八二年からになる。二〇一〇年までの十五度にわたる調査の過程で明らかになったのは、ネパールが中世に都市国家の形態をとっていた頃から、カトマンズ周辺の各都市にもローカルな（その地域に固有の）クマリが存在していたということである。その数は八とも十一ともまたはそれ以上とも言われていた。クマリはけっして一人ではなかったのである。祭りの際に一時的に神がかりになるという例は世界中で見つかっているが、ネパールのように生き神が日常的に崇拝されているとなるといささか事情が違ってくる。なぜカトマンズ盆地にだけそんな風習が残されたのだろうか。

そもそもカトマンズ盆地には十三世紀から十八世紀にかけて三つの都市国家が存在しており、互いにその権勢を競っていた時代があった。いわゆるマッラ王朝のカトマンズ、パタン、バクタプルの三都市である。現在でもなおそれらの都市にはそれぞれのクマリが存在している。一応、首都カトマンズのクマリだけを特別にロイヤル・クマリ（ネパール王国のクマリ）と呼ぶが、どのクマリにも他にはない特徴がある。このことは何を意味しているのか。どのクマリが最も原型に近いものなのだろうか。

ロイヤル・クマリはもちろんただ一人で、直接言葉を交わすこともできなければ、写真撮影さえも厳しく制限されている。クマリの館から出ることさえ、年に数度の祭りの時に限られている。だが、いかにロイヤル・クマリといえども、彼女が他のクマリたちよりも歴史的な正統性を誇るべき唯一の存在であると言うことはできない。そして、他の地域に存在するローカルなクマリたちが必ずしも派生的なものだとも言えないのである。

ある象徴について考えるとき、それが国家の政治的・社会的中心に近いところに位置する場合、比較的歴史的な変化を受けやすいと言うことができる。そして、むしろ、その原型は社会の周縁部に残されるケースが多い。いかなる宗教的象徴も、教義や思弁的なやりとりからではなく、当初は人々によって広く行われていた慣習のストックから生み出されるもので、プリミティブな意味での「宗教」はそこの結びつきをきわめて重視しているのだった。

しかし、いつしか時代を経て、そうした宗教的象徴はヒンドゥー教や仏教やキリスト教などのいわゆる「世界宗教」の波に呑み込まれ、それらの神々の名前のもとで系列化され独自性を失っていく。さらに、ヒンドゥー教や仏教のパンテオンの中に名を連ねたまま、時の政治権力と次々と結びつき、当初からは想像もできないほどの政治的・社会的役割を与えられていく。もちろんクマリにしてもその例外ではない。

ぼくはかねてより「宗教的象徴においては、最も変化しやすいものほど変化せず、その本質と思われていた要素こそが次々と姿を変えることになる」と考えてきた。崇拝される神々の名前はわりと簡単に変わりやすいのに、なぜか神の持ち物（神宝）やエピソードは一貫して変化しない。いったい何がそうした変化の原動力となり、何が変化を押しとどめようとする防波堤の役割を果たすのか。処女神クマリとはいったい何者だったのか。

03　ネパールの歴史的背景

カトマンズはヒマラヤ山脈の麓に広がるカトマンズ盆地の中心に位置している。かつてはそこを訪れる人々はヒマラヤに登るか宗教に興味があるかどちらかに大別された。しかし、いまや多くの人々が訪れるようになっている。一九七〇年代には世界中のヒッピーたちが大挙して訪れるようになり、一九八〇年代以降はカトマンズだけではなく、パタンやバクタプルなどの都市の目抜き通りにも観光客の姿が目立つようになった。一九六一年から九一年までの三十年間で、首都カトマンズの人口は二十二万から六十七万に膨張している。[★03] ちょっと異常なくらいの人口集中で、いかに急速な近代化が進められたか想像できるだろう（ちなみに二〇一二年の時点でのネパール総人口は二七四七万人である）。

　そもそもカトマンズ盆地にいつから人が住み始めたのかを示す明確なデータはない。この地に古くから住んでいたとされるネワール族の文化についてもそれほどよく知られているわけではないが、彼らがかなり早い時期からカトマンズ盆地で固有の文化を開花させていたことは間違いない。というのも、カトマンズ盆地はきわめて肥沃で農業に適しており、さらに、地理的にもインドとチベットを結ぶ交通の要衝であったからである。

　ここに最初につくられた王朝がリッチャヴィ王朝で、既に五世紀にはその権勢は広く盆地中にいきわたっており（非インド・アーリア語系の原ネワールとかキラータと呼ばれる民族を彼らが支配するようになった）、およそ一二〇〇年までをリッチャヴィ王朝期とするのが一般的である。それに続くのが十三世紀に始まるマッラ王朝で、その支配期間はおよそ一二〇〇年から一七六八年という長きにわたるもので、カトマンズ、パタン、バクタプルという中世三都市国家の文化が花開き、多くの宗教建築、美術工芸がこの時代につくりだされたのだった。そして、一七六九年にネパール西方の小国ゴルカによってついにマッラ王朝が倒され、現在のネパール王家につながるゴルカ王朝が成立することになる。いわゆる近代ネパールの誕生である。

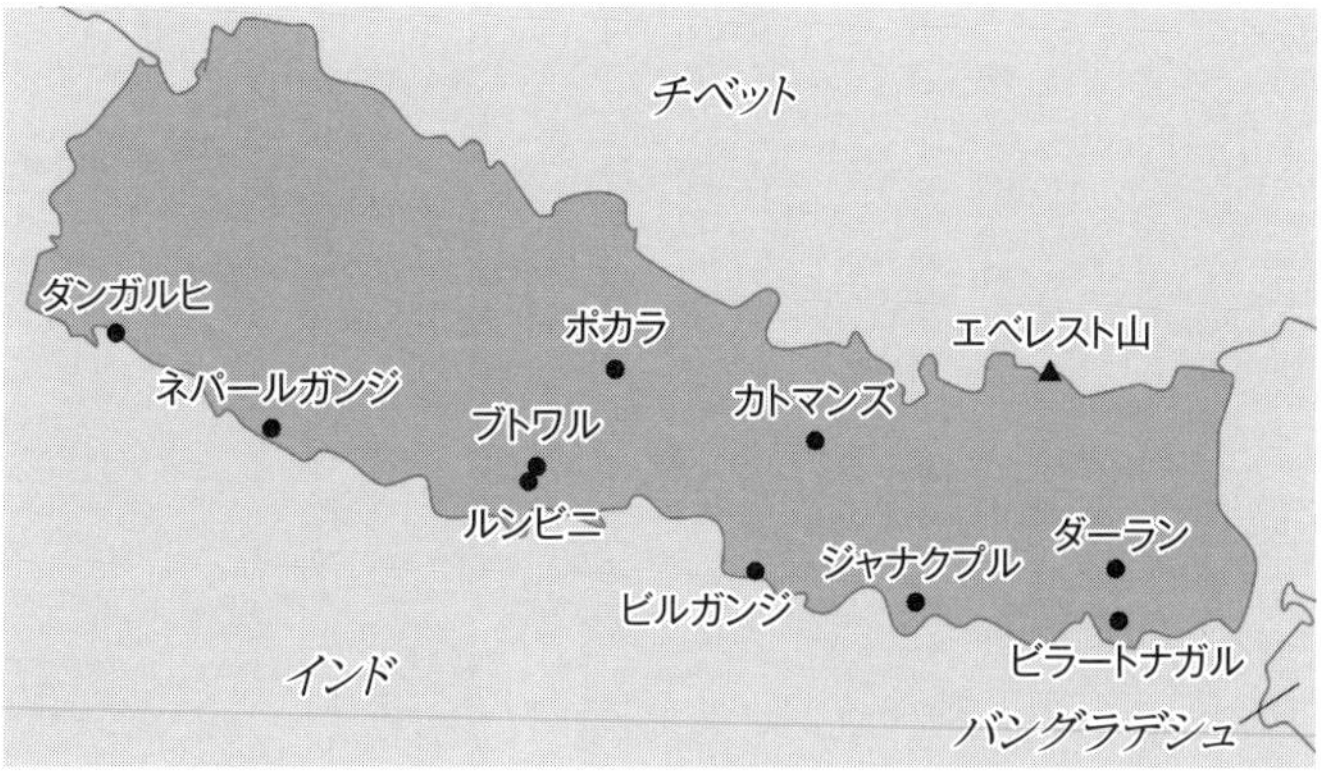

ネパール全図

ここで簡単に要約しておくと、ネパールの実証的な歴史区分は、大別すると以下の三つの時期に分けて考えられる。[★04]

①古代。リッチャヴィ王朝時代。インド＝アーリア語族のリッチャヴィ王朝が非インド・アーリア語族の先住民を支配してカトマンズ盆地を統治した時期で、ほぼ五世紀から十三世紀頃までを指す。

②中世。マッラ王朝時代。カトマンズ盆地はマッラ王朝が支配していたが、やがて小王国分立に至る時期で、西暦十三世紀末から十八世紀までを指す。

③近代。ゴルカ王朝時代。一七六九年にゴルカ王国のプリトゥビナラヤン・シャハ王がほぼネパール全土を統一した時期で、一八四六年から一〇五年間のラナ専制政治時代を経て今日に至る（ただし、二〇〇八年以降、王制は廃止されることになる）。

カトマンズ盆地は標高約一二〇〇メートル、その周囲を山に囲まれている。一九七七年に書かれた那《な》谷《た》敏郎《としろう》『ネパールの生神様《クマリ》』によると、当時のネパールの全人口は約一一〇〇万、そのうちカトマンズに六五万、パタンに一五万、バクタプルに六万で、さらに周辺の村などに二五万が暮らしていたとのことだった[★05]。

アーリア語系の民族が盆地を支配するようになった後も、一貫してここの文化の担い手はネワール族で、現在でも彼らはカトマンズ盆地の人口の五〇％以上を占めている。仏教は、紀元前六世紀にカトマンズ盆地からわずか南数十キロの地で起こったわけで、当然のことながら、ネワール文化におけるその影響力には計り知れないものがある。これまでネパールの仏教はインドからの輸入物で、その地方的一変種としか見られてこなかった。しかし、釈迦が生まれたルンビニがネパール国内に位置することでもわかるとおり、実際、その地理的特徴だけを見てもネパール仏教は単なるインド仏教の一変種などではなく、それ以上の重要なものが含み込まれている可能性があるとみるのが自然であろう。

ところがなんとも驚くべきことに、十九世紀の初めごろまでネパールが仏教を実践する国だということさえ世界に知られていなかった。ネパール仏教の歴史的研究は英国のB・H・ホジソンによって始められたといってもよい。彼はカトマンズに二十一年間（一八二二―四三）滞在し、ネパール中から豊富な資料を手に入れ、一八二三年には僧院、仏教文献、経文などを次々と発見したのだった。こうして、ようやくネパール仏教の存在が世界に認められていくことになる。

そして、一八七七年にD・ライトの『ネパールの歴史』が書かれ、いよいよネパールの歴史と社会についての実証的研究がスタートすることになるのだが、当時の研究については誤りが多いと指摘する声も少なくない。いずれにせよ、ラジェンドラ・ラムの『ネパールにおける仏教の歴史』（一九七八年）によって、西暦七〇四―一三九六年にわたる仏教の歴史が明らかにされ、さらに、一九八六年にB・R・ヴァジュラチャリヤの『ネパール仏教』が発表され、ネパール仏教研究の新時代の幕が切って落とされることになる。★06

04　ネワール社会と仏教

一説には、ネパール（ネワール）仏教は紀元前から既にこの盆地内で信仰されていたという説もある。しかしながら、リッチャヴィ王朝以前に遡れる歴史的証拠は何もない。最も古い碑文はカトマンズのラガン・トールで発見されたもので、リッチャヴィ王朝最盛期のアンシュヴァルマン王（在位六〇五―一二）の孫が仏教の熱心な信仰者であったというものであるが、その真偽は明らかではない。後にも触れることになるが、ナレンドラデヴァ王（在位六四二―八〇）と高僧バンドゥダッタによって仏教の祭りが行われるようになったという伝承もある。

しかし、少なくとも紀元四世紀には、ヒンドゥー王朝がブラフ

街中で崇拝されているガネシュ像

マン祭司と独自のカースト制度をもって移り住み、土着の農民、交易者、技術者らを複雑な社会システムに包含していったことは確かなことであり、そのような歴史的過程の必然的な結果として、カトマンズ盆地に高度に階層化したカースト的な社会構造が出現していったのである。そう記述すると、いかにもカトマンズ盆地が早くからヒンドゥー化の荒波をかぶっていたかのような印象を与えるかもしれないが、ただし、それとは逆に、移住者たちは言語的にも文化的にもどんどんネワール化していったのだった。

この相互的なプロセスはきわめて重要で、その後ほぼ一六〇〇年にも及ぶヒンドゥー教支配のもとでも、仏教は一方的に衰退するのではなく、むしろ、人々の持つ複雑な宗教的信念や儀礼の中において主要な構成要素であり続けたのだった。ネワール社会における仏教の歴史的重要性は、今日でさえ仏教の僧侶（ヴァジュラチャリヤ、グバージュ）がヒンドゥー教の祭司（デオ・ブラフマン、デオ・バージュ）の約十倍という点からも明らかであろう。しかも、それぞれの主要都市に仏教徒出身のクマリが必要とされたということは、あらゆる共同体にとっていかに仏教が深く浸透していたかということを意味するのではないか。いや、カトマンズ盆地ではクマリを抜きにしてはいかなる共同体も存在し得なかったとさえ言えるのである。

いったい「生き神」とは何か。なぜそのような不合理なもの（「人であって神である」）がこの世に存在しうるのか。どうしてその信仰がカトマンズ盆地にだけ残ったのか。チベット仏教のダライ・ラマやブータン仏教のジェ・ケンポとはいかなる関係にあるのか。そして、それはわれわれの社会には必要なものなのか、それとも、不要なものなのか。いよいよ本論に入っていきたい。

第2章　インドラの祭り（インドラジャトラ）

01　クマリの山車を追って

初めてインドラジャトラを見たときには、あまり事情がよくわかっていなかったので、大群衆のなかでどうしていいのかさっぱりわからなかった。とにかく印象に残ったのは生き神クマリが山車に乗って、国王らに一瞥もくれることなく広場を横切っていく姿だった。それを見て、クマリには国王を上まわる尊厳が与えられていると思わざるを得なかった。

なにはともあれ、ぼくはすぐにクマリの山車を追いかけることにした。クマリの山車を中心に、「バイラブ」と「ガネシュ」の山車がつき従うことになる［口絵13・23］。バイラブはシヴァ神の化身で、シヴァ神の憤怒の相を表しており、ガネシュはシヴァ神の子どもで、象の姿をしたヒンドゥー教世界で最も人気の高い神である。それらに扮する男の子はどちらもクマリと同じくサキャとい

ロイヤル・クマリ

バイラブ

ガネシュ

う仏教カーストから選ばれる。このことを、本来仏教徒の祭りであったインドラジャトラのヒンドゥー教化と理解するべきか、それとも、本来的にこの祭りにはシヴァ神が深くかかわっていたとするのかで、祭りの理解は大きく違ってくることになる。

それにしても大群衆である。カトマンズ市内の狭い道をクマリの山車はようやくの思いで進んでいく。山車が架線に引っかかったり、道路わきのお堂にぶつかったりして、そのときの巡幸は難渋をきわめたという記憶がある。

しかし、クマリはほとんど表情も変えず山車の中央にひっそりと鎮座していた。幼い女の子にしてみれば、もはや就寝の時間もとっくに過ぎている。それなのに、喜怒哀楽の感情も見せず同じ姿勢でいなければならない。これは大変な苦痛であっただろう。それでも彼女は毅然とした態度を崩

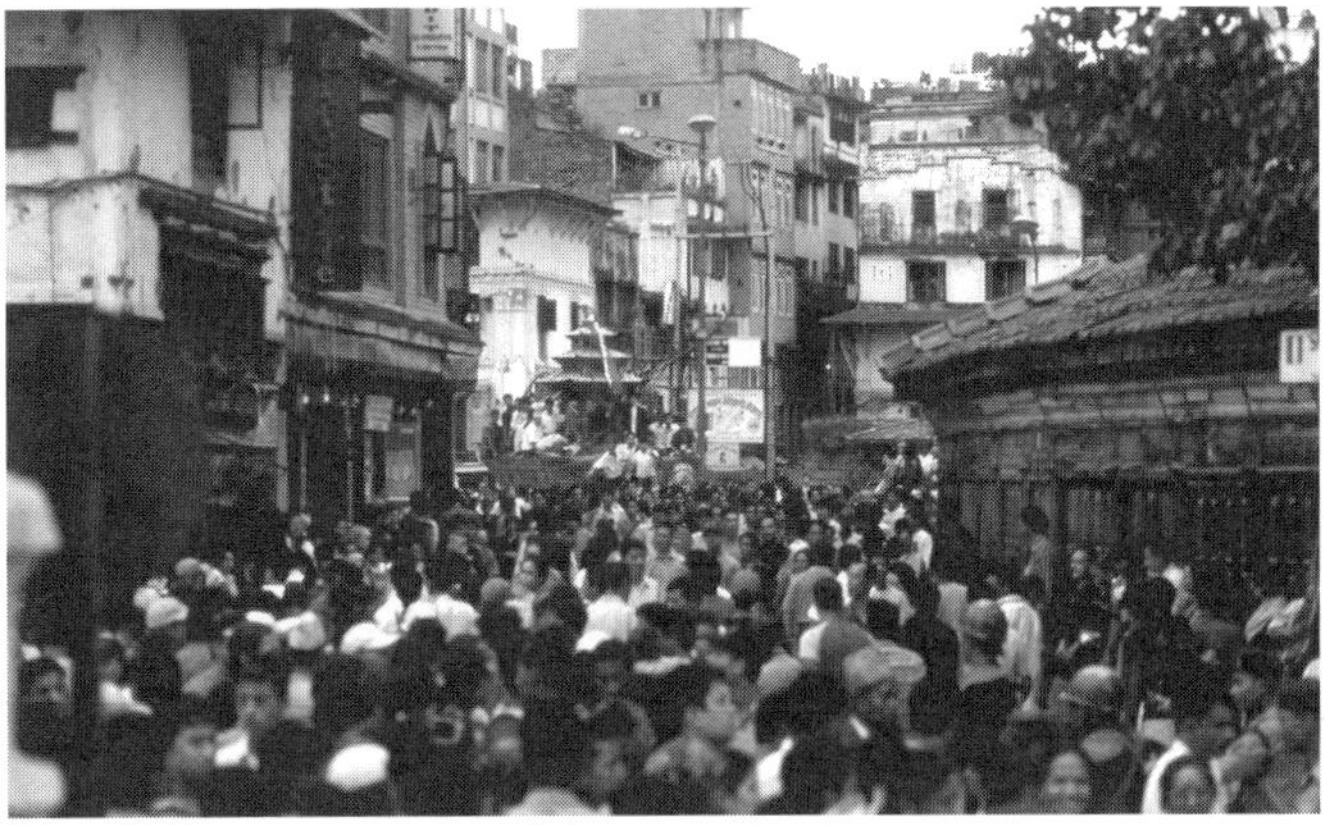

クマリの山車の巡幸　2003年

さなかった。それはいじらしいほどだった。何時間も経過して、ようやく巡幸も終わりに近づくと、クマリの姿は夕闇のなかにほとんど溶けてしまいそうだった。ぼくはずっとクマリの山車のそばを離れずに最後まで巡幸の列に加わっていた。人波に押され、汗と埃まみれになって、気分はあまりよくない。喉も痛い。それでも最後まで見届けたいと思ったのだった。それほどクマリに強く魅かれるようになっていたのである。

すべてが終わり、タメル（外国人が多く居住する地区）のゲストハウスに戻ると、身体中がぎしぎしいうほど疲れきっていた。しかも、声が出ない。後にわかったことだが、暗闇で見えなかったが山車の周囲はすごい塵と埃で息もできないほどだったという。一晩中それを吸い込んだわけだから、喉が痛むのも、声が出ないのも、当然のことだった。しかし、ぼくはまだそのときにはなぜ声が出ないのかぜんぜん理解できていなかった（毎年その繰り返しで、一九九二年ごろになってようやく学生らに教えられてわかったのだった）。

その夜は興奮さめやらぬまま、ベッドに身を投げてその夜のクマリ巡幸を振り返りながら、ぼくはいつしか安らかな眠りについたのだった。

02　カトマンズ盆地の祭り

その時以来、インドラジャトラにおいて、何が起源から存在していたもので、何が後に変化したものなのか、なんとか明らかにしたくなった。それというのも、この祭りがインドラジャトラ（インドラの祭り）と命名されているにもかかわらず、どうみても主役は国家の守護神にして暴風雨を司る軍神インドラではなく、クマリ以外に考えられなかったからである。このねじれ現象はどうして起こったのだろう。しかも、カトマンズ盆地最大の祭りとはいうものの、この祭りはダサインなどの国家的な祭りと違って首都カトマンズを一歩離れると、どこにも（もちろんパタンにもバクタプルにも）見当たらないのである。★01

とりあえず、カトマンズ盆地における大きな祭りを以下に列挙してみよう［口絵10］。

四月　新年を祝うビスケットジャトラ［バクタプル］
四〜五月にかけて　マチェンドラナートの祭り［パタン］
五月　仏陀の誕生を祝うブッダ・ジャヤンティ［スワヤンブーナート］
八月　ガイジャトラ

九月　インドラジャトラ［カトマンズ］
十月　ダサイン
十〜十一月にかけて　光の祭りティハール
二月　サラスヴァティーを祀るシュリ・パンチャミー
二月　シヴァ神を祀るシヴァ・ラートリー

タレジュ寺院（左）とインドラポール（右）

　こうしたなかで、最も全国的に祝われるのはダサインであり、首都カトマンズで最も盛大に行われるのはインドラジャトラである。この祭りについて知ることは複雑きわまりないカトマンズ盆地全体の信仰を読み解くカギになるに違いないと直感したのだが、それにしてもその過程は想像以上に困難な道のりだった。

　この祭りを複雑にしているのは、その最初の日から、幾つかの異なる筋書きが同時進行している点であろう。まず、祭りの初日にインドラポール（柱）の建立があり、クマリのタレジュ寺院への参籠《さんろう》があり、その一年に死者を出した家の者たちが小さな素焼きの皿に入った灯明を持ってカト

タレジュ寺院

マンズ旧市街を一周する行事がある。

　さらにはバイラブの大きな仮面が飾り立てられ民衆の手によって祝福されるというのも見逃せない行事の一つ。また、サウォ・バク、ラケェ、象の踊りなど、さまざまな神または精霊たちが仮面をつけ華やかな衣装を身にまとった姿で登場し、しばしばトランス状態に入ってダンスを踊る。そうしたインドラジャトラを形成するさまざまなモチーフ群は互いにどのような関係にあるのだろうか。

　また、インドラジャトラにはいろいろな神の名が登場してくるが、主役を争うインドラとクマリのあいだにはいかなる関連性も見つからなかった。そして、同じヒンドゥー教の神格でもインドラと一般民衆の厚い支持を得ているバイラブとを結びつけるものも何一つなかった。街中におかれる巨大なバイラブの像はいったい何のためになっているのか、そもそも人々がなぜこの祭りにおいてバイラブを特別視するのかさっぱりわからない。

そういうわけで、この祭りで主役級の働きをするクマリ（生き神）、インドラ（祭りの主神）、バイラブ（一般の人々の崇拝の対象）の関係をまず読み解いていきたい。

03　王権強化儀礼

フランスのネパール研究者ジェラール・トフィンは「カトマンズの王権儀礼としてのインドラジャトラ——過去と現在」（一九九二年）という論文で、以下のように論じている。[★02]「インドラジャトラは構造的に三つの異なる儀礼から成り立っている。クマリジャトラ、インドラジャトラ、バイラブジャトラだ。それぞれはクマリ、インドラ、バイラブという別々の神々と関わっている。お互いにいくらかは関係しているけれども、それぞれ別々の神話をもっており、まったく独立して分析されるべきであろう。それらは別々に生み出され、後の時代になって一緒に組み合わされたと考えるのが妥当ではなかろうか」。

この祭りは最初にカトマンズを統一したグナカマデヴァ王によって十一世紀に初めて行われたと伝えられているが、歴史的に確かなものとなると十五世紀にバクタプルで見つかった碑文の記述に頼ることになる。いずれにしても、中世末期のまだネワール族がカトマンズ盆地を支配していた時代において、インドラジャトラこそマッラ王朝最大の祭りであったことは間違いないところであろ

ドゥルガー・プジャ　2013年（AFP＝時事）

う。おそらく、パタンのマチェンドラナートの祭り、バクタプルのビスケットジャトラなどと並んで、当時カトマンズ盆地を代表する三大祭りとして栄華を競い合ったことだろう。

　トフィンは、まずインドラの祭りが最古層をなしていると主張した後で、クマリジャトラはジャヤプラカシュ・マッラ王の時代（一七三五―六八）に始められたものにすぎないと断定している。その根拠として、クマリの儀礼がインドに由来するドゥルガー・プジャ（Mvahni）と結びついている点を強調している。ドゥルガー・プジャとは、シヴァ神の配偶者である女神ドゥルガーに対する信仰で、その時代になってカトマンズ盆地に導入されたものと考えられていた。ドゥルガーは相手を一撃で倒すような力と激しさとをもって崇拝の対象となっていた。しかし、それにしても、けがれなき処女神クマリと、激しい怒りの化身である女神ドゥルガーとの結びつきはいかにも唐突ではなかろうか。

　さらに、トフィンはバイラブジャトラの起源についてはほとんどわかっていないとし、旧王宮の外側に置かれたバイラブの巨大な仮面については、マッラ王朝末期のもので、一七九五年にラナバハドゥル・シャハ王によってシヴァに敬意を払って備えられたとしている。それ自体はたしかに間違ってはいないかもしれないが、バイラブに対する信仰はもっとはるか昔からのものであり、とりわけこの盆地最古の住民たるネワールの農民層《ジャプー》（Jyapu）の間に深く根を下ろしたものであるという点を軽視する理由がわからない。

つまり、彼の見解によれば、インドラジャトラはあくまでもインドラの祭りであり、クマリジャトラはジャヤプラカシュ・マッラ王（在位一七六〇—六二）によって開始されたもので、それがマッラ王朝の王権強化のために、インドラジャトラの期間に劇的なスペクタクルとして登場したというのである。また、バイラブジャトラについても、バイラブについての信仰はたしかに古く、その起源がネワールの農民たちのフォーク・カルチャーに根差したものだということは認めつつも、祭りへの登場は一七九五年にインドラを讃えて祝われるようになったのを始まりとしている。そう論旨を進めて、結局、インドラジャトラの本質は王権強化儀礼であって、国家の守護神インドラとの関わりがなによりも根源的であると結論づけている。

04　クマリジャトラ

ヒンドゥー教の神インドラは、古代インドではとりわけ王権の機能と密接に関係しており、至高神のプロトタイプとして王権の守護神的な役割を果たしてきた。インドラポール（柱）［口絵14・17］を高く掲げる儀礼は王権儀礼の典型で、かねてよりインドでも広く行われていた。実際、古代インドではインドラマハ（Indramaha）、インドラマホツヴァ（Indramahotsva）、インドラヤジュナ

（Indrayajna）と呼ばれるインドラジャトラによく似た王権儀礼が行われており、インドラポールも既にそれらの祭りにおいて王権の象徴として登場していた。幾つかの資料によれば、インドラマハはインドラジャトラと同じく雨季の始まりに行われていたとされているし、そのプロセスについても幾つもの大きな類似点を見つけることができる。[★03]

ゴルカ王朝につながる最初の王であるプリトゥビナラヤン・シャハ王（在位一七四二―七五）がカトマンズを占領した歴史的な日にインドラジャトラが行われていたというエピソードにも同じ論理がはたらいている。プリトゥビナラヤン・シャハ王は、カトマンズ盆地に侵入した日にハヌマン・ドゥカに玉座をすえて、インドラジャトラの祭りを続けるように命令を下したという。一七六八年のことである。インドラジャトラが王権に正当性を与えるインドラの祭りであるということが広く理解されていなければ、おそらくそんなエピソードが残されることはなかったであろう。

トフィンの見解とほぼ同一の視点から論じたのが、寺田鎮子「ネパールの柱祭りと王権」（一九九〇年）である。寺田はインドラジャトラが多様な側面を持った祭りであることは認めつつも、「インドラ・ジャートラの中心的儀礼は、旧王宮前広場において挙行される〝インドラの幢《はた》indradhvaja〟と呼ばれる長い木柱の建立utthānamである」と論じている。[★04]

しかし、長年この祭りを観察してきてあらためて思うのだが、こうしたトフィンらの見解にはいくらか疑問を感じざるを得ない。そもそもトフィンの見解はあまりに歴史主義的であり、実際に知られている年代だけに頼り過ぎているきらいがある。インドラジャトラが王権儀礼であることは明確だが、だからといって、この祭りにおけるバイラブ、クマリとの関連性が明らかになったわけではない。むしろ、トフィンの見解には神話学的には肯定できない面も少なくないのである。

　例えば、神話や祭りの諸要素を比較する場合、「神々の名前は最も変化をこうむりやすく、細部のモチーフはほとんど変化しない」という点はどうであろう。後に詳しく検討することになるが、祭りそのものを慎重に観察してわかるのは、むしろクマリと王権との密接な結びつきだ。すなわち、あくまでもこの祭りの中心的な役割はクマリに属しており、インドラはきわめて影の薄い存在だということである。例えば、インドラジャトラ初日の夜にクマリがタレジュ寺院に向かうシーン、祭りのクライマックスで国王がクマリの山車にコインを投げるシーン〔口絵81〕、それから、祭りの最後の日の夜にクマリが国王の額にティカ（赤い顔料）を授け、来るべき年の支配権を象徴的に与えるシーン（国王は感謝のしるしにコイン

インドラポールの下のインドラ像

インドラ像（拡大）

を捧げ、クマリの足に額で触れる）などを考慮すると、そこにはインドラの介入する余地などほとんどない。むしろインドラはヒンドゥー教の王権の守護神として後につけ加えられた神格と理解されるべきなのではなかろうか。

　ましてやバイラブとなれば、民衆レベルでは広く活躍の場は与えられているが、祭りの主要なストーリーからは明確に切り離されてしまっている。N・P・シュレスタも同じ見解を披露している[★05]。
「この祭りをめぐる最大の問題は、なぜこの祭りの名称がインドラジャトラであってバイラブジャトラではないのか、ということである。さらによく祭りを観察すると、実際に祝われているのはクマリジャトラではないのかということだ。クライマックスでの儀礼的巡幸で人々の尊敬を一心に集めているのは、むしろクマリその人ではないか」。

　後に、インドラジャトラの起源はインドラジャトラそのものにはなく、むしろクマリジャトラにあることを、明らかにしていきたいと思っているのだが、なぜクマリの祭りがインドラの祭りにすり替わっていったのか、その理由についても考察を進めていきたい。

第3章　百年の孤独

01　二人の少女

ガルシア＝マルケスの『百年の孤独』のなかに、二人の少女（姉妹）が同時に一人の男に恋するエピソードがある。[★01] 姉の名はレベーカ、妹の名はアマランタ。ある日、二人の家に金髪の美しい青年がやってくる。イタリア人のピアノ調律師ピエトロ・クレスピだ。彼は二人にダンスのレッスンをしながら、しばらく出入りを続ける。何も間違いなど起こりそうになかった。

ところが、いよいよピエトロ・クレスピが去るときになって、姉のレベーカは自分が彼に抱いていた気持ちを知ることになる。彼女は「気さくで嘘も隠しもないように見えて、もともと孤独な性格で、本心はひとに明かさなかった」ので、彼に対する気持ちを誰にも言えなかったのである。彼と別れる日になって、レベーカは自分の部屋に駆け込んでわっと泣き伏したが、妹のアマランタにはその理由も何も理解できなかった。

それからしばらく経ったある日、レベーカのもとにピエトロ・クレスピの手紙が届く。彼もまたレベーカを愛するようになっていたのである。それからが胸の苦しくなるような毎日だった。二人は苦心して手紙の交換を続ける。すべては暗黙裡に進められており、表面的には穏やかな日々に見えた。ところが、どういうわけか予定の日に手紙が届かないことがあって、レベーカは発熱し、虚脱状態に陥ってしまう。意識を失い、譫言《うわごと》のなかで、彼女はすべてを口走る。驚いた母親が彼女の持ち物を調べると、彼の手紙類が発見される。そして、レベーカの恋わずらいが明らかになると同時に、なんと妹のアマランタもまた高熱にとりつかれてしまう。彼女もピエトロ・クレスピを愛し始めていたのである。アマランタは閉じこもったままピエトロ・クレスピ宛の手紙を書くが、それらを投函することはできなかった。

そうした事情を知った母親は、娘たちの不運を嘆きつつも、レベーカとピエトロ・クレスピの結婚に同意し、アマランタを遠く離れた町へやることにする。アマランタはいよいよ出発する日になって、レベーカと別れのキスをするときに、次のようにささやく。「いい気になってはだめよ。どんなに遠いところへ連れていかれても、あんたの結婚だけは邪魔してみせますからね。殺すかもわからないわよ！」。

彼女が去った後、ピエトロ・クレスピはよくレベーカを訪れるようになったが、一年足らずのうちに妻になるはずの女の手に触れようとさえしなくなった。一方、レベーカは妹の恨みの激しさを思い、一人沈み込んだ。

三月のある日曜日、二人の結婚式が行われる予定の日、突然ピエトロ・クレスピのもとに母親の危篤を知らせる偽の手紙が届き、結婚式は延期されることになる。その後も、度重なる不幸が続き、いよいよ二人の婚約は色あせてしまい、思い余ったレベーカはなんと自分の兄と通じてしまう。二人は激しく愛し合い、「近所の連中は、ひと晩に八回、そして昼寝どきに三回も町じゅうの人間の夢をやぶるよがり声に度肝を抜かれ」たのだった。

その後、失意のピエトロ・クレスピは次第に妹のアマランタと親しくなっていく。彼女は感じやすい心で彼を包みこんだ。ところが、八月の長雨が続くある日、彼がアマランタに結婚を申し込むと、彼女は微笑さえ浮かべながら、「死んでもあなたと結婚なんかしないわよ」と答えるのだった。ピエトロ・クレスピは逆上し、恥も外聞もなく彼女に訴えた。アマランタはいかなる懇願も聞き入れることがなかった。そして十一月二日、万霊節の日に、彼はついに自殺してしまう。アマランタは、「心の悔いをいやすための荒療治だった」のか、数日後、かまどの火に手をつっこみ、大やけどを負っているのを発見される。悲劇はこうしてようやく終わりを告げたのだった。

02　過剰と欠落

以上が『百年の孤独』のなかに登場するエピソードなのだが、こうして描き出される女心のアンビヴァレンツな（相反する）感情の動きには興味ぶかいものがある。

二人の少女は象徴的に二つの相反する極に結びつけられる。一方には、強く男を求める姉レベーカの極があり、兄弟でも他人でも放恣《ほうし》な態度で交情を重ねようとする少女がいる。それを「過剰な性的欲望」と表現することができるだろう。レベーカはピエトロ・クレスピを強く求めるが失敗に終わる。それに対して、相手の男に強く魅かれるにもかかわらず、あくまでも身体をゆだねることを拒絶する妹アマランタがいる。それを「過小評価された性交渉」と言い換えることが可能だろう。レベーカは「少女」であることを望まず、アマランタは「少女」にとどまろうとしたわけである。

姉のレベーカは激しい性格の持ち主であり、彼を求め、憔悴し、過剰な性の幻想にとらわれてしまうが、妹のアマランタは「姉と一緒に踊りはするが」そんなことは少しも望んでいない。彼女は何も知らない子どもだったのに、姉の恋心を知ってはじめて自分の感情に目覚めることになる。ただし、ピエトロ・クレスピを愛し始めてからも、ひたすら姉のレベーカの真似をすることしかできなかった。そして、いざレベーカがいなくなると、今度は変化を望まない本来の自分に閉じこもることになる。

少女の心をめぐるそうした思念の動きは、外から見ると不可解なものでしかないが、そうしたバランスの欠如がむしろ少女を少女たらしめるのではないだろうか。どの少女にもレベーカでありたい、またはアマランタでありたいという相反する可能性が眠っているといってもよかろう。そうした感情はつねに極端なかたちで現れ出ようともがいている。にもかかわらず、いつしか成人し、恋人ができたり、結婚したりするうちに、そんなことが心のうちで起こっていたことさえまったく思い出さなくなってしまうのである。

レベーカとアマランタ、この二人の少女はまったく正反対のように見えて、実は無意識のうちに

「まったく同じ踊りを踊っていた」ともいえるだろう。どちらがイノセント（無垢）であり、どちらが早熟であったとかいうわけではない。その年齢の女の子は誰しも自分のなかに同じような矛盾を抱えこんでいるのである。

03　カトマンズ調査一九九〇年

午後二時にカトマンズ到着。すぐにタクシーでカトマンズ・ゲストハウスに向かう。中庭がすばらしく美しい。さすがカトマンズで最初にできたゲストハウスのことだけある。以前からほぼ欧米人専用といった感じなのだが、ぼくの部屋がバストイレつきのツインで九ドル、助手（峰純さん［口絵68］）の部屋はなんと二ドルだ。居心地がよく、みんな親切だ。荷をほどいたらすぐに出かける仕度に取りかかる。インドラジャトラでガネシュの役をしている男の子の家まで行ってインタビューする約束になっていたのである。

パタンの日本語学校でガネシュの親戚でもあるスマン・サキャが待っていてくれて一緒に行く。どの家もよく似たつくりになっていて、中庭を囲むようにして「回」の字のように建てられている。そこでテレビを見ながらご馳走になり、翌日の巡幸についていろいろ聞くことになった。しかし、バイラブとガネシュは、クマリと違ってサキャ・カーストから持ち回りで選ばれるだけで、特に就任する時期や辞める時期についての規定はないということだった。インドラジャトラの最中だというのにみんなはごく普通に家族団欒を楽しんでいる。遅くまで引きとめられたのだが、こちらは二ユーヨークから乗り継いでやってきたばかりなので、さすがに眠くて早めにお暇することになった。

その翌日がインドラジャトラの最終日だった。いろいろと仕度をしなければならないのだが、もっと調べたいこともあったので、午前中にバスでトリブヴァン大学の図書館へと向かう。司書に事情を話すと二階のネパール文化資料室に通される。そこで下調べ。扇風機がうなるようにぶんぶんいいながら風を送ってくれる。気候は日本でいうとちょうど夏の終わりの感じで、気持ちがいい。ネパール文化の著書もある教授の会議が午後一時には終わるというので、本を読みながら待つことにする。その人こそ後に大変お世話になるプレム・K・カトリ教授だった[口絵12]。

カトマンズ・ゲストハウスの中庭

夕方にダルバールスクエア（旧王宮前広場）に向かうと既に広場は人でいっぱいだった。特に最終日は熱気がすごいと知ってはいたが、夕暮れになるにつれてどんどん人が集まってくる。ぼくらはクマリハウスの中庭にいて、ロイヤル・クマリが出てくるのを待つ。
祭りはいつも同じようにスタートする。軍隊や警察の音楽隊が高らかに演奏し、クマリハウスからバイラブ、ガネシュ、ロイヤル・クマリの順に出てきて、それぞれの山車へと向かう。クマリは足を地面につけてはいけないので、白い布がくるくると広げられ、彼女だけはその上を歩いていく

［口絵80］。ぼくらは中庭から建物の外に移動して、大群衆のなかに入り込む。山車が動き始めても、そのそばを離れないで最後まで見届けるようにしているのだが、それでなくても狭い路地を大きな山車が動くわけだから、なかなか思うように進まない。しかも、路上には男性ばかりで身動きできないほど。女性と子どもたちはみんなバルコニーから見ている。すごい熱気と埃。

そんなふうにしていたら、助手の女性の後にネパール人の男が身体をぴったり寄せてくるのが見えて、これはまずいと思い、彼を引き離そうとするのだが、意に反してしつこくついてくる。ようやく彼を撃退したと思ったら、彼女が「あれっ」と叫ぶ。布製のバッグが切られて、カメラなどが盗まれていた。彼は痴漢ではなく泥棒だったのだ。

パシュパティナート寺院

さっそくタレジュ寺院のすぐそばにある警察署まで出かけて盗難証明書を書いてもらうことにする。しかし、事務のほうは遅々として進まない。しかたなく雑談しているうちに警官たちの何人かと仲良くなり、うちに遊びに来ないかと誘われる。そんな場合ではないのだが、いつも愛想がいいぼくらはつい約束してしまう。五日後に証明書を取りに来るように言われて警察を後にする。人は忙しいと友だちをつくれないが、この国ではみんながのんびりしているので、誰とでも友だちになれる。
そして、翌朝。起きてからふとパシュパティナートまで自転

ボーダナート寺院

車で行ってみようと思い立つ。自転車は一日一〇〇円くらいで便利な乗り物なのだけれど、道をよく知らないし、意外と交通量があるので危険ということもあり、それまでなかなか乗る気にならなかった。ヒンドゥー教最大の聖地パシュパティナートは空港のすぐ近くにある。まずそこを目指す。少し迷いもしたが、ほぼ三十分で到着できた。バグマティ川のほとりにガートが並んでいて、毎日のようにそこで火葬が行われている。パシュパティナート寺院の対岸に向かう橋の上を歩いていると、人が焼かれている煙が流れてきて目にしみる。

　カトマンズにはパシュパティナート（ヒンドゥー教）、ボーダナート（チベット仏教）、スワヤンブーナート（大乗仏教）と総本山的な寺院が三つある。どれも歩いていけないこともないのだけれど、たいていはタクシーと交渉して待ってもらいながらホテルまで送ってもらう。

　しかし、この日は自転車だったこともあって、パシュパティナートでゆっくり過ごすだけで終わってしまった。わざわざアメリカからやってきて、わずか一週間の滞在なのにそんなことでいいのかと思う人もいるだろうが、それはそれで豊かで実りある一日だということは経験上わかっている。何もしない喜びをかみしめた。

そして、ついに警察に出かけて証明書を発行してもらう日がやってくる。これで盗まれたカメラなどの分はだいたい戻ることになる。帰りにはアンナプルナホテルのプールに入り、バーでブルースの生演奏を聴きながら過ごした。世界最貧国のネパールにいても、こういう娯楽場は必ずある。一泊二～一〇ドルで切り詰めた生活をしながら、時々こういうところでビールやカクテルを飲むというのが本当の贅沢だ。どちらの生活にも普通になじめるというのが大事なこと。たとえ一見したところ貧しくても、実際には心豊かに暮らしている人々をこれまでたくさん見てきた。そういうとき、むしろ日本で普通に暮らす人々の貧しさのほうが気になったりする。いくらお金があっても貧しい人は貧しいし、お金がなくても豊かに暮らしている人はいくらでもいる。

スワヤンブーナート寺院

この日はEXクマリを訪ねてインタビューすることになっていた。彼女の名前はアニタ（Anita）。通訳代わりの姉と一緒に長時間のインタビューに答えてくれた。安易に約束してしまったため、その日の夕方には警察官の家に遊びに行くことになっていた。彼の名前はディリプという。コテ・ショアという地域に住んでいるというので、どんなところかと思って出かけてみると、ごく普通の家庭だった。家に着いて、ソファに座って待っていると、彼がうれしそうにやってきて、妹たちを紹介してくれる。一人は十八歳の女子大生で、一人は十六歳でハイスクール（高校）に通っており、あと二年で女子大生だとのことだった。

そういえば、パタンに行く途中に女子大があるのだが、そこの制服がベージュのサリーに白いスカーフでいつもすてきに思っていたとディリプに言うと、彼はこともなげに「いまあなたが肘をついているのがそれですよ。サリタ（姉）の制服です」と言われ、びっくりして飛び上がる。サリタに控えめに「これを着てみてもらえないか」と言うと、恥かしそうに着替えてくれた。ずっとこの制服でみんなが歩いているのを見てきたので、ついうれしくなって撮影する。いとこの女の子たちも女子大生で双子。目の前で並んで絨毯を織っている姿を見せてくれた。みんなうれしそうで、こちらが恐縮するくらい。彼女らにクマリについてどう思うかと聞いてみると、みんな意外と肯定的な意見だったのは、兄が警察官になるような家だったからだろうか。ネパールの食事など召し上がれないでしょうからと食パンやスパゲッティなどを出してくれたが、ぼくらはいまさらダルバート（ネパールの伝統的料理）のほうが好きだとは言えなかった。

いつもカトマンズで過ごすときにはたくさんの人と会ってインタビューするだけで終わってしまう。翌日の午後一時五五分の飛行機でカトマンズを発ち、バンコクで一泊し、台北経由でサンフランシスコに向かうことになる。当時はニューヨークで客員教授をしていたのだが、もうそろそろ大学が始まるので、帰国したらいろいろそのための準備をしなければならない。

1 30年以上前のダクシンカリ 1980年

2 インドラジャトラ精霊送り 1991年

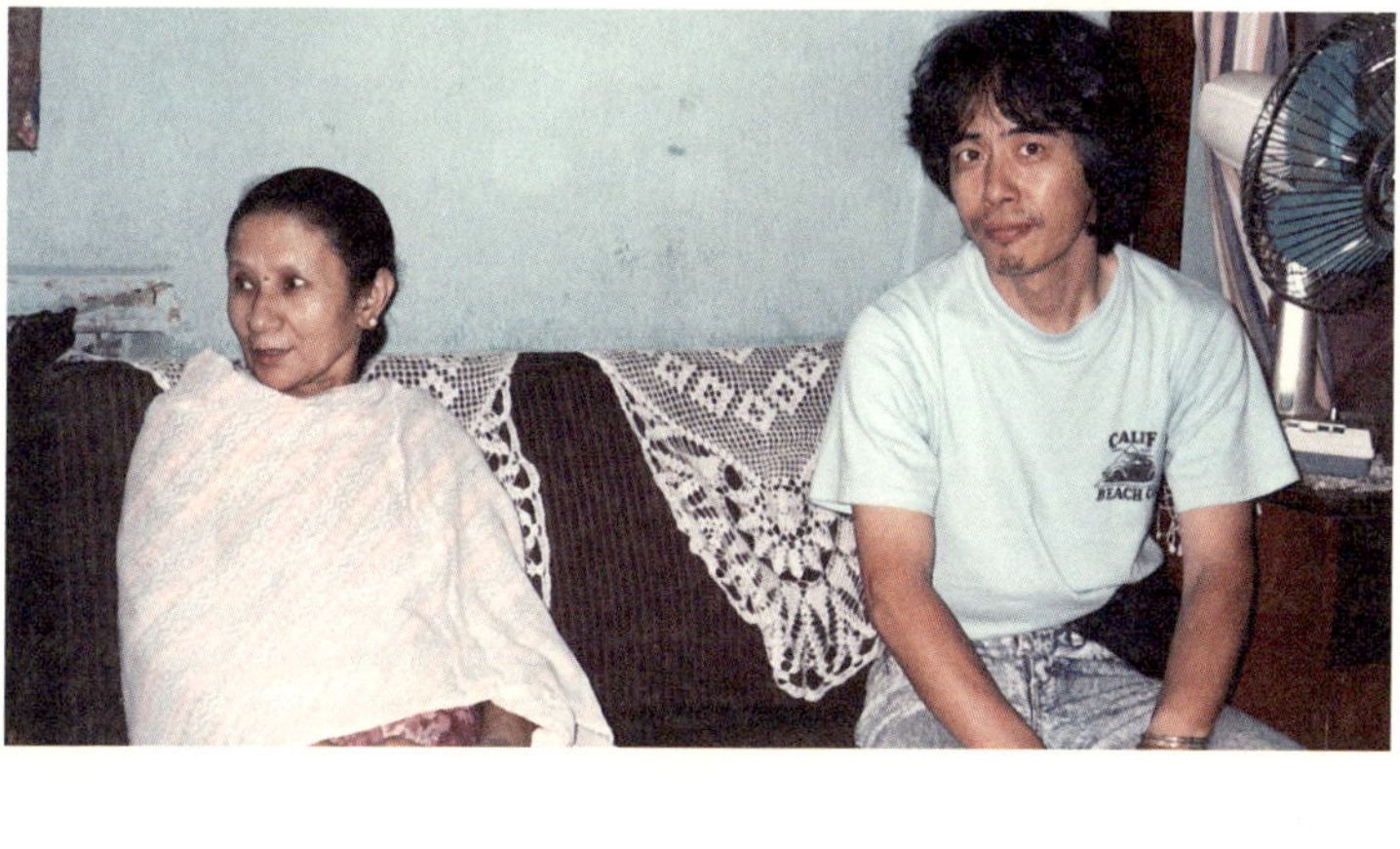

3 EXロイヤル・クマリのナニショバと著者 1991年

4　EX ロイヤル・クマリのアニタ　1991 年

5　ロイヤル・クマリのラシュミラ　1991年

6　ロイヤル・クマリのアミタ　1995 年

7　EX ロイヤル・クマリのスニナ　1991 年

8　パンチャブッダ（仏教の高僧たち）1991 年

9　インドラジャトラの開始を待つ人々　1996 年

10　ティハールの祭り　1994 年

11　ロイヤル・クマリのアミタ　1994年

12　パタンの音楽研究者ゲルツ氏宅屋上にて。左からプニャ、著者、プレム、ブーバン　1994年

13　インドラジャトラ準備中の山車。左がロイヤル・クマリの山車　1994年

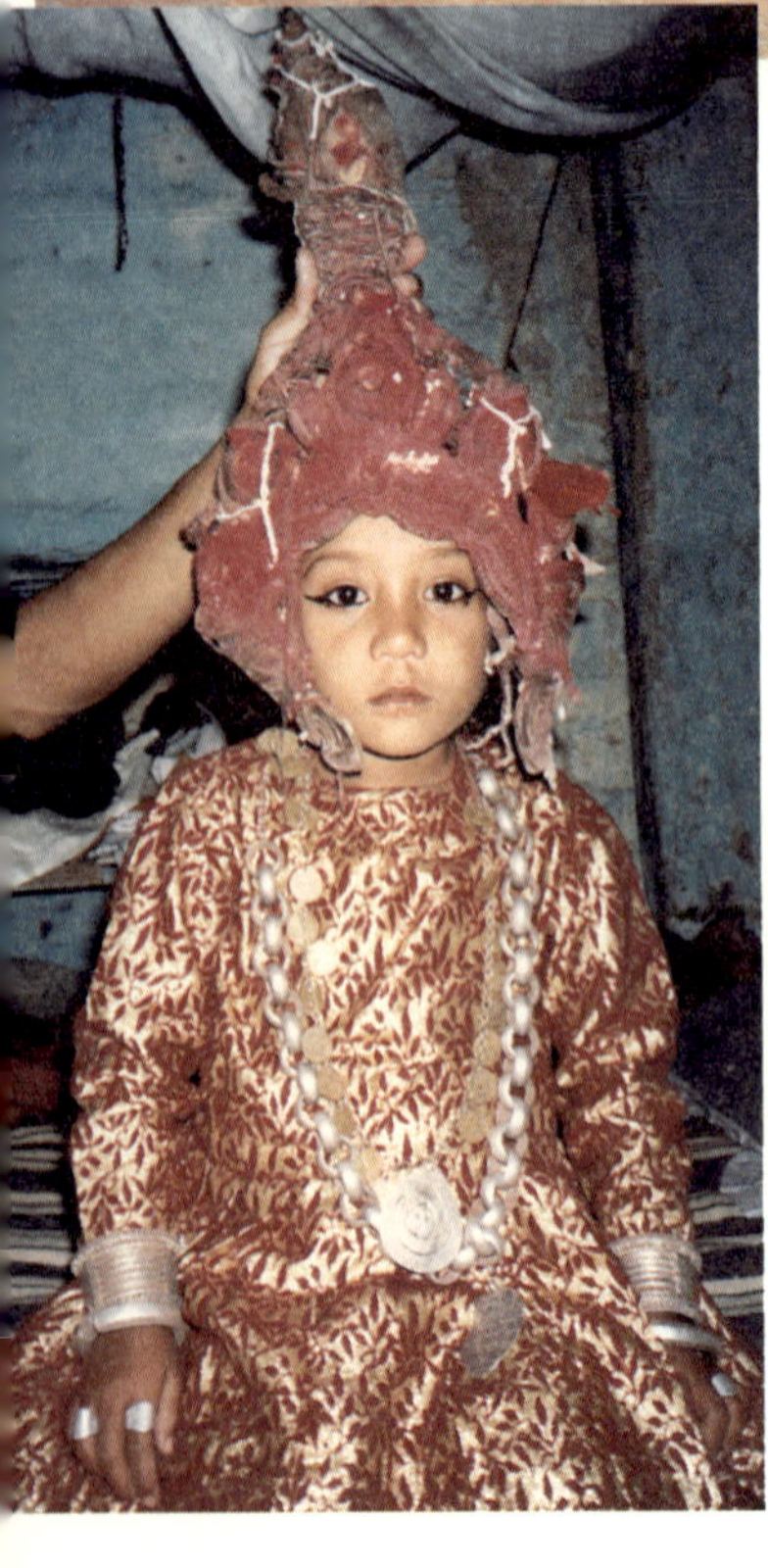

15　ブンガマティのクマリ　1994年

14　インドラポール　1994年

16　バクタプルのタレジュ寺院の入り口　1994 年

17　インドラポールを立てる人々　1994 年

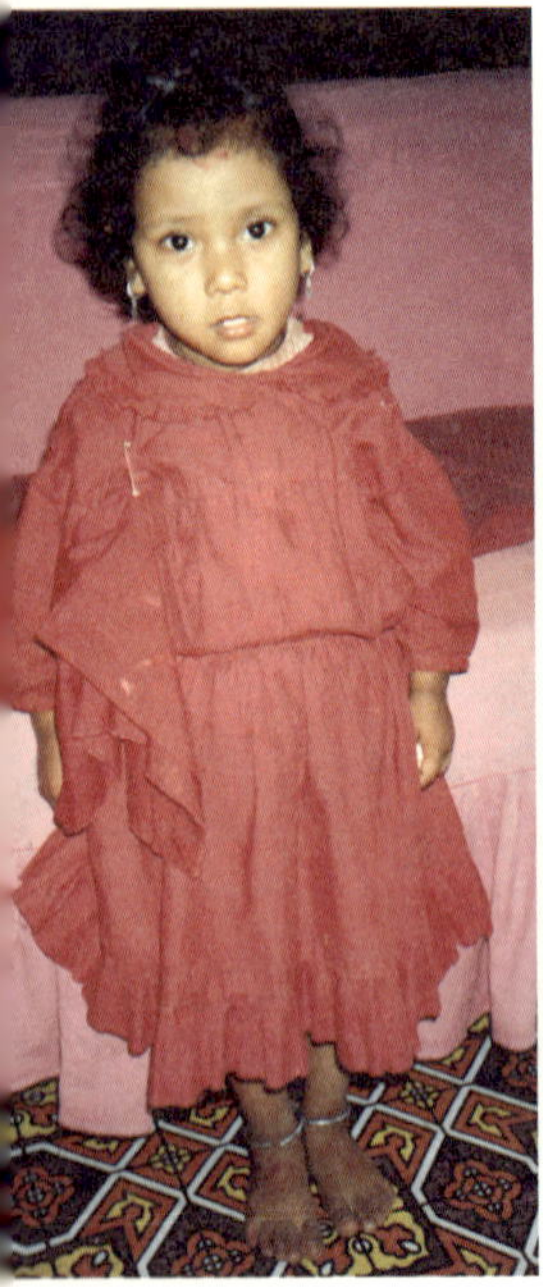

19　チャバヒル・クマリ
1994年

18　バクタプルのエカンタ・クマリ
1994年

20　左からエカンタ・クマリ、クマリマー（世話役）、ティプ・クマリ。バクタプル　1994年

22 バクタプルのエカンタ・クマリ　1995年

21　著者とバダ・グルジュ　1995年

23 動き出したロイヤル・クマリの山車　1995年

25　インドラジャトラを取材する著者　1995年

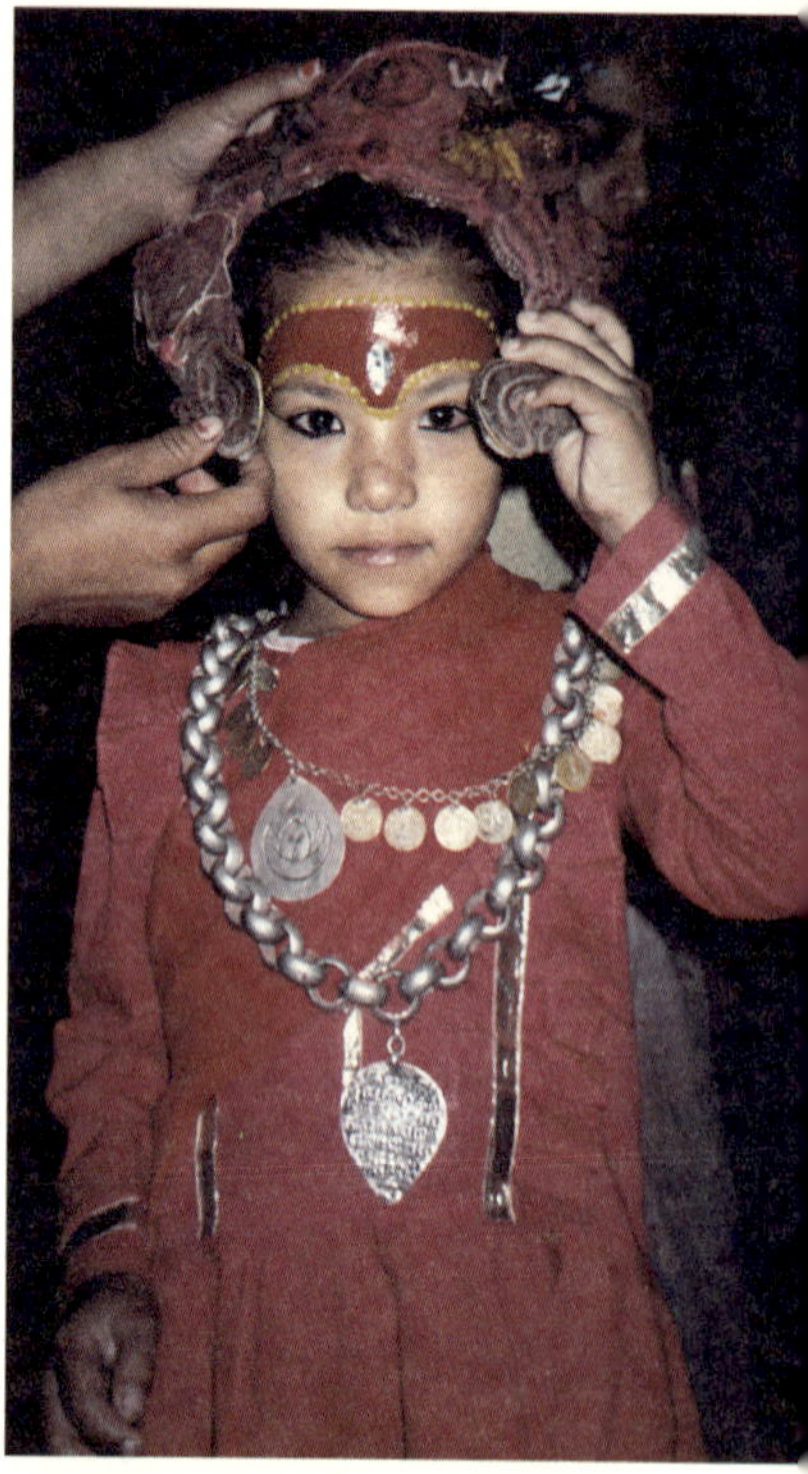

24　ブンガマティのクマリ　1995年

26　EXロイヤル・クマリのラトナ　1995年

27　パタンのクマリ（チャンドラ）と祖父　1995年

28　訪問者たちにティカをつけるパタンのクマリ　1995年

29　プジャに用いられる祭具　1996 年

30　バクタプルのクマリ　1996 年

31 ブンガマティのＥＸクマリ　１９９７年

32 カトマンズの少年と犬　２０１０年

33　バスンダラー・プジャに向かう女性たち　1998 年

34　バスンダラー・プジャに参加したパタンのクマリ　1998 年

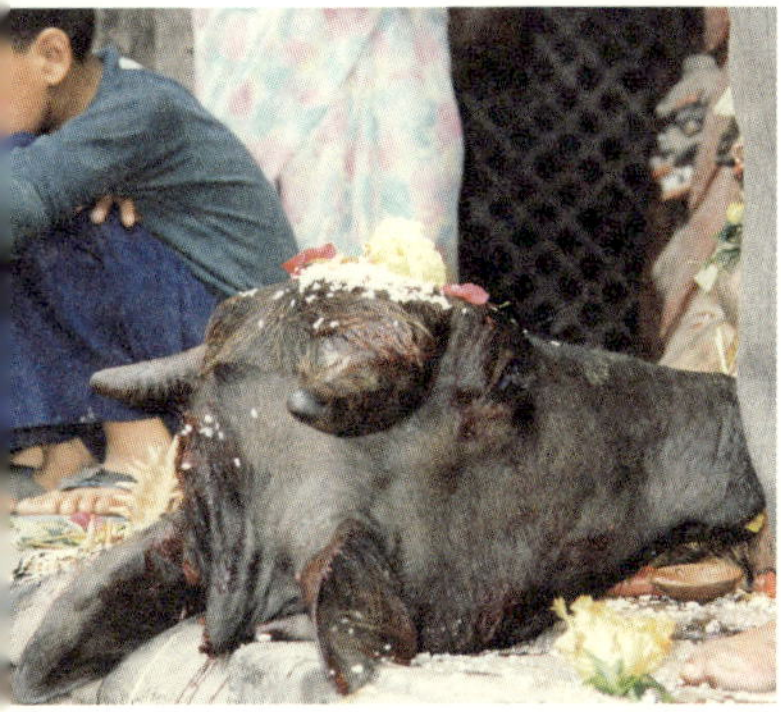

36　インドラジャトラで生贄としてバイラブの面の前に置かれた子牛　2010年

35　インドラジャトラの山車の前の占星術師　1991年

37　バクタプルのエカンタ・クマリ　2010年

38 歴代のロイヤル・クマリ。左からアニタ、ラシュミラ、アミタ、プリティ、2010年

39 ゾンクゥのお祝いの行列 2010年

40 五〇〇人クマリ 2010年

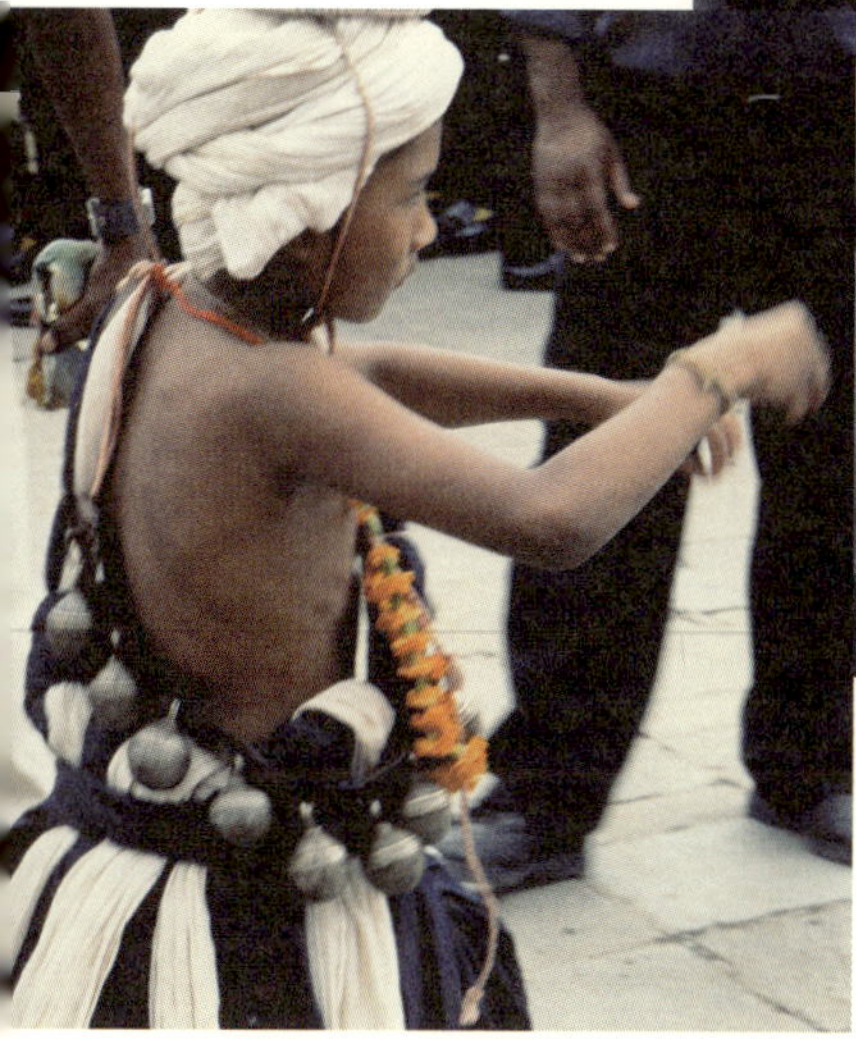

41・42　インドラジャトラに登場するデーモンたち
2003 年

43　クマリハウス

44・45・46
ブンガマティの風景　2006 年

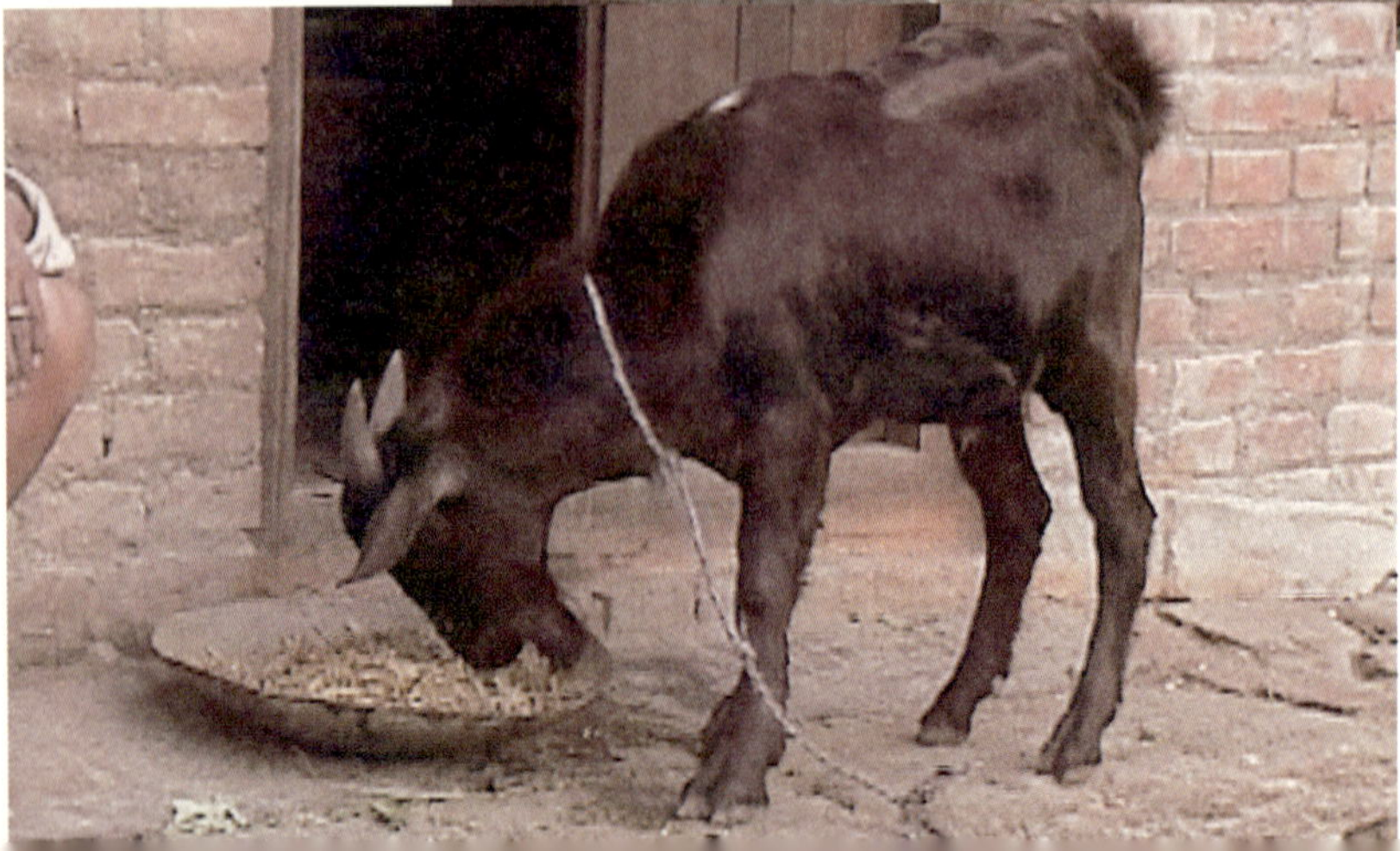

48　パタンのクマリ、チャニラ　2003 年

47　パタンのオールド・クマリ　2003 年

49　ティカをつけるチャニラ　2003年

50　ティカをつけるオールド・クマリ　2003年

52　ラジャンの工房で制作中の十一面観音

51　パドマパニ・ロケシュバラ（観音菩薩）。16~17 世紀

53　十一面観音などの各部位

54 スワヤンブーナート 1999年

55・56 かつてのナガルコットおよびインドラチョークの朝市風景 1980年

57　学校に戻ったEXクマリ（アミタ）　2000年

58　カトマンズの
小学校の教室風景
2000年

59　パシュパティナートのシヴァ・リンガ

60　ブンガマティのクマリたち。左が当時のクマリ　2003年

61　EX クマリ（スウェタ、右から二人目）の家族と　2006 年

62　ブンガマティのクマリ　2003年

63　かつてのバル・クマリたち
（現地で入手した写真より）

65　ブンガマティのクマリ　2009年

64　ブンガマティのガルーダ像

66　調査グループ。中央左が著者、右がラジャン　2003 年

67　パタン・ミュージアムで入手したガルーダ像

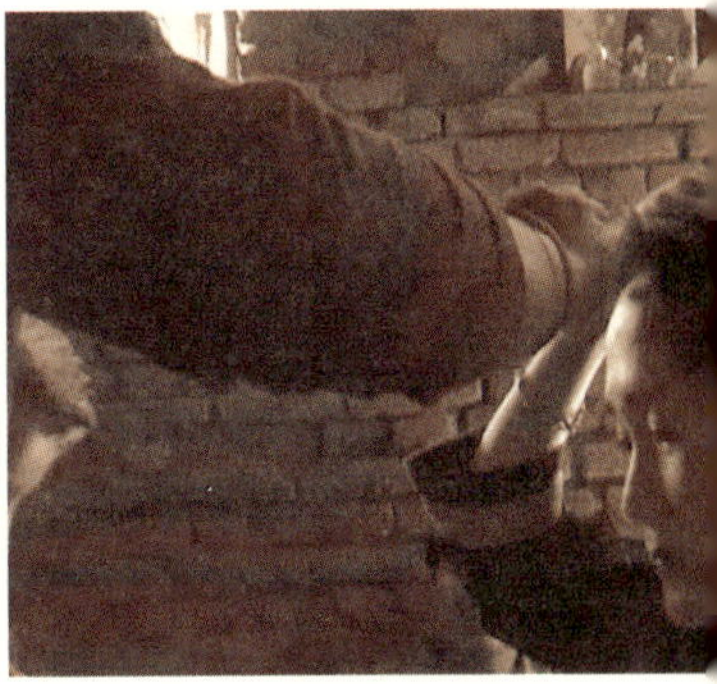

68　ティカをつけてもらう調査助手の峰純さん 1991 年

69　パタンのマチェンドラナート寺院　2010 年

70　ブンガマティのマチェンドラナート寺院　2003年

71・72　シャム先生宅の伝統的なネパール料理
2003 年

73　大好物のウォー　2010 年

74　サヌ・カジと著者　1997年

76　山車を直す人々

75　アサ・カジが占星術で使う書物　2003年

77　ラト・マチェンドラナートの山車　2003年

78　バスンダラー・プジャ　2010 年

79　バスンダラー像

80 ロイヤル・クマリ（ラシュミラ）1991年

81 インドラジャトラでクマリにコインを献ずるビレンドラ国王夫妻 1997年

82 バイラブの巨大な仮面 1994年

83 バクタプルの孔雀窓

84 EXロイヤル・クマリ（ラシュミラ）の家族と調査グループ　1995年

85 EXロイヤル・クマリ（プリティ）と著者　2010年

第4章　女神の源流を求めて

01　クマリの起源をたどる

　ここでクマリ（Kumari, Kaumari）の起源について考察してみよう。クマリが最初に登場する資料では、クマリは七母神（サプタ・マトリカ）または八母神（アシュタ・マトリカ）の一人として取り扱われている。[★01] ネパールではその信仰は三世紀から四世紀にかけて始まったもので、八母神にはそれぞれ重要な男性神が対応しており、つまり、処女神クマリはもともと男性神の配偶者として意味づけられていたことになる。

　このことは謎をふくらませるばかりで処女神クマリの起源について明らかにするものではない。というのも、クマリは「まだ月経を経験していない純潔な少女」でありながら、既に当初より八母神の一人（つまり妻であり母である）という矛盾を抱えていたことになるからだ。

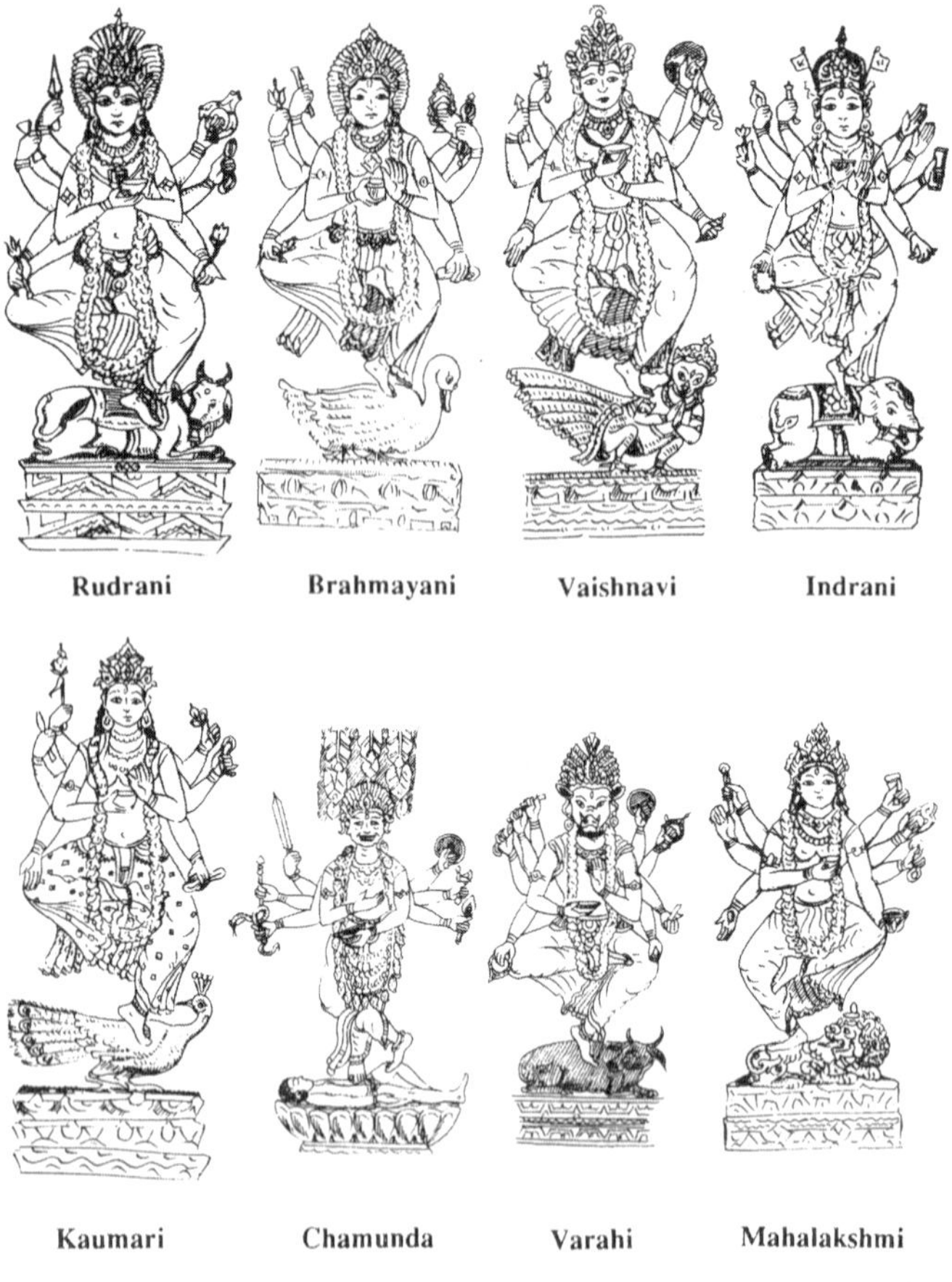

EIGHT DIVINE MOTHERS (ASTA MATRIKAS)

八母神図像（Trilok C. Majupuria & Rohit Kumar, *Gods, Goddesses & Religious Symbols of Hinduism, Buddhism & Tantrism*, M. Devi, New Edition, 2008. より）

	八母神 （アシュタ・マトリカ）		男性配偶神
1	ブラフマーヤニー	Brahmayani	Brahma
2	マハーラクシュミー	Mahalakshmi	Maheshwara
3	カウマーリー	Kaumari	Kumar
4	ヴァーラーヒー	Varahi	Varaha
5	ヴァイシュナヴィー	Vaishnavi	Vishnu
6	インドラーニー	Indrani	Indra
7	チャームンダー	Chamunda	Yama
8	ルドラーニー	Rudrani	Rudra

インドまで遡って考えても同じことで、クマリはまず七女神の一人であり、シヴァ神の息子で戦士のクマラ（Kumar）の配偶者にあたる存在とされている。すなわち、クマリは「まだ月経を経験していない純潔な少女」というよりも、「武器をふるう強力な大女神たちの一人」として登場している。

しかし、一方、紀元前三世紀あるいは四世紀のヒンドゥー教の経典『タイティリヤ・アラニャカ』によれば、ルドラ（シヴァの一形態）の配偶者アムビカはカンニャークマリと呼ばれていたことが知られている。アムビカとは「小さな母」の意味で、カンニャークマリとは「初潮を迎えていない処女」の意味である。[★02]どこでこうした混乱が生じたのか、どこまで遡ってもわからない。いったい処女であり母であるとはどういうことなのか。

クマリ崇拝は、インドではほとんど見られないと言われるものの、現在でも三ヶ所の寺院でクマリが祀られていることが知られている。南インドのカンニャークマリ（コモリン岬）にあるクマリ・アンマン寺院、北東パンジャブのカングラ渓谷にあるカンニャー・デヴィ寺院、そして、ラジャスタンのビカネール州にあるカラニ・マタ寺院である。[★03] ぼくも実際に訪れたことがあるのだが（その経緯は後述する）、南インドでは早くからカンニャークマリ（Kanya Kumari, Comari, Devkumari）崇拝が盛んで、その名は古代ギリシアのプトレマイオスの記述やマルコ・ポーロの『東方見聞録』にも登場している。プトレマイオス以前にも、例えば次のような記述が残されている。[★04]「ここを越えたところにコマリと呼ばれる岬があり港になっている。そこで余生を過ごそうと望む男たちがそこで沐浴したりして禁欲生活を送っている。女たちにしても同様である。というのも、かつてある女神がそこに住み沐浴したと伝えられるからである」。そこに建てられたクマリ・アンマン寺院はいまもなお有名な巡礼地となっている。

　ここで注目したいのは、クマリ・アンマン寺院の「アンマン」とは「マーター」や「マータージー」と同じく母なる神を意味しているということである。すなわち、クマリ・アンマンとは「処女であり母である」の意味。人々はさまざまな悩みを抱いてここにやってきて、慈愛に満ちた女神のもとで癒される。それはあたかもキリスト教の聖母マリア教会と対応しているかのようである。

　いずれにせよ、クマリについては「せいぜい十歳から十二歳までの幼い少女」、あるいはタントラ（魔術的教義）では、「十六歳まで、あるいは初潮前の少女」というのが一般的な定義なのであるが、現在のインドに残されている信仰形態から類推してみると、クマリにはその始まりから大女神としての性格が付与されていたことになる。

02　処女崇拝

　クマリの名は古代インドの叙事詩『マハーバーラタ』（紀元前四世紀―六世紀）にも見られることから、その信仰は後期ヴェーダ時代にまで遡るという説もある。そして、『マハーバーラタ』や初期のテキストでは、クマリはドゥルガーなどの美しき破壊者とほぼ同義で用いられている。[★05] このことは注目に値する。彼女はもともと「けがれなき処女」ではなかったのだろうか。

　ネパールにおけるクマリ崇拝の歴史はいまなお謎に包まれたままだ。ただ、その名前を冠された女神が少なくとも六世紀に崇拝の対象になっていたことは間違いない。ネパールの王統譜『バンシャバリ』（Vamsavalis）のテキストに既にクマリの名が記載されている。[★06] また、どこまで信頼に足るかはわからないが、リッチャヴィ王朝五〇三年の碑文にタントラ系の女神信仰についての記載があるので、それと結びつけて考えられていたふしもある。[★07]

　とりあえず次のように考えたらどうだろう。クマリ崇拝そのものは規模の小さな地方的で散発的な信仰形態で、おそらく北東パンジャブで見られたような、ある一定の時期だけ少女に神が乗りうつるというかたちで、かなり早い時期から始まっていたのではないかということである。[★08] クマリ研究の第一人者マイケル・アレンは、十一世紀にヴァジュラヤナ仏教（密教）が入った頃にはクマリ崇拝はすでに始まっていたのではないかと述べている。[★09] その根拠として、十一世紀にカンティプル（カトマンズ）のラクシュミーカムデヴァ王（在位一〇二四―四〇）が祖父にならってクマリ崇拝を広めたという記述が残されていることを挙げている。[10]

ラクシュミーカムデヴァ王の祖父は、処女神クマリの助力でかなりの財を成し、国中を征服することができたという。それを思い起こしたラクシュミーカムデヴァ王は自分もその効験にあやかりたいと考えた。それですぐにパタンに出向き、バンディヤ（サキャ・カースト）の娘をクマリとして崇拝することにしたのである。彼はもともとヒンドゥー教徒だが、インドの高僧アティーシャ（Atisa）の影響で仏教徒のクマリを崇拝するようになっていた。その後アティーシャは一〇四二年に西チベットに行き、親しい弟子たちのために自らのタントラの教えを説く一方で大乗仏教を広め、とくに僧院生活の数々の規律を明文化したことが知られている。おそらく観音信仰をチベットに広めたのも彼ではなかったか。その後、チベットでは観音が活き仏ダライ・ラマの姿をとって正式の守護者になっていったのは周知のとおりである。

ただし、この記述で見逃せない点は、ラクシュミーカムデヴァ王がクマリ崇拝のためにわざわざパタンに出向いていることで、パタンのクマリのほうが歴史的にはカトマンズのクマリより古いことが暗示されている。[11] さらに、ラクシュミーカムデヴァ王がクマリ崇拝を定めたとすると、それは十一世紀のことになり、マッラ王朝の守護神タレジュ・バヴァーニがネパールに入るよりも二世紀も前のことになる。ネパール王統譜の記述をそのまま鵜呑みにすることはできないが、パタンにおける処女神クマリ崇拝のほうがタレジュの化身とされるクマリよりも古いということは、是非とも記憶に留めておきたい。

それとは別に一三二三年にインドのカルナタック王朝のハルシムハデヴァ王が、ネパールのバクタプルに隠れ家を作り、そこに一族の女神タレジュを運び込んだのをクマリ崇拝の起源と関係させる議論もある。シヴァ神の配偶者にして破壊の女神タレジュとクマリの関係はいまでは切っても切れないものだが、もちろん最初から結びついていたとは限らない。さらに、既に述べたとおり、現在のかたちでのクマリ崇拝はマッラ王朝最後の王ジャヤプラカシュ・マッラによって十八世紀になって開始されたという伝承も残されている。ただし、どれもクマリ崇拝がそれまでまったく存在していなかったということを意味するわけではない。

いずれにしても、ここで強調したいのは、クマリの祭りの起源について、既に十一世紀にパタンで始められていたという説があるということである。それについては以下のようなエピソードが語り継がれている。ある日、ジャヤプラカシュ・マッラ王がタレジュ女神とトリプサというさいころ遊びに興じていたところ、王の娘が突然入ってきてゲームを中断されたため、苛立った女神は「もはや二度と王の目の前に現れることはないだろう」と言い残して去る。女神は以後サキャ・カーストの少女の中に顕現することになったという。この伝承についてここでもう少し詳しく検討してみよう。王の名前がさまざまに変化することを最初にお断りしておきたい。

03 クマリ伝説

伝説①

ある日、ジャヤプラカシュ・マッラ王はいつものようにタレジュ女神とさいころ遊びをしていて、彼女に対して肉欲を抱いた。女神はそれをたちまち見抜き、王の治世はもはや終わりに近いだろうと言い残して去ってしまう。王は後悔して自らの罪を許してくれるように女神に懇願する。女神はそれでは山車の祭りを行うようにと告げ、そのおかげで王の治世は安泰になった。

伝説②
ある日、トライロキャ・マッラ王（在位一五四九—六〇）とタレジュ女神はさいころ遊びをしていた。王は金でできたお守りを持っていたが、それはいかなる女性も見てはならないものだった。ところが、偶然のしわざか王の娘がお守りを見てしまい、それによって王の神的な力は失われてしまう。しかし、後に女神が王の夢の中に現れ、自分は今後一人の少女の姿で立ち現れるであろうと告げる。その時から人々はサキャ・カーストの少女の選考を開始した。

伝説③
ジャヤプラカシュ・マッラ王はサキャの少女を、彼女にタレジュの霊が取り憑いていると言って辱めた。人々は少女と家族の財産を没収し追放してしまう。後になって、王は、実は彼女は生きた女神だったと改悛の情を示す。

伝説④

ジャヤプラカシュ・マッラ王の治世の間に、女神クマリと自称する少女が近々王に災難が起こるだろうと予言する。激怒した王は少女を国から追放する。しかし、彼女の予言は現実化し、王は彼女を呼び戻し、クマリ信仰を開始するように告げる。

伝説⑤
伝説④と同じ内容なのだが、ここでは王妃がタレジュの霊に憑依されたことになる。

伝説⑥
伝説①と同じ内容だが、女神の予言は、ゴルカ王子が王に取って代わるだろうというものだった。王は償いのために祭りを開始する。

伝説⑦
かつて神々はもっと人間に近い存在だった。彼らはしばしば人間のもとを訪れていた。女神のなかで最も美しいのはクマリだった。ある日、クマリはカトマンズの王を訪れ、王に神的な知恵を授けていた。王はクマリの足元に座っていたが、その美しさに魅せられ、彼女を抱きしめようとした。女神は、もはや二度と王の前に姿を見せることはないが、純粋で、無垢で、まだ血を見たことのない少女の口を借りて話すだろうと語り、去った。

以上の伝説をまとめると、王が女神に性的な関心を示すというモチーフがかなり大きな比重を占めていることがわかる。[★12]サキャの少女の選考を始めた理由（伝説②）、祭りを開始した理由（伝説①⑥）、クマリの予言（伝説④⑤⑥）、タレジュ女神への言及（伝説①②⑤⑥）、選考の基準（伝説⑦）など、それぞれのエピソードには固有のメッセージが含まれている。

実際、ジャヤプラカシュ・マッラ王は、少女を追放したのを悔いて硬貨を鋳造させており、クマリの名が一緒に刻まれた一七五三年（ネパール暦八七三年）の日付の硬貨も発見されている。

さらに、クマリについていくつもの伝承を挙げることができるが、いずれにしても、クマリが王権およびその存続と密接に結びついている点は見逃せないだろう。その最も典型的なエピソードはゴルカ王朝にまで及んでいる。

既に述べたように、一七六八年ゴルカ王朝の初代の王プリトゥビナラヤン・シャハは、インドラジャトラの最中にマッラ王朝を滅ぼしてカトマンズに攻め込んだが、祭りを続けるようにと命じ、彼自身もクマリから祝福を受けたのだった。その時の象徴的なしぐさはインドラジャトラの最終日に毎年繰り返され、ゴルカ王朝の正統性がその度に確認されたのである。

04　クマリの両義性

クマリは相矛盾した性格を併せ持っている。それこそクマリをきわめて謎めいた存在にしている理由である。ここでクマリをめぐる両義性について簡単にまとめてみよう。

女性原理
プラクリティー
prakriti

恵みと慈しみの女神
デヴィ　Devi
パールヴァティー　Parvati
ラクシュミー　Lakshmi
サラスヴァティー　Saraswati

怒りと復讐の女神
カーリー　Kali
ドゥルガー　Durga
タレジュ　Taleju
アジマ　Ajima

いったいなぜ彼女は愛と慈しみの女神でありながら破壊の女神タレジュの化身とされるのか。なぜ処女でありながら大女神的な性格を持ち、既婚女性が身につけるような赤い衣服を身にまとい、額や足指などを赤く塗るのだろうか。なぜ仏教徒から選ばれるのか。さらに、なぜ高僧ではなく無垢の処女でなければならなかったのか。

その背景について論じるうえで、ヴァジュラヤナ仏教、タントラ仏教（密教）の影響を無視することはできないだろう。次章で詳しく述べることになるが、一般にタントラの教えはもともとバラモン教の教えに含まれていたもので、七、八世紀にかけて権威の低下した大乗仏教がバラモン教ないしヒンドゥー教と妥協せざるを得なくなり、さらに民間信仰をも取り入れてヴァジュラヤナ仏教を成立させたことになっている。

そこではさまざまな影響力の強い女神が登場してくるが、もともとヒンドゥー教の女神は数が多い。アーリア侵入以前の大地母神信仰のなごりを秘めた豊饒の女神デヴィに、大地の女神ブー、シヴァの妃とされるパールヴァティー、復讐の血を求めるカーリーとドゥルガーなどさまざまなかたちで表わされている。それらをあえて二つのグループに分けるとすると、恵みと慈しみの女神群と怒りと復讐の女神群ということになる。

ヒンドゥー教徒にとって、クマリはタレジュ・バヴァーニの化身、つまり、カーリーの一形態にして、魔神を殺す強力な女神たちのなかでも際立った存在タレジュの化身として認識されており、それゆえに、王国の守護神として君臨することになる。そうした意味において、彼女はカーリー、ドゥルガー、タレジュなどのグループに属し、供犠された動物の血で絶えず宥められていなければならない存在ということになる。しかし、仏教徒にとって彼女はヴァジュラ・デヴィの化身、つまり、ヴァジュラヤナ仏教の主要な女神として崇められ、あらゆる困難からの救いをもたらしてくれる存在とされている。

同じ神格が別々の呼び名を持つことに人々はあまりこだわっていないように思われる。いや、むしろ、いかなる呼び名で言い表されようと、その実体は一つであると深く認識されていたのである。たしかに、女性の純潔、慈しみ、豊饒性、激しさ、破壊などの属性を併せ持つことは、一層大きな力を生み出すものかもしれない。しかし、いったいなぜそれがクマリ崇拝という形を取ることになったのか、そのあたりの謎を以下つきとめていきたいと思う。

第5章　仏教とは何か

01　仏教の流れ

宗教というものは普通の文化事象の進化や伝播とは大きく違った特徴を持っていて、その根本原理は「同じものが同じものを生み出す」ということであり、差異の法則よりも同一性の法則にしたがって変化を繰り返す傾向がある。あるものが別のものに変化しても、そこには元の要素が色濃く反映されていたり、そのなかの属性の一つとして沈殿していたり、またはさらなる変化の時に表面に躍り出たりすることがある。

例えば、ある時、祀られる神が別の神に取って代わられたとしても、そこには前の神の特性が残されていて、なにかの折にはそれが「転轍手《てんてつしゅ》」の役割を果たしたり、別の神を呼び込む働きを示したりすることがある。ここで論じたいのはそういう神話のメカニズムであって、細かい差異をとりあげて、あれこれどうでもいいことを詮索したりすることではない。

そのようなことを念頭に置いたうえで、ここでネパールの宗教事情について簡単におさらいをしておきたい。ネパールは、国王をはじめとして国民の八〇パーセント以上がヒンドゥー教徒である立派なヒンドゥー教国家だと言われてきたが、そう簡単にはいかない事情もある。これまで述べてきたように、この国に古くから根づいた仏教がいまだに大きな影響力を持っていたからである。

仏教伝播の大きな流れとして通常理解されているのは、一つはスリランカやタイ、ラオスなど東南アジアに広がっていった上座部（小乗）仏教であり、そこでは出家して悟りに至り、この世の苦悩に満ちた生をいかに克服するかという教えが背景となっている。それに対して、中央アジアから中国、朝鮮半島を経て日本に伝わった大乗仏教があり、そこでは自らの悟りのみならず一切衆生《いっさいしゅじょう》を輪廻《りんね》からの解脱《げだつ》に向かわせることを目的としている。また、さらにもう一つの流れとして、ネパール、ブータン、チベットへと伝わった大乗仏教の一派（ネパール仏教、ブータン仏教、チベット仏教）がある。

そもそも仏教とは紀元前五世紀頃に釈迦（仏陀）によって開かれた宗教で、その釈迦自身ネパールのルンビニで誕生しているわけだから、ネパールの仏教はインド仏教の一支流以上のものを含んでいると考えられよう。つまり、これまでネパールやチベットの仏教というと、仏教がムスリム（イスラム教徒）の手によってインドから追われて以降移り住んだ人々によって信仰されるようになったという印象を持つ人が多かったのだが、実際にはかなり早い時期からカトマンズ盆地に深く根づいており、そこに住むネワール族による信仰の中心となっていたのだった。

もともとインドの仏教はクシャーナ朝まで非常に盛んであったのが、グプタ朝（三二〇―五〇〇年頃）でバラモン教が国教とされたため次第に衰えを見せ始め、七世紀以降バラモン教およびヒンドゥー教との融合が図られたものの、既にその勢いは失われつつあり、十三世紀初頭（一二〇三年）にはインド亜大陸から姿を消すにいたる。そうなると、ごく初期の仏教がインドではなくネパール、チベットに保存されている可能性も考えられることになる。既にインドでは失われた仏典のサンスクリット語訳がチベットにだけ保存されていたり、古い仏教の儀礼や行事がいまもネパールに残されているのが判明したりで、それらについて再評価する機運も生まれている。

02　ネパール仏教の特徴

ネパールはインドのすぐ隣に位置し、陸続きということもあって、仏教のほとんどすべての形態が流れ込んだのは言うまでもない。そこには大乗仏教、上座部（小乗）仏教、ヴァジュラヤナ仏教（密教）などのさまざまな影響が見られるが、最も古い層に初期の大乗仏教の儀礼と行事が残されていることは注目に値することだろう。

日本を舞台に考えると、それまで神道、陰陽道、山岳信仰、祖先崇拝、土着の名もない信仰のかたちなどが人々によってそれぞれ保持されてきたわけだが、六世紀に大陸から仏教が伝わってようやく日本の宗教の骨格がかたちづくられたと見るのが最もオーソドックスな見解だろう。ネパールでも事情は同じで、初期の仏教を担ったネワールの人々は土着の習慣を保持しつつ仏教を受け入れたわけで、そうした事情を読み解くことによって、むしろ仏教の本来のかたちが見えてくるかもしれない。

どの宗教もそうだが、伝播するうちに各地域の特殊な事情を背景にどんどん変化を遂げてしまう。例えば、人が死んだら戒名を与え、火葬した後で墓に埋めて、三回忌とか七回忌の法要を行うなどという習慣は日本ではごく普通のことだが、当のインドやネパールにはそんな教えはまったく存在していない。インドでは身体は単なる魂の容れものにすぎないとされ、多くの場合近くの「ガート」で荼毘《だび》に付されると、そのまま無造作に河に流されることになる。

カトマンズ盆地での仏教の存在を最初に示した資料は、紀元後五世紀の中頃から八世紀に及ぶリッチャヴィ時代の碑文集成の中にある。リッチャヴィ族はおそらく西暦紀元前後からこの地にあって、その王朝はパシュパティ（シヴァ）を崇拝したが、同時に仏教も容認し、何人かの王たちは仏教寺院の建立や寄進をしたと伝えられている。[★01]

このことは七世紀の中国の仏教僧・玄奘《げんじよう》の『大唐西域記』にも記述されており、リッチャヴィ族が仏教を信じていたことに疑問の余地はない。しかし、カトマンズ盆地で仏教が最も力を得たのはおそらく十三世紀より始まるマッラ王朝の時代に入ってからであろう。ただし、その頃になると、ネパールの仏教にはかつての大乗仏教の教えのみならず密教およびタントラの教えが深く入り込んできて、それらが現在にいたるまでネパール仏教の性格づけに大きな影響を与えてきたのである。

ヴァジュラヤナ仏教とは、ヒンドゥー教が全盛となった時代に、それらとの融合が図られて生まれた仏教の一流派であり、その評価については二つの見方がある。一つは、仏陀（釈迦）によって唱えられた仏教が一〇〇〇年近く経過して、農村に基盤をおくヒンドゥー教や民間信仰の荒波にのみこまれ、民衆の切実な願いに応えられるように自らを変革しようとしたものだという肯定的な評価。それは、これまでの教えを理論的に集大成しようとすることよりも、改めて悟りにいたるまでの実践的な階梯を示そうとした仏教の最末期の到達地点と評価するものである。

そして、もう一つは、仏教がヒンドゥー教やタントリズムと融合して、仏教本来の姿を見失った結果、それらのなかに埋没し、みずからの存在価値を失ったとする否定的な評価。歴史的に考えれば、もちろん仏教はその時期をきっかけに衰微していったわけだから、後者の見解が正しいように思われるのだが、そこに登場した密教の教えそのものについてはそう容易に価値判断を下すことはできない。★02

ネパールにおける密教の導入はかなり早い時期から行われていたはずだが、実際いまもなお影響力を持つのは九、十世紀以降の後期密教の教えであり、そこでは無上瑜伽《むじょうゆが》タントラの教えが大きな意味を持っている。中国、朝鮮半島、日本における密教はほぼ前期の教えのみを導入したわけだから、同じ密教といってもその内容には大きな違いが見られることになる。例えば、無上瑜伽タントラの教えを象徴するものに、シヴァなどの主神が妃を抱擁するいわゆる合体仏があって、そこには男性原理と女性原理の結合によって悟りを得るというタントラ独自の教えが表現されている。初期の欧米の仏教研究者からすると、それはあまりにも猥褻で信仰の営みに反することに見えたから、どちらかというと堕落した仏教としか思えなかったわけだが、あくまでもそれは象徴表現の一つであって、民衆の生きる現実を肯定する母系制社会の伝統を受け継いだものとして理解すべきではないかと思う。

03　輪廻転生とは何か

現在のネパール社会では主にヒンドゥー教が力を持っているが、それでもその王の権力の源泉であるインドラジャトラの祭りに仏教徒のクマリが重大な役割を果たすというのだから、やはりこの国の宗教事情はそう簡単に論じることはできないだろう。

例えば、クマリをめぐる教えの一つに輪廻転生《りんねてんしょう》（reincarnation）ということがある。★03 これはもちろんヒンドゥー教や仏教をはじめとして世界中の宗教に見られる考え方で、なにもネパールやチベットに限られたことではないのだが、ここでは特に代々生き神（活き仏）が生まれ変わって指導的な地位につくという、世界でもあまり例のないかたちになっている。

しかも、チベットのダライ・ラマやブータンのジェ・ケンポの場合は王や高僧が特別な力を持つということでそれほど理解しにくいものでもないのだが、ネパールの場合、まだ何も知らない少女が幾つかの試練を経て生き神として認定され、国王をも跪かせる力を持つというものである。彼女が神の座につくのはだいたい三、四歳の時で、早ければ早いほどよいとされている。それというのも、神の生まれ変わりとされる少女は、すぐに見つけ出さないと現世の罪が彼女の身に積み重なっていって、次第に前世の記憶が戻らなくなるからだという。彼女らが三、四歳で選ばれるのにはそうした理由もあるのだろう。しかも、ある一定の年齢に達するとその座から降ろされ、後継者探しが行われ、また別の少女が選び出されるということになっている。生き神といっても長くて七、八年で交替することになり、元・神さまという少女が何人も生み出されるというなかなか理解しがたい状況なのだ。

そもそも輪廻転生とはいったい何か。もし本当に生まれ変わりがあるとしたら、それをどう説明できるのか。そんなときによく持ち出されるのが「前世の記憶」である。例えば、一般に動物は自分の身に危険と思われる食べ物には見向きもしないとされている。なぜそんなことがわかるのか。それを説明するのに、われわれ個人の記憶ではなく、すべての人々の経験が記憶される領域があるという考え方が生まれることになる。それを仏教の唯識では「アラヤ識」と呼んだわけである。C・G・ユングはそれを集合的無意識と命名したし、多くのSF作家はそうした発想に刺激を受けて、例えば、フィリップ・K・ディックは「ヴァリス」（Vast Active Living Intelligence System）を、スタニスワフ・レムは「ソラリスの海」を構想していくことになる。

このようにして、個人の生死を超えて存続していく意識という考え方は必然的にそれを継承していく人々の存在を肯定していくことになってくる。「前世の記憶」とか「織田信長の生まれ変わり」とか言われるときわめて胡散臭いことになるが、「すべての人々の経験が記憶される領域がある」という考え方そのものは、そう簡単に否定することはできないかもしれない。

チベットのダライ・ラマの場合、現在のダライ・ラマ十四世（一九三五―）に至るまで観音菩薩の化身として国家の最高指導者として認知されるようになったのはほぼ十七世紀のことで、そうした慣習がどれだけ古くからあったのかはよくわかっていない。ダライ・ラマ一世（一三九一―一四七四）は宗教者として尊敬を集めていたが、それでも当時は国家を代表する政経両面にわたる指導者というわけではなかった。では、処女神クマリ崇拝の場合はどのような考え方がその背景となっていたのだろうか。そして、それはいつ、どのようにして始められたのか。

ある祭りの際に少女たちが一時的に神がかりになるという例はごく普通にみられるし、また、いったん神と認定されれば死ぬまで神の座につくというのも理解できる。ただ、三、四歳から十二、三歳までという決まった年月だけ生き神となるという話は世界にほとんど例はない。そうなると、家族のもとに戻されたクマリはその後どういう人生を歩むことになるのか、どういう相手と結婚できるのか、その子どもはどういう扱いを受けるのかなど、次々と知りたいことが積み上がっていく。そもそもなぜ少女だけが神になれるのか。以降の章では、処女神クマリの周辺をもう少し詳しく調べていきたい。

ダライ・ラマ14世（写真／薄井大還）

04 祭りの終わり――カトマンズ調査一九九六年

いつもインドラジャトラ最終日は心に残る［口絵9］。人々の熱気が違う。一九九六年の夜のことは、いまでも忘れられない。その日はかなり早目にタメルを出たのだが、雨が激しく降ってなかなかクマリハウス（クマリ・バハル Kumari Bahal）までたどり着けない。家々の庇《ひさし》の下に入りながらダルバールスクエア（旧王宮前広場）に到着したが、そこも雨で身動きがとれない。クマリハウスの中庭でじっと祭りが始まるのを待つ。インドラジャトラは雨を待ち望む祭りでもあるが、祭りの八日間という期間についていうと、実際に雨が降った記憶はほとんどないといってよい。こんな年はむしろ珍しい。

ようやく夕方六時過ぎになって、小さな女の子二人がクマリハウスの内部から出てきたのでよく見ると、片方はこの前までロイヤル・クマリだったラシュミラだった。真っ赤なドレスを着ているものの、人が変わったようにリラックスしている。誰も彼女をそれと認知していない様子。いくらロイヤル・クマリとして国王の上に君臨していたとしても、いったんその座を退くと、周囲の人々以外にはほとんど注目されることもなくなってしまう。ぼくは慌てて彼女らを追いかける。写真を二、三枚撮るのがやっと。それもうまく撮れない。二人は早足でフリークストリートの方に向かう。そこで追うのを諦めて後ろ姿を見つめていると、急に振り返って、彼女はこちらを見てくすくす笑った。

既に彼女は一人の女の子に戻っている。祭りが進行し、現クマリが登場したときも、窓から身を乗り出すようにして誰よりも熱心に見ていたが、どこか他人事のような表情が印象的だった。一九八六年から六年間も神の座についていたのに、そんなことを微塵も感じさせなかった。相変わらず雨が霧のように降りそそいでいる。広場の熱気は一段と昂まり、祭りは最高潮を迎えたようだった。

1991年当時のロイヤル・クマリ

そのまま七時を過ぎる。既に夕闇が広場を覆い始めている。

山車は三台。もちろんクマリの山車がメインで、それを先導するかのように二人の男の子が扮するガネシュとバイラブの山車が前を行く。七時過ぎになってようやく山車が動き出す。ただし若者たちのチームワークは最悪で、すぐに柱にぶつかって立往生する。クマリの山車が左に逸れてクマリハウスの側に動き、ちょっと道を空けると、ガネシュの山車が前に出ようと動き始めるのだが、こちらもすぐに柱につっかかる。幾度か試みてようやく先頭に出ると、次はバイラブの山車の番になるが、こちらはなんとかスムーズにガネシュの山車に続く。

そして、ガネシュとバイラブが旧王宮前広場から離れようとすると、いよいよクマリの山車が少し下がってから前に進み出ていく。これから彼らはヤトカ、ナラデヴィ、キラガル、ベダシン、インドラチョーク、ハヌマン・ドゥカという順で地区を回ることになる。そして、クマリハウスに戻って、そこで国王に祝福を与えるのだ。つまり、国王は跪いてクマリの両足に額をつけ祈り、彼女から額にティカを受けることになる。[★04]

いつもなら山車を追って小一時間ほど歩くのだが、ゆっくりと広場で山車が戻ってくるのを待つことにする。びっしょり濡れたシャツが体温を下げ、少し風邪気味だ。いよいよインドラジャトラも幕を閉じる。毎年のこととはいえ、どうしても一抹の寂しさはぬぐえない。

第6章　美人の条件

01　イニシエーション儀礼

クマリのイニシエーション儀礼について簡潔に論じてみたい。これまで述べたように、ロイヤル・クマリに就任できるのは、カトマンズに居住する仏教徒のうちサキャ・カーストに属する少女のみで、年齢は三、四歳くらい。前のクマリが不適格の徴《しるし》（初潮かなんらかの出血）を示すと、クマリの世話をする女性（インドラマヤ）は、それをバダ・グルジュ（王室付き僧侶）に伝える。バダ・グルジュは国王の同意を得た後、すぐに占星術師のところに出向き、新しいクマリを選ぶ日取りを決める。

日が決まると、バダ・グルジュ［口絵21］、占星術師、パンチャブッダ（仏教最高位僧五名［口絵8］）、アチャジュ（タレジュ寺院僧侶）からなるクマリ選出委員が集まって、ハヌマン・ドゥカ（旧王宮）で32の身体的条件（バティスラクチェン［Batislakchhen］）を参照しつつ適切な少女を選び出す。[★01]現在では32の身体的条件はそれほど厳しく適用されず、完全に健康で、皮膚に疵《きず》やしみがなく、変な臭いがせず、歯がしっかり揃っていれば、それで十分だとも言われている。チベットやブータンのように、前世における神としての記憶をテストするようなことはない（ただしパタンではそういうことがいくらか残されている）。いずれにしても、チベットやブータンでは、神としての資格を精神（記憶）に求めるが、ネパールでは身体に求める傾向があるとは言えるだろう。最も理想に近い少女が選び出されると、占星術師がホロスコープで彼女の星回りと国王との相性をチェックする。それをパスすると、いよいよ少女は国王の前に連れ出され、祝福のコインが与えられる。

それから、彼女は両親のもとに戻り、ほぼひと月の間ひたすら潔斎に励む。その間にタレジュ女神のスピリットがゆっくりと彼女の身体に入り込むと信じられている。もしうまく受容できないと、身体が否定的な反応を示すとされている。

イニシエーション儀礼の最終段階はダサインの祭り八日目の深夜に執り行われる。ハヌマン・ドゥカの中庭で一〇八頭の水牛と山羊が生贄にされ、切り落とされた首が中庭に並べられる。少女は時計回りにそこを歩かされ、その恐ろしい光景の中で平静を保てれば最後の試練をパスしたことになる。彼女はハヌマン・ドゥカの最上階に連れていかれ、前述のクマリ選出委員会のメンバーの手によって象徴的に過去のすべての経験を剝奪され、タレジュ神の化身として生まれ変わるのである。

02　クマリの身体的条件

既に述べたように、少女が神に選ばれるのにはいくつもの条件がある。仏教徒サキャ・カーストに属していなければならない。国王との星回り（相性）も大事な要素で占星術師によって慎重に占われる。さらに、生贄に捧げられた水牛と山羊の血だらけの頭部を見ても動揺しない精神力。しかし、なによりも興味をそそるのが彼女に課せられた32の身体的条件である。彼女は僧侶の妻の手によって全身を調べられ、クマリとしての身体的条件を満たしているかどうか判断される。それは神としての徴《しるし》を身体に深く刻印されているかどうかということである。

とりあえず、その32項目を挙げてみよう。★02

1　均整のとれた両脚
2　足の裏の円形の輪郭
3　均整のとれたかかと
4　長い足首
5　鷲のような手足
6　柔らかくしなやかな手足
7　サプタチャッタ（saptacchata）の葉のような身体

8 鹿のような腿肉
9 骨盤の奥深くある性器
10 丸い両肩
11 獅子のような胸
12 長い腕
13 穢れなき身体
14 法螺貝のような首
15 獅子のような頬
16 四〇本の歯
17 均整のとれた歯
18 白い歯
19 小さくて繊細な舌
20 湿った舌
21 雀のような低い声
22 青い（黒い）目
23 子牛のような睫
24 美しい影
25 金色の影

26　美しく小さな毛穴
27　右にカールしたかたい巻き毛
28　青い（黒い）髪
29　広くて均整のとれた額
30　丸い（頭頂が円錐形となる）頭
31　ニャグローダ（菩提樹［nyagrodha］）のような身体
32　丈夫な身体

われわれはこの一覧を前にして、その条件のランダムさにまず当惑させられる。いったいここに表現されているのは何なのだろう？　例えば、「四〇本の歯」「均整のとれた歯」「白い歯」という歯に対する特別なこだわりの理由は何か？　そもそも「四〇本の歯」というが、なぜそんなに多くの歯が生えていなければならないのか。子どもの歯は二〇本くらいで、大人よりもずっと少ないはずだし、どう数えても四〇本というのはありえない数字ではないか。また、「獅子のような胸」といえば、たとえ比喩としてみるにしても、これはけっして幼い少女に当てはまる条件とは言えないだろう。「サプタチャッタの葉のような身体」とか「ニャグローダのような身体」にしても、どちらかというと成熟した女性の身体を連想させられる。

また、七項目にわたる足（脚）に対する規定、「均整のとれた両脚」「足の裏の円形の輪郭」「均整のとれたかかと」「長い足首」「鷲のような手足」「柔らかくしなやかな手足」「鹿のような腿肉」

は互いにいかなる関係にあるのか？　なぜ手足についてそこまで詳しく規定する必要があったのか。それに対して、目についての意外なほどの無関心（「青い（黒い）目」）。例えば、顔に限定するとしても、鼻、耳、口、唇、眉毛、顎などについてはそれぞれ言及さえされていない。どちらかというと、「目鼻だち」とか「男は口もと、女は目もと」というように、それらは身体的条件の最も重要な要素なのではなかったか。

この32の基準は、ミシェル・フーコーを驚愕させた古代中国の百科事典の分類のように、まるで恣意的なものなのか、それとも、どこかに出典のようなものがあるのだろうか★03。解釈のしようがないといえば、「美しい影」「金色の影」とはいかなるものか。いったい誰がどう判断するのか。

それらの疑問についてバダ・グルジュの家まで出かけ、実際に訊ねてみることにした。そして、そこで初めて龍樹『大智度論』巻四の三十二相八十種好について知らされた。そこには仏陀にそなわる三十二の優れた身体的特徴として、「足下安平立相」「正立手摩膝相」「陰蔵相」「四十歯相」「大舌相」「頂髻相」「白毛相」などが列挙されている★04。以下その幾つかに簡単な解説をつけてみよう。

足下《そくげ》安平《あんびょう》　立相《りゅうそう》　（偏平足である）
正　立手《しょうりゅうしゅ》摩《ま》膝相《しっそう》　（直立した時に手が膝に届く）
陰蔵相《おんぞうそう》　（男根が体内に隠れている）
四十歯《しじゅうし》相《そう》　（歯が四十本ある）

大舌相《だいぜつそう》（舌は顔を覆うくらい大きい）
頂髻相《ちょうけいそう》（頭頂に隆起がある）
白毛相《びゃくもうそう》（眉間に白毛がある）

たしかに右記の条件を参照してみると、「陰蔵相」「四十歯相」など、バティスラクチェン（ロイヤル・クマリの32の身体的条件）が『大智度論』の記載と同じ出典をもつことは明らかであろう。しかし、それにしては相違点も少なくない。どこでどのようにしてバティスラクチェンは成立することになったのか。

ラメシュ・プラサド・パンディ　1996年

03　バダ・グルジュ（高僧）インタビュー

取材したバダ・グルジュの名前はラメシュ・プラサド・パンディ。インタビュー当時（一九九五年）六十九歳だった［口絵21］。彼にクマリの32の身体的条件について疑問点を中心に訊ねてみた。彼は自宅の応接間に通してくれて丁寧に応対してくれた。

ぼくはいきなり質問した。

「いったいバティスラクチェンとはいかなるものですか」

「まず、身体のすべての部分が健康でなければなりません。目、耳、口、顔、行い、動作、歩き方、いろいろな特徴を数えて三十二相になります」

「それは昔から決まっているのですか」

「ええ、そうです」

パンディ氏は何も見ないでゆっくりと答えてくれた。

「それらの特徴のなかで最もわかりにくいのが『美しい影』『金色の影』という表現なのですが、影というのはいったい何なのでしょう？」

「美しい影というのは、顔が白く輝いて光を放っているような感じを表わしていて、仏像の光背のようなものをイメージしてもらえればいいと思います。金色の影というのも、彼女はバグワティ（女神ドゥルガー）の化身、生まれ変わりなので、神聖な金を施されたような美しさを具えているという意味です」

仏像をよく見ると、必ずその背後に金色の輪（光背）が描かれているが、どうやらそれと同じものを指すらしい。天使の頭の金色の輪もほぼ同じことを表しているようだ。要するに、ただ存在しているだけで、気品というか、この世にない神々しさを具えているかどうかということだろう。

「では、『足の裏の円形の輪郭』とはいかなるものですか」

この質問はパンディ氏にとってもわかりにくかったようで、幾度も聞き返してから次のように答えてくれた。

「たぶん足の裏の筋が横から見て円を描いていることでしょう」

「ああ、つまり、足の裏全体がベタッと地面につくようでは困るということですか」

ロイヤル・クマリ（プリティ）　2006年

「ええ」

これでは『大智度論』の「足下安平立相」（偏平足）とまったく正反対の意味となるが、それ以上はわからないということだった。しかし、よく考えてみると、『大智度論』には「足下安平立相」と並んで「足下二輪相」というのがある。これは両足の裏に法輪のしるしがあることで、おそらく「足の裏の円形の輪郭」とはそれを指しているのではないか。そして、「足下安平立相」をあえて「偏平足」と訳さないで「安定のよいバランスのとれた足」とすれば、まったく矛盾しないことになる。

ちょっと質問の矛先を変えてみた。

「『サプタチャヤッタの葉のような身体』とか『ニャグローダのような身体』というのは、いかがでしょう」

「それらは、肩幅が広く、ウエストが細い身体つきを指しているのです。あえてニャグローダ（菩提樹）と言っているのは、健康で揺るぎのない身体という意味も含まれているのでしょう」

「どうしても成熟した女性のイメージなのですが」

「そういう印象もありますね。例えば、法螺貝のような首、子牛のような睫、雀のような低い声、獅子のような胸、手は柔らかく繊細なこと、それらはすべてふっくらとした女性を表しているのだと思います」

「それから、やたらに歯について言及されていますね。均整のとれた歯というのは、具体的にはどんな感じなのでしょうか」

「歯と歯のあいだに隙間のないことを指しています」

「それほどまで歯にこだわるのに、なぜ目、耳、鼻、口についての厳しい規定がないのですか」

「いや、実際にはいろいろあるんです。例えば、目は鹿の目のような形が好ましいとされていますし、蓮の葉のような形も好まれます。唇についても、ゴルカクリ（Golkakri）の葉のような形がいいとされています。実際、その葉は赤くて唇のような形をしているのです。鼻については、それで出身の民族が見分けられるので、あえて条件づけしないようにしているのだと思います」

実際にクマリの選定を手がけて半世紀にもなるパンディ氏らしく説得力のある表現だった。彼の家（想像以上に質素だった）の庭には赤い花が咲き乱れている。彼はめんどくさそうな気配も見せず、いつまでも根気強く時間をかけて説明してくれる。

「右にカールしたかたい巻き毛とは」

「いや、かたい髪はダメですね。髪がゆったりカールしているような感じが好ましいのですが、実際にクマリに選ばれると、髪は一つに結い上げられるのであまり関係ありません」

この「右にカール」とはおそらく螺髪《らほつ》のことで、仏陀の髪の毛が右に渦巻状になって固まり、まるでパンチパーマのように見えるのを指しているのであろうが、もちろんクマリにふさわしい髪型とは到底思えない。

「では、『美しく小さな毛穴』というのは」

「いえ、それは単に皮膚に皺とか変な疵がないということでしょう」

これも『大智度論』の「毛上向相」（体毛が上向きに生えている）か「一一孔一毛生相」（すべての毛穴に一本ずつ毛が生えている）を指すのだろうが、それもクマリの場合あまり意味をなさないということであろう。

このバティスラクチェンについては成文化されたものは一切ないとのことだった。しかし、要するに、ここでの32の条件とは、クマリに対する条件というよりも、神の身体的条件をクマリが満たしているかどうかということなのだろう。

ただ、不思議なのは、これほど大事な条件であるにもかかわらず、このバティスラクチェンはカトマンズ市内を一歩出るとどこにも見つからないのである。パタンにもバクタプルにも存在していない。いったいなぜなのか。32の身体的条件は、カトマンズ市内においてのみ精巧化していったものなのか、それとも、他の地域では次第に簡略化していってしまったのか。または、王権と結びついて独自に生まれたものなのか。さまざまに思いをはせながら、パンディ氏に挨拶して家路についたのだった。

04 少女を神に祀る風習

少女を神に祀る風習は、ネパールに限らず、アジアでは比較的よく見られるものである。例えば、インドネシア・バリ島では、祝祭（オダラン）の時に、二人の少女が「生き神」（サンギャン・ドゥダリ）として選び出され、まったく同一の踊りを（お互いを見ることもなく）憑かれたように踊り続ける。完全なトランス状態に陥って二人が倒れ込むまで続く。

また、インドのベンガル地方では、例年の習わしとして、ドゥルガーの崇拝に捧げられた十日の間、家族内の未婚の少女をドゥルガーの生ける姿として崇拝するという。その場合でも、祭りが終わると少女は普通の人間に戻ってしまう。いずれにせよ、彼女らが神に変身するのには条件があって、祭りの一定期間内においてしかその役割を果たすことができない。彼女らは祭りが終われば通常の生活へと戻っていく。なぜ恒常的に（と言っても年齢に限りはあるが）国家に君臨する生き神としてのクマリ崇拝がネパールだけに存在しているのか。

いや、それよりも、クマリが三、四歳で選ばれて十二、三歳あたりまで神であったのは、血の穢れということもあるのだろうが、神と人間との最終的な境界線がそのあたりにあるということを意

サンギャン・ドゥダリ、バリ島　1995年

味しているのではなかろうか。他の地域のように「特別な能力がある」人間が神に祀られるよりもずっと前に、〈座標ゼロ〉、つまり「何もない」（イノセンス）からこそ、あらゆるものがそこに入り込む（憑依する）ことができるという神のかたちがあったのではないか。かつては「無垢」とか「処女性」とか「純潔」とかの持っていた価値は、いまとなっては想像もつかないくらい大きなものだったのではないかと思うのである。

第7章　ロリータ

01　処女の力

処女にはどこか危険な力がひそんでいる。そうした処女崇拝にまつわる信仰は、世界中いたるところにあって、さまざまな神話や儀礼の形で現在にまで伝えられている。祭りの際、少女たちが神を迎えたり、自分たちの身体に乗りうつらせたりする例はそれこそ枚挙にいとまがないほどだ。前述のインドネシア・バリ島のサンギャン・ドゥダリも、先に挙げた島根の物部神社の鎮魂祭での少女の存在も、また、カトマンズのバル・クマリ（祭りのときに儀礼にかかわる少女たち）の役割も、記号論的にはほとんど同一といっていいだろう。

澁澤龍彦は『エロティシズム』（一九七七年）のなかで、次のように述べている。★01

かように、処女が危険な存在であるという信仰は、世界中いたるところで行なわれ、そのため多くの民族のもとでは、かつて処女凌辱の儀式、いわゆる破瓜の儀式が、結婚式における重大な役割を演じていたこともある。つまり、初夜の性行為には精神的危険が伴なうので、花婿がこの危険を避けるために、僧侶とか友人とか、あるいは花婿の父親とかによって、あらかじめ花嫁の処女膜を破ってもらう儀式である。

こうした処女の危険な力に関する信仰は、現在のカトマンズにも残されていて、ロイヤル・クマリだった女性と結婚すると、その夫は一年以内に死ぬと言い伝えられてきた。同じような事例は日本でも数多く見つかっているが、いずれも、処女の持つ特別な力を畏れてのことであり、実際のところ、京都の「十三参り《じゅうさんまい》」という風習など、単なる成人式儀礼ではなく、少女たちの特別な力を認識させる機会だったように思われる。十三歳という年齢は、ある意味では（少女の）「終わり」を意味しており、ある意味では（成熟した女の）「始まり」を意味しているのである。

もちろんここでいう処女の「危険」な力とは、相反する感情、とりわけ「畏怖」の感情を背景にしたもので、彼女らが、古来「特別な霊力を持った畏れ多い存在」として遇されてきたことは間違いないだろう。柳田國男が書いた『妹の力』も、日本の宗教行事や祭りにおける女性の「巫」としての役割に焦点をおいたもので、女性が神との交流の場においてなくてはならない存在だったと論じている[★02]。

処女のエキセントリックな力は多くの神話にも反映されていて、ギリシア神話のアテナ、キリスト教の聖母マリア、日本神話のアマテラスらがいずれも処女のまま偉大な神を産んだことはよく知られている。彼女らは処女であると同時に母であるという相反する特性を持ち、むしろそうした矛盾によって彼女らの神性は逆に強化されたのであった。松村一男は『ヤコブ原福音書』のマリアの処女懐胎についての記述を以下のように簡潔にまとめている。[★03]

マリアはダビデの部族の出とされる。処女マリアが一二歳になったとき、大司祭ザカリアはエルサレム神殿で天使によって、マリアに男やもめのなかから夫を選ぶように命じられる（八章）。ヨセフの杖だけから鳩が出て彼の頭の上に舞い降りたので、ヨセフがマリアを引き取ることになった。ヨセフは許嫁となったマリアを家に残して、長期の大工の仕事にでかけた（九章）。ヨセフが不在の間、マリアは家で神殿の垂れ幕を作っていたが（一〇章）、天使が現れて、彼女が「主の言葉によって」あるいは「主なる生ける神によって」身ごもったことを告げた（一一章）。このとき、マリアは一六歳であった（一二章）。アウグトゥスの発した登録の勅令に従ってベツレヘムに行く途上でマリアが産気づいたので（一七章）、ヨセフはマリアを洞窟に入れ、ヘブル人の産婆を探した（一八章）。産婆はマリアがイエスを産んだ後も処女のままであるのに驚き、洞窟の外で出会ったサロメにこのことを告げたが、サロメは、「もしわたしの指を入れて彼女の様子を調べてみないなら、処女が出産したなど決して信じません」といった（一九章）。サロメがマリアの中に指を入れたが、その手は火で燃え尽きそうになった。すると天使が現れ、赤子を抱けば治癒されるといい、その通りにするとサロメの手は治った（二〇章）。

ここで興味深いのは、「処女マリアが一二歳になったとき」という記述で、やはりこのあたりの年齢には特別な意味合いが含まれていると考えてもいいだろう。その年齢でマリアは夫を選ぶように命じられたわけだが、さらにその後処女のまま出産することになる。このあたり、「サロメがマリアの中に指を入れたが、その手は火で燃え尽きそうになった」と念入りに描写されている。同じく、カトマンズのロイヤル・クマリも初潮を迎えると神の座を降りることになるのだが、それは「子ども」と「おとな」の境界というか、「神」と「人間」の境界がそのあたりに設定されていて、そこを過ぎた少女はもはや普通の女の子に過ぎないということを意味しているかのようである。

02　ナボコフ『ロリータ』

ナボコフに『ロリータ』（一九五五年）という小説があるのはご存知のとおり。「ロリコン」（ロリータ・コンプレックス）の語源ともなっている作品で、興味本位に取り上げられることも多いのだが、その小説としての価値はすこぶる高い。まずは簡単にストーリーを要約してみよう。

大学教授ハンバート・ハンバートは、アメリカの小さな田舎町である未亡人（ヘイズ夫人）の家に下宿し、十二歳の娘ロリータと出会う。ロリータこそ彼が心から求める理想の恋人であり、彼は下心を持ったまま母親たる未亡人と結婚する。しかし、それからまもなくして、ロリータの母親は、彼の日記（ロリータとの幸せな日々が綴られている）を盗み読み、気が動転したまま家を飛び出し不慮の自動車事故で死んでしまう。

彼はこれをいい口実にロリータを連れてアメリカ中を車で走り回り、ついには性的関係を結ぶことになる。ところが、ロリータは、愛の逃避行の末、キルティという中年の劇作家にさらわれ彼の前から突然姿を消してしまう。彼女を奪われたハンバート・ハンバートは国中を探し回り、ようやく数年後に見知らぬ若い男の子供を身ごもっているロリータと再会する。しかし、その時もはやロリータはロリータではなかった。絶望的になった彼はロリータを連れ去ったキルティを探し出し、彼を殺害する。

作品はハンバート・ハンバートが獄中で書き残した手記という体裁になっているのだが、その『ロリータ』のほぼ冒頭の部分に次のような一節がある。★04

> ここで私は、つぎのような考えを披露したいと思う。それは、少女は九歳から十四歳までのあいだに、自分より何倍も年上のある種の魅せられた旅人に対して、人間らしからぬ、ニンフのような（つまり悪魔的な）本性をあらわすことがあるという考えだ。この選ばれたものたちを「ニンフェット」と呼ぶことにしよう。

ここで九歳から十四歳と区切ったものの、もちろんその制限内の少女がすべてニンフェットというわけではない。ロリータの年齢については、以下のような記述もある。「私は、ロリータに永久に恋してしまったことを知ったが、しかしまた、彼女が永久にロリータでいるわけではないことも知っていた。彼女は来年の一月一日には十三歳になる」★05。奇しくも、『ヤコブ原福音書』におけるマリアと同じ年齢なわけだが、これもけっして偶然というわけではないだろう。

ナボコフ自身も書いているが、ある程度の年齢の男と幼い少女とのカップルはそれほど珍しいことではない。「ダンテがベアトリーチェと熱烈な恋をしたとき、彼女はまだ九歳の才気あふれる少女だった。深紅の衣裳や宝石で身を飾り、薄化粧をほどこした愛らしい少女だった。これは一二七四年にフィレンツェでひらかれた楽しい五月のある内輪の宴での出来事だ。またペトラルカがローンに熱狂的な恋をしたとき、彼女は花粉を吹きちらす風のなかを走りまわるまだ十二歳の金髪のニンフェットで、ヴォクルーズの連丘から眺めた姿は、さながら美しい平原に舞い踊る一輪の花だった」★06。

03 『ロリータ』の受難

さらにいくつか例を挙げてみよう。

シェイクスピア『ロミオとジュリエット』のジュリエットは十三歳だった。「娘はまだ世間知らず、十四歳の誕生日も迎えていない。あと二回、夏の盛りが過ぎないうちは嫁入り時とは思えません」★07。ジュリエットが結婚を申し込まれたときの父親の返事だ。当時の結婚可能年齢は、男子が十四歳、女子が十二歳だった。

マルキ・ド・サド『悪徳の栄え』のジュリエットも十三歳。「あたしと親しく交わるようになったとき、ユーフロジーヌは十五でしたが、あたしより十八箇月早くデルベーヌ夫人の弟子になっていたので、当時ようやく十三歳になったばかりのあたしを、自分たちの仲間に入れようとして二人はしきりに誘惑したものです[★08]」。妹のジュスティーヌは当時十二歳だった。

　エドガー・アラン・ポーが恋したヴァージニアも十三歳。「ハリー・エドガー（訳注　これはE・A・ポーをさす。ヴァージニアはその幼な妻）がヴァージニアを手に入れたとき、彼女はまだ十四歳に満たなかった。彼は彼女に代数を教えた[★09]」。

　谷崎潤一郎「少年」のヒロイン光子もやはり十三、四歳。「こう云って、友禅《ゆうぜん》の振袖を着た十三四の女の子が襖《ふすま》を開けて駈け込んで来た。額のつまった、眼元口元の凜々《りり》しい顔に子供らしい怒りを含んで、つッと立った儘弟と私の方をきりきり睨《ね》め付《つ》けている[★10]」。『アンネの日記』の作者アンネが「日記」を父親にもらったのも十三歳の誕生日だった。哲学者キルケゴールがレギーネと出会ったのは彼が二十四歳のときで、レギーネは当時十四歳になったばかりだった。七世紀に斎宮として派遣された大来皇女《おおくのみこ》も当時十三歳だったと伝えられている。皇帝ネロがオクタウィアと結婚したとき、当時彼女はちょうど十三歳だったという。

　こうしたリストは延々と続くことになる。ナボコフ『ロリータ』は、読めばおわかりのとおり、観念的な少女愛を描いたもので、ポルノとはまったく無縁の作品なのだが（エロティックなシーンなど皆無といってよい）、さまざまな誤解と偏見にさらされ、発表されるまでに多くの困難をこうむることになった。小説そのものは一九五三年には完成していたのだが、アメリカでは五つの出版社から刊行を断られ、ようやく一九五五年になってパリのオリンピアプレス（ポルノグラフィー専門書店）から出版されたのだった。

　映画もまた同じく受難の道を歩んでいる。映画『ロリータ』は一九六二年（S・キューブリック監督）、一九九七年（A・ライン監督）と二度にわたって映画化されているが、どちらも公開までに多くの障害があり、A・ライン監督版でも完成から公開までに一年半の歳月がかかっている。しかも、ロリータ役のドミニク・スウェインは撮影当時十四歳だったのだが、現在のアメリカでは十六歳ならばともかくローティーンの少女との恋愛は許されないという暗黙の了解があり、ロリータの年齢を十六歳ということに設定しなおしてようやく公開にこぎつけたのだった（それではロリータにならないのだが）。

『ロリータ』スタンリー・キューブリック監督　1962年
写真協力／川喜多記念映画文化財団

　澁澤龍彦は『ロリータ』にふれて、次のように書いている。[★11]「トゥイッギーによって代表される無性の少女のタイプは、新しいように見えて、じつは昔からよくあるタイプなのである。無性であるにもかかわらず、いや、無性であればこそ、かえってある種の大人に色気を感じさせるという、いわゆる『ファンム・アンファン』（子供っぽい女）あるいは『ニンフェット』（小妖精）の一典型にすぎない。ナボコフの小説『ロリータ』によって、このニンフェットの観念が十分に肉づけされたことは、周知であろう」。

アテナ銅像、紀元前4世紀、ピレウス考古博物館蔵、ギリシア
(The Art Archive/時事通信フォト)

　このことはもちろんクマリについても当てはまるわけで、やはり、そこにはかつてどこにでも見出すことのできた処女崇拝の制度化されたかたちが残されていると見たほうがいい。クマリが国王の守護神であるというのも、神話学的にはそれほど珍しいことではない。例えば、「アキレウス、オデュッセウス、ヘラクレス、テセウス、ペルセウスなどギリシア神話の英雄たちは、アテナによって守護され、励まされて、武勲を挙げている[★12]」。こうした英雄たちの援助者が男神ではなく、つねに女神アテナであることに、注目しなければならない。こうしたことは当然キリスト教における聖母マリアの役割にも強く反映されることになる。

　クマリはたしかに無垢の少女によってその役割を果たされることになるが、おそらく人々の潜在意識のなかでは処女の力に対する畏れの感情が波立っていたに違いない。無垢であり、純粋であり、「ゼロ」であるからこそ、何者かが彼女の身体に入り込むことができる。理解を超えた強大な力とまったく無力な少女の組み合わせ、そこにこそクマリの秘密が隠されているのである。

第8章　祭りの全体像

01　インドラという神

ロイヤル・クマリ（ネパール王国のクマリ）にとって最も重要な祭りは、前述のインドラジャトラである。インドラジャトラはカトマンズ盆地随一の華やかな祭りだが、その起源をめぐっては諸説入り乱れている。既に述べたように、そこで祀られる神は国家の守護神インドラなのだが、どちらかというと祭りそのものへのインドラの関与はきわめて希薄なのである。

しかも、カトマンズ市内では国王も含めてきわめて盛大に祝われているのに、他の二大都市パタンおよびバクタプルではダサインなどの祭りは同じように盛大に祝われているが、インドラジャトラはほとんど存在さえしていないかのような扱いだ。いったいインドラジャトラとは何か。いつ始められたのか。そして、いったい何のために行われるのか。

既に述べたように、インドラジャトラとは文字通り「インドラの祭り」の意味である。インドラはヒンドゥー教のパンテオンの中でも最上位の神格の一つ。ジョルジュ・デュメジルのインド＝ヨーロッパ神話体系（いわゆる三機能体系）における①至高神、②戦闘神、③豊饒神という分類によれば、まさに②戦闘神の代表格とされているが、そのまま王権を庇護する神としてヒンドゥー教のパンテオンでは最上位の扱いを受けることになる。

また、本来、戦いの神というのは、ローマ神話のマルスにせよ、日本神話のスサノオにせよ、いずれもその根底に豊饒をつかさどる神としての性格を持っている。いや、もともとは人々に豊饒をもたらす雨の神であったのが、雨からの連想でつながって相手を一撃で倒す雷神としての性格を付与され、そこからさらに戦いの神としての色彩を濃くしていったのではないか。

ぼくはかつて大学院でインド＝ヨーロッパ神話学の泰斗ジョルジュ・デュメジルについて研究し、それが処女作『男が女になる病気』（一九八〇年）となって結実したという経緯もあって、インドラには格別な思い入れがある。当時はまだデュメジルについて翻訳もされておらず、ひたすら図書館にこもって彼の著作を一行一行調べながら読んだものだった。最初に手にとったのが『ミトラ＝ヴァルナ』（一九四八年）で、読了するだけでもかなり苦戦した記憶がある。[★01]

一九七六年にシカゴ大学の大学院に留学したのも、デュメジルの盟友たる偉大なる宗教学者ミルチャ・エリアーデのもとで研究したいという願いからだった。シカゴの大学院のゼミでデュメジルの研究発表をやったときのことはいまでもよく憶えている。当時はタイプライターか手書きかという選択しかなく、ぼくはかなりの分量のレジュメを何日もかかって作成したものだった。

いまでは翻訳もあるので気軽に手にとることもできるだろうが、『ミトラ＝ヴァルナ』はフランス語だけではとても手に負えない代物だった。インド＝ヨーロッパ語全体の語彙を知らないとほとんど理解できないもので、古代ケルト語やスカンジナビア古語の意味を調べて一日を費したこともたびたびあった。その当時、まだよく理解できたのがヒンドゥー教の神話体系で、インドラの名前を聞くといまでもなつかしさでいっぱいになる。当時の東大やシカゴ大学の大学院に提出した論文（ともにデュメジルの神話研究を取り上げた）は屋根裏のどこか片隅に眠っていると思うのだが、それらなくして現在の自分は存在しえなかったと思う。

さて、ちょっと寄り道してしまったが、ここでネパールの祭り研究の第一人者メアリー・M・アンダーソンの『ネパールの祭り』（*The Festivals of Nepal*, 1971）を取り上げてみたいと思う。彼女によれば、インドラジャトラの起源となる伝承は以下のとおりである。★02

天空の神であり、雲と嵐を支配する神インドラは、カトマンズ盆地に豊かに生えそろうパリジャット（parijat）という白い花が好きだった。それは天空では手に入れることができなかった。インドラの母は毎年のティージ（Tij）という女性の祭りにその花を飾りつけたいとインドラにリクエストし、彼は霧と靄にまぎれて盆地に降り立つ。人々はインドラが人間の姿をとっていたので神さまだとは知らず、ただの花泥棒と勘違いして捕まえ、手足をロープで縛りつけてしまう。

インドラダッハでの沐浴

　まもなくインドラの母は、行方不明になった息子を探してやはり盆地に降り立つのだが、ようやく事情を知ることになった人々によって歓迎され、丁重にもてなされ、それから一週間も行列を組んで街中を練り歩くなどして人々の崇拝を集めたのだった。インドラの母は息子を解放してくれたお礼に、この盆地の秋と冬に霧と潤い（雨）をもたらすこと、さらに、毎年その年に死んだ人の魂を天に導くことを約束する。

　しかしながら、いざインドラの母が天に戻ろうとすると、多くの死者の魂がしがみついて離れず、天空まで数珠つなぎにつながってしまう。その行列はあまりの重さに耐えかね、ちぎれて、死者の魂は地上に落下する（そこはカトマンズ盆地の西一二キロのところにある小高い丘の上のインドラダッハという池で、現在もインドラジャトラの時期に多くの人々［主に女性］が巡礼に訪れる）。しかし、そんなことがあったにもかかわらず、インドラの母は毎年この祭りの時期に、その年に亡くなった多くの人々の魂を天上に導くと信じられている［口絵2］。

つまり、要約すると以下のようになる。かつてインドラはパリジャットの花を摘みに天空よりカトマンズに降り立った。しかし、彼はそこで人々によって囚われの身になってしまう。インドラの母は彼を解放してくれるならば、カトマンズ盆地に恵みの雨をもたらし、また、死者の魂を天国に導くと約束する。人々はその申し出に同意し、インドラジャトラの祭りはそれを記念して毎年九月に行われるようになった。それゆえに、それは豊饒と収穫を祝う祭りであるとともに、祖先の霊を慰める祭りだというのである。たしかにそれに付随した行事はインドラジャトラにおいても重要な部分を占めている。

しかし、一般に流布されている別の解釈もある。それによると、インドラは数千年前にインドに侵入したアーリア人の戦士と同一視されており、インドラジャトラは彼がかつてヒマラヤでネパール王ヤランバールに捕まった経緯とその後の解放を祝ったものとされている。インドラジャトラの期間に人々の間で繰り返される言い伝えのなかには以下のようなものがある。

かつて、古代ネパールの王ヤランバールは、インドを旅したときに、『マハーバーラタ』の戦乱と出合い、シヴァ神の化身である恐ろしいバイラブに自ら姿を変えたという。ヴィシュヌ神の化身である英雄クリシュナは当然ヤランバールが自分の側につくことを想定したうえで、彼にどちらの側で戦うつもりなのかと聞いた。バイラブに姿を変えたヤランバールは、ただちに「負けそうな側につくつもりだ」と答える。それを聞いたクリシュナは一撃で彼の首を切断してしまう。空に舞い

バイラブ像

上がった頭部はカトマンズ盆地に落ちた。ネパールの人々は毎年この悲惨な事件を記憶するためにインドラジャトラを祝うというのである。その際、祖先ヤランバールの頭は巨大なバイラブの仮面になぞらえられている。街中にバイラブの大きな仮面が置かれ、崇拝の対象になっている理由はそれで説明されることになる［口絵82］。

このどちらのエピソードもインドラジャトラで見たり聞いたりする行事の一部を説明してくれはするが、いずれも、祭りそのものの成立に直結するものとは思えない。むしろインドラジャトラ本体にまつわる伝承に後から追加された印象が強い。囚われのインドラやバイラブの仮面はそれぞれ祭りに付加された小さなモチーフ群の一つにすぎない。それではインドラジャトラ本体にかかわる伝承はその他に残されていないのだろうか。

02　精霊たちを呼び戻す——カトマンズ調査一九九九年

インドラジャトラというのは構成上もなかなか複雑な祭りだ。その全体像をあらためて見てみよう。インドラジャトラが行われるのは九月の夜、満月をめぐる八日間。カトマンズのダルバールスクエア（旧王宮前広場）に柱（インドラポール）を立て、そこにインドラの旗を掲げることで祭りは始められる［口絵17］。その柱は祭司によってバドガオン（バクタプル）の西に位置するナラの森で伐り出され、山羊などの生贄の儀礼を施された後で、バクタプルまで曳かれ、さらにティミ村の人々によってカトマンズまで運ばれる。

祭りの初日の朝、群衆の手によって竹とロープで柱は立てられる。その一番上の旗には太陽と月が描かれ、柱の下にはインドラの小さな像が飾られる。人々はその像を目がけて花や食べ物を供えにくる。また、手足を縛られたインドラの像が広場の高い台上にも設置され、巨大なバイラブの仮面が街のあちこちに姿を現わす。もちろん、縛られたインドラは伝承をそのまま表現したものであるし、バイラブの仮面にしても同じことが言えるだろう。

インドラジャトラの準備

インドラジャトラは、実際には、初日の夜にクマリがタレジュ寺院に運ばれ、そこでタレジュ（マッラ王朝の守護神）の霊を身につけること

タレジュ寺院に向かうクマリ　2010年

ヴィシュヌ活人画

によって開始されるのだが、その他にもさまざまな精霊（デーモン）が街中を跳梁跋扈することによって、いやがうえにも祭りの気分は盛り上がる。祭りの八日のあいだに生き神クマリらの三度にわたる巡幸があり、ヴィシュヌを祝う活人画のステージが設けられたり、街角で劇が演じられたりしつつ、最後に広場に立てられたインドラポールが倒され、バグマティ川に運ばれることによって終わりを告げることになる。

祭りとは、時間を無化し、その地で起こった聖なる出来事が重層化されて一つの場面に折り重なって現れ出る機会である。言葉を換えると、その地に潜んでいたさまざまなデーモンたちすべてを呼び戻す機会ともいえよう。インドラジャトラにおいては、神または精霊たちは仮面をつけ豪華な衣装を身にまとった姿で登場し、しばしばトランス状態に入りながら、それぞれ独特のダンスを踊る［口絵41・42］。

例えば、サウォ・バク（Sawo Bhaku）の踊りでは、バイラブが二人の御供を連れて通りを練り歩き、バルコニーにかけられたサリーを切り裂いたりする。いったん怒りにとりつかれると彼らを宥めるには山羊か鶏の血を飲ませるしか方法はないとされている。

一九四〇年以前には宮殿内で闘牛も行われていたという。水牛に酒を飲ませナイフで突いて怒らせ、最後に牛が死ぬとダンサーはその血を飲み、牛の霊を憑依させるのだった。これも祭りにおける供犠（サクリファイス）の一環であったとされている。

ラケェ、サウォ・バクらの登場

それから、人気のあるラケェ（Lakhe）の踊りだが、はるか昔マジパット・ラケェ（Majipat Lakhe）という男がカトマンズの少女と法に反した関係を結んだが、インドラジャトラの晩に特別なダンスを踊ることによって罪を赦されたという伝承に起因しているという。

また、象の踊りは、インドラが捕らえられたときに主人を捜して走り回った姿を再現しているもので、かつては実際に象が祭りに登場していたという。現在では仮装した象の踊りになっているが、かなりトリッキーな動きで、人々はその姿に恐れおののき逃げまどうことになる。

むしろ、インドラをめぐる神話群よりも、こうした祭りの細部を形成するモチーフのほうが、よほどインドラジャトラの起源を探るうえで有効だと思われる。いかなる祭りも、後にいろいろな要素が加わって、当初の姿からは想像もできない性格を持つようになり、人々のさまざまな欲求に応えられるように変化していく。しかし、祭りを形成する細かなモチーフ群のほうはほとんど変化することがない。

ここで、インドラジャトラの進行を日時を追って一覧にしてみよう。

①早朝八時頃にポール立ての儀式。夕方よりクマリはタレジュ寺院に入る。
②街角でさまざまな仮面ダンス。
③クマリによる最初の山車の巡幸。国王の謁見。
④同じくクマリによる二度目の山車の巡幸。
⑤ダルバールスクエアでの仮面劇など。

⑥街角でさまざまな仮面ダンス。
⑦旧王宮中庭で仮面儀礼（全三幕）。
⑧クマリによる最後の山車の巡幸。国王にティカを授与。インドラポールが倒されて祭りは終わる。

かつてインドラジャトラは七日間の祭りだったことが知られている。それが現在の八日間になったのは、ジャヤプラカシュ・マッラ王の時代、キラガルに住む王の側室の一人が「自分も行列を見たい」と言い出し、祭りの行列をもう一日そちらにまわしてもらったのが発端だとされている（同じようなエピソードはバクタプルにも残されている）。それゆえ、八日目の行進は「側室の行進」とも言われている。

祭りの最後の夜、広場に立てられた柱は倒され、インドラの旗は外されてバグマティ川まで運ばれ、そこで清めの儀式が行われた後、切り刻まれて燃やされることになる。つまり、祭りは柱の供犠から始まって柱の供犠で終わる。きわめてシンメトリカルな構成を持つのであるが、だからといって、最初からその形であったかどうかはわかっていない。

アンダーソンは祭りの意義について次のように記している。★03「カトマンズ盆地に住む人々は神々によって首を切られた祖先の王の記憶を忘れずにいようとしているのか？　それとも、カトマンズに花を盗みに入り捕らわれたインドラまたはアーリア人の武将に対する怒りがそれを執り行わせるのか？　あるいは、インドラの母が天に戻るとき死者の魂を見捨てたことに対する恨みのせいなのか？」。しかし、それらはいずれもおそらくそれほど重要な部分ではないかもしれない。では、何が最初から存在していたもので、何が後に変化したものなのか。先ほどインドラジャトラがその名の通りインドラの祭りとはどうしても思えないふしがあると書いた。では、この祭りはもともと何を祀ったものだったのか。

03　インドラジャトラの起源

メアリー・アンダーソン『ネパールの祭り』のインドラジャトラの章のタイトルは「インドラジャトラとクマリジャトラ」となっている。つまり、この祭りは正式にはインドラを祀ったものであることは間違いないのだが、どう考えても、この祭りの主役は処女神クマリ以外にありえないと彼女も考えていたのだろう。詳しくはまた後に検討することになるが、それくらいこの祭りにおけるクマリの存在感は圧倒的なのである。

もともとクマリ崇拝とインドラジャトラにおける彼女のパレード（巡幸）は、ネワールの人々にとって古くからよく知られたことであった。そして、それが現在の形をとって行われるようになったのは、十八世紀中頃のいわゆる最後のネワール出身の王であるジャヤプラカシュ・マッラ王の治世においてではないかという説については既に述べたとおり。ジャヤプラカシュ・マッラ王が一七五三年にインドラジャトラを開始し、一七五九年にダルバールスクエアにクマリハウスを建てたという記載が残されている。しかし、いくら伝承がその時期に集中しているとは言っても、それだけでインドラジャトラの起源を十八世紀とするわけにはいかない。一応、十七世紀にもインドラジャトラに言及した幾つかの碑文（一六七六、一六八八年）が残されているし、さらに、遥か古い時代からこの祭りが祝われていた形跡が幾つか残されている。

ネパールの古代史については多くの碑文が研究されており、インドラジャトラについての言及はリッチャヴィ王朝の六〇四年の碑文やラリトプールの七一三年の碑文などにも見られるという。さらに、一一四〇年の碑文には、カトマンズのタクリ族の人々がインドラジャトラの際に独自のデーモン・ダンスを披露したという記載まである。もちろんその内容が現在のものと同一かどうかはわからないので、どこまで遡ることができるのかなお検討の余地があるだろう。★04

さまざまな政治的配慮がそうした碑文などには色濃く反映されており、どの年代が正しいかはいまだによくわかっていない。七、八世紀にまで遡るかどうかはともかく、いまのところ一一四〇年の碑文の記載はある程度信頼できるものではないかと思われる。

ジャヤプラカシュ・マッラ王の肖像

以上のような歴史的経緯をも考慮に入れたうえで、これからインドラジャトラが本来インドラの祭りではなかったと主張することになるのだが、そこにはそれだけではなくさらに大きな謎が含みこまれていたのだった。

第9章　美の化身アプロディテ

01　男が女になる病気

処女作『男が女になる病気』（一九八〇年）を書いた頃、ずっと気になっていたのがウラニア・アプロディテ（天上のアプロディテ）という女神のことだった。[★01] アプロディテといえば、古代ギリシアの美の化身であり、後にローマの愛の女神ヴィーナスへと変化していったことで知られている。有名な「ミロのヴィーナス」からボッティチェリの名作「ヴィーナスの誕生」に至るまで、彼女については数多くの作品が作られている。その美しさの象徴でもある彼女が、もともとシリアのアスカロン神殿に「ウラニア・アプロディテ」として祀られていたというのはちょっと意外なことではなかろうか。

それを明らかにする前に、拙著『男が女になる病気』について、ここで簡単に触れておきたい。

かつて黒海北岸のステップ地帯に最古の騎馬民族とされるスキュタイ人が住んでおり、彼らのなかに「男が女になる病気」という奇妙な病気に罹る者があると伝えられてきた。ぼくが最初にテーマに選んだのがこの病気であり、この病気に罹ったエナレス（アナリエィス）という一群の人々の正体の解明だった。スキュタイ人の病気については、古代ギリシアでも広く知られていたらしく、歴史学の父とされるヘロドトス、哲学者アリストテレス、医学の祖ヒポクラテスらがそれぞれ書き記している。そんな病気が実際あったとはとても考えられないのだが、そうなると、彼らが「病気」として書き記した事象とはいったい何だったのか。まだ二十代の後半に、ぼくはシカゴ大学の大学院でずっとそれについて考え続けていた。その病気のことを知ったきっかけはほんの偶然だった。ヒポクラテスの「空気、水、場所について」を読んでいたときに、たまたま次のような奇妙な一節にぶつかったのである。★02

「ヴィーナスの誕生」サンドロ・ボッティチェリ画、15世紀、ウフィツィ美術館蔵

> スキュティアでは大多数の男性が生殖不能者となって女性の仕事をし、女性として生活し談話する。このような男性はアナリエィス（男らしくない者）と呼ばれる。ところで、土着の人々はその責《せめ》を神々に帰してこの人々を崇め、自分たち自身のことを心配して叩頭の礼をつくすのである。

当時の人々にとって原因のわからない病気はしばしば「神聖病」の名で呼ばれたわけだが、それにしても、神々の祟りで生殖不能とされ女性として暮らすようになったとは、それはそれで尋常なことではない。誰が書いたにしても「そんなことがあるはずはない」と一笑に付されるところだが、よりによって古代を通じて最も権威のある医学書に記載されているのだから見過ごすわけにもいかない。さっそくこの病気について調べることにした。すると、なんとヒポクラテスのみならず、歴史家ヘロドトスにも、哲学者アリストテレスにも、この病気についての記述が見つかったというわけである。

まず、ヒポクラテスはこの病気について以下のように説明している。スキュタイでは、馬に乗るため関節に慢性の炎症が生じ、ひどいときには、腰が麻痺し、そして潰瘍となる。スキュタイの社会ではその治療法として両耳の後ろにある血管を切るとよいとされていた。しかし、危険なことに、そこには、同じく、それを切ると生殖不能になる血管があるというのである。ヒポクラテスの説明によると、実は、スキュタイの人々は誤ってこの血管を切ってしまうというのだった。彼らはその後女性と接し性交不能であると知る。これは神に対してなんらかの冒瀆を犯したためだと信じ、その原因を神に帰し、女性の衣服を着て、女の仕事をするようになったというのである。

アリストテレスの『ニコマコス倫理学』には以下のような短い記述が残されている。★03

もし、それが生まれながらの本性であるとか、病気のゆえであれば別である。例えば、男と女とでは生まれつき違っているし、又、スキュタイの王族には生まれつきそなわった惰弱な傾向があると伝えられている。

ヒポクラテスにも「富裕なものだけがこの病気に罹る」という表現がつけ加えられているが、ここでは「王族には生まれつきそなわった」とある。さらに、それについてのヘロドトスの記述には、病気についてまったく異なる原因が挙げられている。★04

さてアスカロンの社を荒したスキュタイ人とその子孫は後々まで、神罰を蒙り、「おんな病」に罹った。スキュタイ人も、この連中の患いは右の原因によるものだとしており、スキュタイ人がエナレスと呼んでいるこれらの者たちの実状は、スキュティアへ来て見れば、自分の目で確かめられるといっている。

すなわち、スキュタイ人のある者たちがシリアの町のアスカロン神殿を荒したことがこの病気の発端だというのである。このアスカロン神殿とは女神ウラニア・アプロディテを祀ったものだ。ウラニア・アプロディテ信仰とは、キュプロス島などを中心に西アジア一帯で広く行われていた大地母神信仰のギリシア風表記である。そして、このアスカロン神殿はウラニア・アプロディテを祀る最古の神殿だということになっている。

いったいウラニア・アプロディテとはいかなる神格だったのだろうか。古代ロシア研究の権威ロストウツェフによると、「その病気の原因が何であったとしても、また、ヒポクラテスなどによってさまざまに議論されているとしても、ともかく、このエナレスは人と獣との母である大女神の崇拝に、他の宗教の宦官のような役目を果たしていたのであろう」ということになる。[★05] 人と獣との母である大女神？　まあ、当たらずとも遠からずというところであろうか。エナレスは大女神キュベレーの祭司と同様、去勢された神官であると彼は推定している。大女神キュベレーの祭司は献身と服従のあかしとしてみずからを去勢し、楽器を打ち鳴らし、女装して、狂ったように踊りまわるのであった。

ウラニア・アプロディテの大祭については人類学者ジェームズ・G・フレイザーの描写もついでに挙げておこう。一年で最も大きい祭りは春に行われ、そのときには人々はシリアとその近隣地方からウラニア・アプロディテの聖所を目指して巡礼し集まってくるという。「横笛が鳴り、太鼓が鳴り、去勢された祭司たちが小刀でもって自分の身を傷つけるうちに」宗教的興奮が人々の中に伝わり、見物人たちも自分を去勢するというのである。[★06] たしかにウラニア・アプロディテと大女神キュベレーとのあいだには密接な関係があるということがおわかりになるだろう。すなわち、ウラニア・アプロディテはわれわれが思い描く美の化身アプロディテとはちょっと違っているようである。それでは、ギリシアに外来の神として入る前のアプロディテはいったいどのような存在だったのであろうか。

02　愛の女神

以下、ジェフリー・グリグスン『愛の女神』を参照しつつ、アプロディテの誕生と変遷についてその概略をつかまえてみよう。[★07] アプロディテは、ヘシオドス『神統記』によれば、天空の神ウラノスの切り落とされた男根と睾丸が海中に放出した神々しい泡から生まれたということになっている（ちなみにギリシア語「アプロス」は「泡」の意）。

その泡はペロポネソス半島南のキュテラ島に流れつき、そこから地中海を横切ってキュプロス島へと渡った。キュプロス島の人々の伝承によれば、女神が上陸したのはいまも彼女の神殿がある古パポスの町からほど遠からぬ、独特のクリームのように濃密な泡がピンク色の岩と岸壁の下でゆるやかに傾斜した浜辺に打ち寄せては沸き立っている、島の南西部の海岸だとされている。

つまり、アプロディテはフェニキアからキュテラ島を迂回してキュプロス島へとやってきたことになる。そうなると、その起源は、愛と豊饒をつかさどるフェニキアの女神たちから、さらには、はるかアッシリア、バビロニア、シュメールの大地母神たちへと遡ることになるかもしれない。いや、実際のところ、ウラニア・アプロディテは、比較神話学的には、アスタルテ、キュベレー、イシュタルとほぼ同一の神格とされており、さらに歴史の古い大地母神と結びつく可能性が高いとされている。

シュメール人の女神イナンナは、紀元前二〇〇〇年頃に、バビロニア人とアッシリア人の女神イシュタルとなった。これらセム語族が崇拝していたイシュタルは、宵の明星として姿を現しては男と女を閨《しとね》に誘い、明けの明星として姿を現しては戦いに出陣するように男たちを目覚めさせたという。彼女は愛の女神であると同時に武器を揮《ふる》うきわめて暴力的な女神でもあった。もちろんアプロディテの起源がそこまで遡るものだとは誰にも断定できない。ただ、ここで注目すべきは彼女らの「愛の女神であると同時に武器を揮うきわめて暴力的な女神」という二律背反的な側面である。

紀元前二〇〇〇年頃に、パレスチナ地方一帯に散在していたフェニキア人の間では、イシュタルはアスタルテとなる。そして、最も近接した地点をとってみれば、アスタルテの住まうフェニキアとアプロディテの住まうキュプロス（このキュプロスとて最初はアスタルテの聖地だったのだが）は、わずか一〇〇キロの距離にすぎない。

こうしてイナンナ、イシュタル、アスタルテとその姿を変えつつも、女神らはいずれも愛と戦争、豊饒と狂暴さとを併せ持つ両義的存在として君臨したのである。そして時代は下るが、西アジア一帯で多くの人々の崇拝を集めていた大地母神信仰は、ついにギリシアに入って暴力的な側面を排し、美しい女神としての地位を確立していく。すなわち、アスカロン神殿に祀られる女神ウラニア・アプロディテは、その変遷の一つの終着点であり、われわれの時代にまで大きな影響力をもつ美の化身ヴィーナス崇拝の出発点ともいえる存在なのだった。

そして、注目されるべきはそこで行われていた次のような風習である。

03 神聖娼婦

ヘロドトスによると、アスカロン神殿には奇妙な風習が残されていたと言う。つまり、「この国の女は誰でも一生に一度はアプロディテの社内に坐って、見知らぬ男と交わらねばならぬ」ということになっていた。★08 気位の高い女も貧しい女も一様にみなそれに従った。彼女らは神域の中で女神とのつながりを示す紐を髪に巻いて座る。女たちの間をぬって、さまざまな方向に仕切りが作られ、その通路にそって、よそから来た男たちは女を物色するのであった。

男は気にいった女がいれば、女の膝に銀貨を投げて「ミュリッタ様（アプロディテ）の御名にかけてお相手願いたい」とだけ言えばよかった。女は最初に銀貨を投げた男に従い、けっして拒むことはなかった。男と交われば、女は女神に対する奉仕を果たしたと考えられ、家に戻れた。もちろん、その後はどれだけ大金を積んでも彼女を自由にすることはできなかった。容姿に恵まれた女はすぐに帰れるが、運悪くも三年四年と居残る女もいる。この勤めを果たすまでは、けっしてその場を去るわけにはいかなかったからである。

アルテミス像、２世紀（エフェソス博物館蔵）
The Art Archive／時事通信フォト

その風習について、グリグスンはやや感傷をこめて次のように書いている。★09

好みの娘を選んで銀貨を投げ、女と交わり、エゼキエルがユダヤ人らしい蔑みをこめて書いたように、「処女の乳首を摘んだ」（「エゼキエル書」二三・八）のは、どのような男たちだったのだろうか？　その男たちが見知らぬ他人だったというのは、ただ名目上のことだったのか？　若く美しい男、「列王記」に書かれた「魅力的な若者、馬に乗った騎士」だったのだろうか？　やさしかったのか、乱暴だったのか？　気にいらない男がこちらを見たり近付いて来た場合は、娘の方から断ることもできたのだろうか？

こうした風習はバビロンのみならず広く西アジア一帯で行われていたらしく、そうした祝祭のときにウラニア・アプロディテの神殿に入れるのは一般に処女だけで、彼女らはそこでの勤めを果たすことによって夫を持てる身となって家へ帰るのだった。キリスト教徒がこうした「ふしだらでけがらわしい」風習を見逃すわけはない。彼らは異教の風習をそれなりに取り入れてキリスト教の発展へと結びつけていったのだが、アプロディテへの信仰だけはどうしても許すことができなかった。いまやアスカロンの神殿をはじめウラニア・アプロディテの神殿はほとんど残されていない。その理由は単に自然の破壊力によるものではなく、キリスト教徒の怒りと憎悪のせいであった。彼らはとりわけアプロディテの信仰をけがらわしいものとして憎み断罪したのである。ほとんどの神殿が跡形もないほどに破壊しつくされ、発掘されたアプロディテ、ヴィーナス像のほとんどが（ミロのヴィーナス同様）破損されているのは、そうした理由によるものであった。

ここではギリシア本土に入る前後のアプロディテの変遷とヴィーナスとの合一化のプロセスについて触れる余裕はないので、最後に、エリアーデの日記の中における「パリでミロのヴィーナスを初めて見た」（一九四五年九月十九日）くだりを引用しておきたい。★10

初めてルーヴル美術館へ。三八歳になって眺めたせいか、ミロのヴィーナスはあまり感興をそそるものではない。でも、私はそのうちに彼女が〝その秘密〟を明すかもしれないという気がして、その前を立ち去ることをためらっている。その頭部は、最初気に入らなかったが、次第に私を魅了してくる。私達の頭の上を通り過ぎる彼女の視線は、人間の瞳から放たれたものでも、永遠に生成しつつある物象に至るというものでもなく、祖型的な、理念的な形態だけを見つめている。何分かの間じっと凝視していると、女神の顔はあの不思議な、イロニーに満ちた至福の表情を示してくる。それは、インドの神々とか、瞑想に耽る苦行僧がもっている表情だ。

ウラニア・アプロディテから、クマリに憑依するタレジュ女神の「愛の女神であると同時に武器を揮うきわめて暴力的な女神」という二面性を連想するというのは、果たしてとっぴなことだろうか。処女神が一見セクシュアリティと無関係に見えるのは、実はあまりにその力が強大で危険だったからに他ならない。性が消失するところにはまた性の極限値がひそんでいるのである。

第10章　ロイヤル・クマリ

01　ＥＸクマリ――引退したクマリたち

初めてこの目で見たロイヤル・クマリはいったい誰だったか。当時はそれほど定かではなかったのだが、あとから振り返るとそれはアニタ（在位一九七八―八六）に間違いなかったようだ。クマリの座を降りた、いわゆるＥＸクマリとのインタビューもおそらく彼女が最初だったと記憶している。彼女は、それは本当に美しいクマリだった。それまで実際に見たロイヤル・クマリは、アニタ、ラシュミラ（在位一九八六―九一）、アミタ（在位一九九一―二〇〇〇）、そして、プリティ（在位二〇〇〇―〇八）、現クマリ（在位二〇〇八―）ということになるのだが、アニタとプリティはそのなかでもとりわけ美しいクマリだった［口絵4・5・6・11］。

これまで多くのＥＸクマリと出会ってきた。ラトナ（在位一九二二―二三）、ナニショバ（在位一九四二―四九）、スニナ（在位一九六九―七八）など［口絵3・7・26］。ラトナは既に一九九九年の調査時には八十歳でベッドに伏したままで、その後まもなく亡くなったと聞いている。現存するEXクマリの数もそう多くはない。彼女らがクマリの座を降りてからどのように過ごしてきたかを知ることはかなり重要なことのように思えるのだが、これまでのところそれほど詳しい調査が行われたという形跡はない。★01

たしかにEXクマリとはいっても、彼女らとのインタビューにはなかなか難しいものがあった。多くの場合、本人はまったく口を開かず、周囲にいる母親や姉が代弁することになるし、たとえ本人がしゃべることがあった場合でも、その内容はやはり周囲にいた家族から聞かされたことの繰り返しなのだった。もちろん言葉の問題もある。スニナの場合は、彼女の姉（英語教師）を間にはさんで英語でインタビューを行ったのだが、ナニショバの場合はネパール人の知り合いを通じてネワール語でのインタビューとなった。すべてテープに記録され保存されているが、彼女らの実状をどこまで正確に伝えられるかというと、やや覚束ない感じがしないでもない。

02 フィールドワーク

おまけに、ぼくは当時、調査対象のところに土足で上りこむようなインタビューに疑問を持っており、なんとか質問せずに相手と気持ちを通じ合わせることができないかとずっと考えていた。どうしたら質問せずに「相手を知る」ことができるだろうか。人類学とか宗教学の調査というものに

EX クマリ、アニタ　1991年

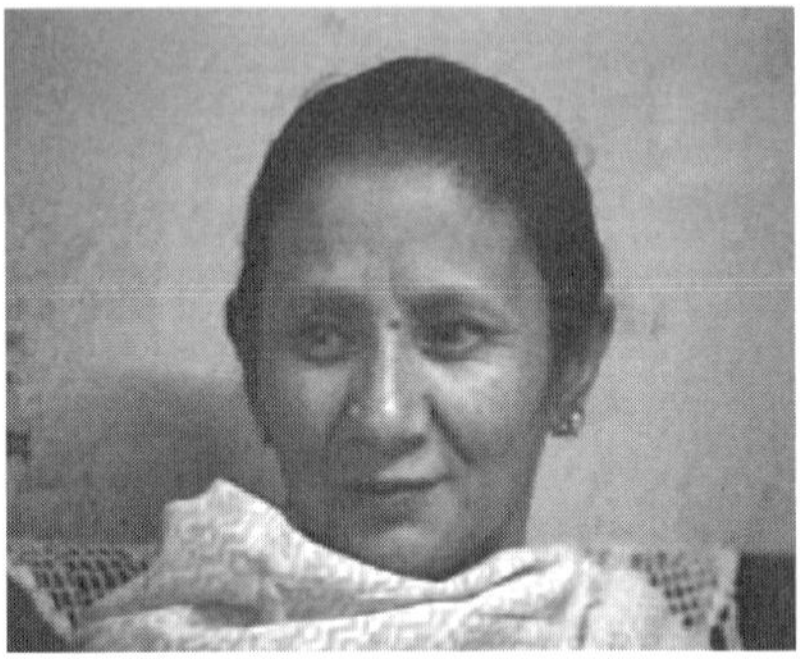

EX クマリ、ナニショバ　1991年

は、文化的なギャップも含めて、どうしても植民地主義的な色彩がつきまとう。とはいえ、ニュートラルな立場で客観的に記述するなんて果たしてできることなのだろうか。

そうした意味では、南米の人類学調査の第一人者だったライヘル＝ドルマトフの『デサナ』（一九六八年）のように、たった一人のインフォーマント（調査対象者）を研究室に呼んでインタビューするという方法（型破り！）はとても興味深かった。[★02] もちろんライヘル＝ドルマトフだからこそできたのかもしれないが、それは、何年にもわたって現地に滞在しフィールドワークを行い、客観的・実証的なデータを集めて論文をまとめるという人類学・宗教学の調査方法に対する強烈なアンチテーゼになっていた。ただし、そこには、たった一人のインフォーマントを調査対象とすることによって、その彼（または彼女）のまったく主観的な世界理解をすべて受け入れる覚悟が必要となってくる。相手の言い間違いやケアレスミスもすべて容認し、それでも、そうした半透明な皮膜のような相手の感性を通して見える得がたい世界のほうを優先させようという試みなのだった。

そう、たしかにあまりに主観的になりすぎると、逆にかえってその叙述は客観性の極のほうに大きく揺れることになる。ミシェル・レリス『幻のアフリカ』（一九三四年）は、マルセル・グリオール率いるアフリカ横断ダカール・ジブチ民族誌学・言語学調査団の書記として参加した彼の調査報告書の体裁をとっているが、その内容はきわめて個人的な感情を吐露した「日記」となっている。もちろんマルセル・グリオールらはそれを読んで激怒し、その後彼らの関係は途絶えることになるのだが、おそろしく主観的な叙述の隙間から見えたアフリカの印象の鮮やかなこと！　例えば、次の一節をご覧になっていただこう。★03

恐ろしくよく眠った。しかし、今朝飲んだ一杯のコーヒーのせいで、午前中動悸がする。嫌な天候。とてつもない湿気だ。

蚊から身を守るために原住民の長ズボンをはこうとしたが、まったく具合が悪い。ポケットがなく、バンドがとまらないし、鍵をどこにつけていいのかさえわからない。またショートパンツにしておかざるをえない。そのうえあいにくなことには、収集品の一つである鶏小屋の近くに陣取って書きものをしていると、突然、その鶏小屋に由来する虱の大群に襲われたのに気づく。それでフライ・トックスをふりかけてもらうが、薬が効かない……。


全編こんな調子で、とても調査団の公式記録とはいえない。それどころか、その多くはきわめて個人的な告白や性的オブセッション、夢などからなっている。なにもかもが一緒にごった煮にされているようで、ぼくには痛快無比に思われるのだが、多くの人には受け入れがたいことだったようで、一九四一年にはナチス・ドイツの占領下で発禁処分にも遭っている。

ちょっとわき道にそれたようだが、そんな事情から、毎年クマリを訪ね、一緒に過ごす時間はかなりのものになっていったにもかかわらず、肝心のクマリ調査は遅々として進まなかった。そうして気が遠くなるほどの年月が経過し、なんとたった一ページの調査記録もまとめられなかったのだった。

03　歴代のクマリたち

一般にクマリといえば、カトマンズのロイヤル・クマリのことを指すわけだが、既に述べたとおり、カトマンズ盆地には三人の主要なクマリが存在している。かつてカトマンズ盆地全体が三つの都市国家に分かれて支配されていた名残りだが、カトマンズ、パタン、バクタプルに各一人ずつで、それぞれかなり違った特徴をもっている。

ここでまずロイヤル・クマリについて、主要な儀礼、伝承、日常生活などをたどり、その後に他の各地域のクマリについて個々の特徴を見ていきたいと思う。われわれはクマリの多様な形態を探るため、まずクマリの座を降りた後の彼女（ＥＸクマリ）らと直接会いインタビューを行うことから始めたわけである。これまで知られているカトマンズの代々のロイヤル・クマリは次頁の表のとおりである（数字は在位期間、表は二〇一四年三月現在）。

ちなみにアニタは二〇一四年現在三十六歳、ラシュミラは三十歳、アミタは二十五歳である。さまざまな事情から在位期間に長短が見られるが、だいたいクマリ在位中のことについては肯定的に

ラトナ(Ratna)	1922〜1923
チニショバ(Chini Shova)	1923〜1931
チャンドラ・デヴィ(Chandra Devi)	1931〜1933
ディル・クマリ(Dil Kumari)	1933〜1942
ナニショバ(Nani Shova)	1942〜1949
カヨマヤ(Kayo Maya)	1949〜1955
ハルシャ・ラクスミ(Harsha Laxmi)	1955〜1961
ナニマヤ(Nani Maya)	1961〜1969
スニナ(Sunina)	1969〜1978
アニタ(Anita)	1978〜1986
ラシュミラ(Rashmila)	1986〜1991
アミタ(Amita)	1991〜2000
プリティ(Preeti)	2000〜2008
現クマリ	2008〜

受けとめる傾向が強いようだ（もちろん例外もある）。しかし、「EXクマリと結婚した男は一年以内に死ぬ」という言い伝えはいまも生きているようで、十数年前スニナが結婚するとき、「これから先インタビューは受けられません」と家族から伝えられたことがあった。また、ラシュミラは比較的すぐに社会適応ができたほうだが、アニタはその後もなかなか社会とうまくなじむことができなかったようだし、アミタについても、退位当時は家にこもりがちだと家族も心配している様子だった。彼女の父親はバイク修理工で、暮らしぶりもそれほど豊かではなさそうだった。

04　ロイヤル・クマリの日常生活

以下は彼女らから聞いたロイヤル・クマリだった頃の日常の生活ぶりである。

七時三十分起床。朝食には卵、ミルク、米、パンなど。身支度が済むと八時から十二時までは毎日のお祈り。特に朝八時からの儀礼はパンチャバハラ・プジャという浄化儀礼で、パンチャブッダ（仏教最高位の五人の僧）の一人がクマリに米、小麦粉、香料、花などの五つの供物を捧げるのだが、それらは五つの感覚器官を浄化するとされている。その他の人々もお祈りにやってくる。その数はだいたい十人ちょっと。

世話役ゴータムとロイヤル・クマリ（プリティ）

彼らは女性特有の病気や出産や慢性の出血に悩む人々であったり、なんらかの儀式に参加していた人々であったり（多くの儀式はクマリ・プジャで締めくくることになっていた）、また、仕事での降格や失業の恐れを抱いている人々であった。ここでとりわけ興味深いのは、クマリがきわめて現世的な悩みに対応しているということで、それはクマリの無垢性を考えるとなかなか意外な一面ともいえるだろう。午後は世話役の子どもたちと遊んだりして過ごし、夜の八時から九時のあいだにまた短いお祈りの時間がある。

もちろん、彼女らは室内から一歩も外に出てはいけないし（地面との接触は不浄としてけっして許されない）、ましてや学校に通うことはけっしてなかった（クマリは全知全能の神とされている）。食べ物の制限もあるし、感情表現にしてもかなり抑制されている。もし彼女がなんらかの特殊な振舞い（泣いたり、目をこすったり、震えたり、手を打ったり、振り向いたり）を示したら、それらはすべて異常な兆候として占星術師らによって審議の対象となり、ときには内閣が召集されたこともあったという。

ジュジュ・カジ

二〇〇〇年当時、彼女の世話役はジュジュ・カジ（Juju Kazi）という六十代の男性によってなされていた。彼の母は一九八一年まで五〇年以上ものあいだクマリの身の回りの世話をしてきたという。彼女はインドラマヤとかクマリマーと呼ばれていた。かつては彼女の下で数人の女たちがクマリの水浴を手伝い、服を着せ、髪を結い、額にティカを描き、第三の眼をつけ、目のまわりには黒珊瑚で縁どりをしてきたのであった。その後ジュジュから長男ゴータムに受け継がれてすべてが彼によって仕切られている。

ゴータムとジュジュと著者

05　スピリチュアルな輝き

ぼくはカトマンズを訪れると、まずは旧王宮があるダルバールスクエアに向かい、なにはさておきクマリハウスに入ることにしていた［口絵43］。その横の小さな売店がクマリの世話役ジュジュの店だ。ジュジュまたは彼の息子ゴータム（彼も早くからクマリの世話を手伝っていた）に挨拶して、いろいろ話を聞くことから毎回調査を始めていた。

しかし、以前のカトマンズではどこに入るのも比較的自由で入場料など取られることもなかったのだが、二〇〇三年頃からダルバールスクエアに入るだけで二〇〇ルピー（当時のレートは一ルピー＝一・三円）が必要となり、その収入をめぐって全額確保したい市側とクマリハウス側とが対立することになった。以前ならばクマリハウスの中庭にたたずんでいると、しばしばクマリが窓から顔を出し観光客に祝福を与えてくれたのだが、そうした好ましい風習は現在ほとんど行われなくなってしまったかのようである。

かつてはすべてが自由だった。そのかわり寺院に入るときは必ずベルトをはずし、靴を脱がなければならなかった（聖域では革製品はご法度だった）。誰もが守るべき厳しい宗教的戒律があった。いまは宗教的戒律についてはうるさく言われないかわりに、どこに入るにもお金が必要となった。やはりネパールは世界最貧国の一つであり、いかに豊かな精神性を秘めた人々であっても、これ以上経済状況が悪化することには耐えられないのであろう。ことわざにいう「衣食足りて礼節を知る」ということなのか。それでも、かつてまったく衣食が足りてなかったのに礼節を重んじていたネパールの人々を知っているだけに残念な気がしてならない。

ロイヤル・クマリには、そうしたかつてのスピリチュアルな栄光の時代の輝きがいまだに色濃く残されている。それが多くの人々を惹きつけるのであろう。前のロイヤル・クマリ（プリティ）は実際のところアニタによく似た美貌の持ち主で、その立ち居振舞いもこれまで見たどのクマリよりも美しかった［口絵85］。もしその存在が失われたらネパールという国はいったいどうなるのだろうか。そうした危惧の念を抱いているのはおそらくぼくだけではないだろう。

06　クマリの分布

さて、カトマンズ盆地には三人の主要なクマリが存在していると前述したが、実際にはさらに多くのクマリが祀られていることがわかっている。カトマンズ盆地全体のクマリについて研究者のあいだでも意見は分かれているが、N・ムーヴァン（一九七四年）は八名、M・R・アレン（一九七

- ロイヤル・クマリ
- カトマンズのローカル・クマリ
  - ムム・クマリ
  - クワバハ・クマリ
  - キラガル・クマリ
- パタンのクマリ
- パタンのオールド・クマリ
- バクタプルのクマリ
  - エカンタ・クマリ
  - ワララク・クマリ
  - ティブ・クマリ
- チャバヒル・クマリ
- ブンガマティ・クマリ

カトマンズ盆地のクマリ一覧表

五年）は十一名としている。正確なところは上の表のとおり。[★04]

つまり、かつては共同体ごとに必ずクマリが存在しており、それらがマッラ王朝の都市国家全盛の時代に、カトマンズのクマリ、パタンのクマリ、バクタプルのクマリというように大きく分けて三つのクマリの座へと統合されていったのである。それゆえ、カトマンズのロイヤル・クマリ、パタンのクマリ、バクタプルのクマリというのが大きな枠組みで、それに幾つかの地域に残ったローカル・クマリが加わるというのが全体の構図であろう［口絵19］。

ただし、それぞれ特殊な事情を抱えており、パタンのクマリについては、正統的なクマリ以外に強い力を持ったクマリがもう一人おり（二〇一四年現在六十一歳）、公的にはクマリの座を降りても、「いまだ出血がない」としてみずからクマリの座にとどまっている（オールド・クマリとぼくらは呼んでいる）。また、バクタプルでは三人のクマリが存在しており、彼女らをどう理解するかというのも問題となっている。それをバクタプル内の三地域のクマリが一つに統合される過程と捉えることもできるし、また、単に一つのクマリの座をめぐって役割が分化したと理解することもできるだろう。

それはカトマンズのローカル・クマリにしても同じことで、年齢、地域によって三分化してはいるものの、かつてロイヤル・クマリが登場するまではそれぞれの地域と密接に関わりあいながら崇拝されていたと想像することもできるだろう。ブンガマティは例外的に僻遠の地に残存したケースで、それについてはまた後に触れてみたいと思う。

こうして、それぞれのクマリの特徴、共通点、相違点、現状、問題点などを簡単に列挙していくことによって、これまでクマリを取り巻いていた謎の幾つかは解けることになるかもしれない。果たしてそれぞれのクマリにどのような違いがあるのか、また、どのクマリに最も古い要素が残されているのか、後にそれを比較一覧表にして示してみたいと思っている。

パタンのオールド・クマリ　1999年

第11章　エコール（学校）

01　映画『エコール』

二〇〇六年十一月末、モロッコ調査に向けて出発する間際になって、不思議なフランス映画『エコール』を見た。[★01] 六歳から十二歳くらいまでの少女たちが高い壁に囲まれた屋敷に閉じ込められ、そこでダンスのレッスンなどに励んで毎日を送っている。誰もそこを訪れることはないし、彼女らにとってもそこを脱出するのは命がけ。必死に出ようとして不慮の死を迎える少女もいた。ただし、逆に、初潮を迎えたら誰もそこにとどまることはできない。美しい少女たちは卒業が近くなると、屋敷と地下でつながっている劇場で背中に大きな蝶の羽根をつけて観客の前で踊りを披露することになる。観客たちの姿は暗くてよく見えないが、どこかエロティックで倒錯的な雰囲気が漂う。少女たちの成熟前のぎりぎりの肉体が眩しい。

ここまで読んだ読者のみなさんは、この映画とクマリ信仰との奇妙な結びつきに興味を抱かれるに違いない。もちろん一方は神であり他方は囚われの少女たちであるという違いはある。それでも、その時期の少女たちが身にまとう不思議な不安定さとあやうい魅力は共通していると言えるのではないか。

いったい七年間を外界から遮断されたエコール（学校）で過ごした少女たちはその後どのような人生を歩むことになるのか、残された少女たちの運命はどうなるのか、映画館を出た後いつまでも心に引っかかったままだった。すべてがクマリとオーバーラップして見えた。なぜクマリ信仰という「奇妙な」制度が今日に至るまでカトマンズ盆地全体で行われてきたのだろうか。人々は処女神にいったい何を求めたのか。長く調査していると彼女らの輝きはほんの一瞬のことのように思えてくる。その一瞬にどのような意味が隠されているのか。果たしてその一瞬は彼女たちによってしか実現されなかったのだろうか。

02　ＥＸクマリの実態

クマリ信仰の非近代性が問われるようになったのは最近のことではない。例えば、『ニューデリー』誌（一九八〇年十一月二十四日／十二月七日号）には、カルロ・ブルドリニ「処女神、それとも、囚われの少女？」という短い記事が掲載されている。[★02] そこでは、ＥＸクマリ（初潮を過ぎてクマリの座を降りた少女）をめぐるさまざまな伝承について語られている。「彼女と結婚した男性は一年以

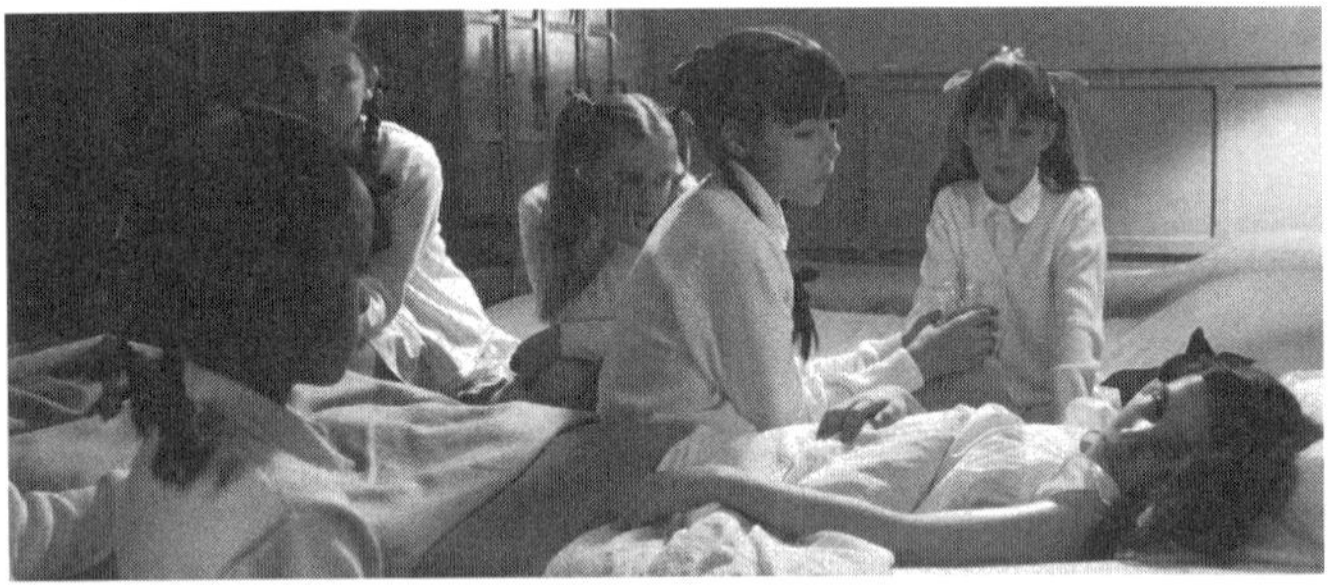

『エコール』ルシール・アザリロヴィック監督　2004年　©Mary Evans/PPS

内に死ぬ運命にある」とか「多くのＥＸクマリが社会的抑圧から逃れるためネパールを離れ、インドで売春婦として暮らしている」という巷間に伝わる迷信についても触れられている。

三、四歳で自分の意思とはまったく無関係に神に祀りあげられ、一切外出の自由を奪われるだけではなく、学ぶ機会さえ与えられず、一人家族から引き離されて過ごす少女。これを人権侵害の立場から批判する声はたしかに以前から少なくなかった。ネパール国内でも、かつて神であった少女がまともな人生を歩めるはずがないと思われていたわけだから、彼女らのその後の人生がかなり過酷なものになると考えるのは自然だったかもしれない。果たしてその実態はどうなのか。

ブルドリニの記事でインタビューされているＥＸクマリはスニナ（五代前のロイヤル・クマリ）で、彼女はインタビュー時ちょうどロイヤル・クマリの座から降りたばかり［口絵7］。当時十三歳。彼女の父プレム・ラトナ・サキャは四十歳で政府の役人として働いており、ラシュミラらのケースとも同じである。彼女の父は「スニナがロイヤル・クマリに選ばれたことを大きな名誉と考え、彼女が家に戻ってきたときもそれほど嬉しくは感じなかった」と述べている。

もちろん、その言葉を真に受けてはいけない。たしかに娘がクマリに選ばれたことは名誉であるには違いないのだが、近年では教育への関心の高まりや民主化の進展につれて、なかなか複雑な心境を吐露する家族も少なくない。神になる代償として彼女の持つさまざまな可能性が失われてしまうのではないか、そう危惧する声は年々高まってきている。しかも、政府がEXクマリに与える恩典は、二十一歳まで一ヶ月三〇〇〇ルピー（当時の額で七〇〇〇円くらい）、結婚に際して一〇〇〇〇ルピーと決められており、その額のあまりの少なさを嘆く家族も出てきている。★03

われわれも一九九〇年から九一年にかけてスニナに幾度かインタビューしたことがある。当時の彼女は二十四歳で、大学でアートを専攻する学生だった。われわれは、英語教師をしている彼女の姉を通訳にして、ロイヤル・クマリ当時のことをいろいろと聞いてみた。彼女の家は旧王宮近くのフリークストリートを抜けたところにあり、十四人の家族と一緒に住んでいた。当時の彼女は勉強への意欲もあり大学院に進みたいという希望を持っていたが、同時に、結婚したいとも思っていた。ネパールではほとんどが見合い結婚なので、彼女の両親は彼女にふさわしい男性を探しているところだとも打ち明けてくれた。

スニナがロイヤル・クマリだったのは四歳から十二歳までの八年間。彼女には四歳頃の記憶はほとんどないが、六、七歳からの記憶はしっかりしており、実際自分を女神だと思っていたという。クマリハウスには二十人余の人々が住んでおり、世話役ジュジュの母が彼女の身の回りの世話をしてくれていた。食事は一人、眠るのも一人。ただ、幼い頃は誰かが彼女のベッド近くの床で寝てくれていた。最初の頃は十日おきくらいに家族の誰かがクマリハウスに通ってくれていたが、次第に祭り以外年一、二回くらいになっていったそうである。

クマリの化粧は毎日だったが、第三の眼は祭りのときだけ施された。学校へは行かなかったが、算数・国語は教えてもらっていたという。さらに年長のEXクマリ、ナニショバの時代（一九四二—四九）にはそれもなかったと前に聞かされていたので、やはりスニナの頃からいくらか変化があったのかもしれない。彼女は祭りの山車に乗るのが好きだったと回想している。インドラジャトラの最終日には国王から金貨を捧げられ、彼の額に通常とは逆の左手でティカをつけた。特別なことが起こらない限り、国王が彼女のところを訪れるのはそのときだけだったという。

スニナがロイヤル・クマリを退いたのは一九七八年のことだった。ダサインの一、二ヶ月前に彼女の家族に伝えられ、ダサインの期間に自分の家に戻され、四日間屋内に籠らされてクマリ退任の儀式が行われた。それから、すべての宝飾品などを返還して、ようやく彼女は普通の家族の一員へと戻されたのである。スニナは世俗社会に戻されるや否やすぐに五年生に編入され、飛び級しながら現在に至ったとのことである。

03　西欧的価値観とクマリ

一九八〇年のブルドリニのインタビューでは「わたしは絶対に結婚しない」と答えたスニナも、われわれのインタビュー（一九九一年）からしばらくして結婚して、カトマンズを離れて暮らしている。相手はカトマンズの男性ではないと知らされたわれわれは、その連絡先を教えてくれるように頼んだが、家族に断られてしまった。クマリであったことはいまだに社会的にいくらか重い意味を持っているようだった。

インドラ・マジュプリア&パトリシア・ロバーツ『クマリ』（一九九三年）にEXクマリに関するケース・スタディの結果が報告されている。そこには「最近のEXクマリのうち七名は結婚したが、その夫のうち一人は一年以内に亡くなっており、二名は再婚したが、どちらの夫も生きている。それ以外の数名のクマリは結婚して幸せな生活を送っている」と書かれている。★04 例えば、スニナの前のロイヤル・クマリ、ナニマヤ（在位一九六一―六九）も、その後結婚して三人の子どもに恵まれ、小さな薬局を経営しながら幸せな人生を送っているという。

そうなると、巷間信じられているように、クマリは結婚できないとか、夫が一年以内に死ぬとか、不幸な一生を送ることになるとかいう言説は、現在ではほとんど通用していないことがわかるだろう。

それでは、当のEXクマリたちは自分の人生をどのように考えているのだろうか。すべてのEXクマリとインタビューできたわけではないし、とりわけ彼女らの共通見解というようなものがあるわけでもない。ただ、クマリの座にいたときとそれ以降とを比べて質問すると、われわれの感触では、だいたいクマリの時期を肯定的にとらえる回答が多かったように思われる。

以前とは異なり多くのクマリが結婚し子どもを産んでいるわけだが、その結婚生活の内容までは詳しくわからない。ただ、現状が満足できる状況にある（つまり豊かで幸福な人生を送っている）EXクマリは、クマリの座についていた時期をそう誇張して考えることもないが、現状に満足していないＥＸクマリに関しては、ロイヤル・クマリの座についていた時のことをきわめて肯定的に（「人生で最良の時！」）とらえる傾向はあった。いずれにせよ、彼女らはけっして結婚しそこなったり、夫を亡くしたり、インドで売春婦になったりはしていない。

誰でも年齢を重ねていくうちに、自分の人生を振り返り、それを幾度も心の中で反芻するうちに、実際以上に美化して考えたり、好ましくないことはつとめて忘れようとしたりするものだ。しかし、重要なことは、われわれの見方からする幸福とか不幸とかを一方的にクマリに適用することができるかどうかである。クマリという制度がもはや現代社会になじまないと言うのは簡単だ。しかし、外側（西欧）の論理や価値観をそのまま彼らに強要するのはいかがなものだろうか。

極端にいうと、この世には二つの異なる価値観がある。一つは物質的で、一つは精神的（スピリチュアル）なものである。たしかに「人権」という立場から見ると、クマリという制度にまったく問題がないわけではない。しかし、すべてを西欧近代市民社会の論理によってがんじがらめにして果たしていいのかどうか。クマリ信仰を「犠牲」（sacrifice）の観点から説明するとたしかにわかりやすいが、ここではむしろスピリチュアルな価値観の重要性こそが強調されるべきではないか。もちろん、「人間が同時に神である」とは不条理な言説である。しかしながら、彼女ら一人ひとりの力によって、いかに多くの人々が救われてきたかをも考慮しなければならないだろう。いまこそ逆に、それを持たないわれわれの社会の不幸についても議論すべき時期なのではなかろうか。

04　イノセント

映画『エコール』の監督・脚本はフランスの女性監督ルシール・アザリロヴィック、原作は一八八八年にドイツの劇作家フランク・ヴェデキントが書いた短編小説である。[★05] 彼女は『エコール』製作の背景についてインタビューで次のように語っている。「原作では誰一人としてそこから逃れようとはしません。映画の中でも、ほとんどの子が、まるで外の世界を忘れてしまったかのように誰も逃げようとはしません。それはまるで彼女たちの心がエコール（学校）という領域の中に押し込められ、他の記憶は消去されてしまったかのように」。ただ、「映画では展開をよりドラマチックにするために、二人の少女が逃亡を謀るという設定にしました」と付け加えている。

映画の最初のシーンは少女たちの制服の脚をローアングルで撮るところから始まり、そこに六歳の裸の女の子が棺に入れられて運び込まれるシーンが続く。「セクシュアルな部分では何もドラマチックなことは起こりません。ただ、いつでも、何か違う方向へと進む危険性がそこにはあります」。彼女らが裸で水遊びをするシーンであるとか、薄く透けそうなレオタードでバレエの練習に励むシーンとか直視するのがはばかられる場面も少なくないのだが、女性監督らしい潔癖さもあって、官能的かつ神秘的な空気が全篇を支配している。

しかし、なによりも重大な変更は彼女らの年齢設定。原作では、少女たちは十四、五歳とあるが、彼女はそれをあえて十一、二歳頃に変えたのである。「まさに思春期に入る直前の時期が、最適だと思ったのです」。少女たちはちょうどその時期にさなぎから蝶へと変化を始める。男の子たちと違って、それは永遠に彼女たちが何かを失うことを意味し、また、まったく別のものを手に入れる経験なのでもあった。「この作品では、少女たちが標本のように留められているというイメージを出したかったので、(撮影に)フィックスを多用しています」と彼女は語っている。

少女たちがエコール(学校)のなかで学ぶのも、まずダンスや身体運動であり、そして、生物(自然との本質的なかかわり)だけだった。それは「少女たちは実際、生命を存続させる為に準備させられている」という考え方から来ている。例えば、映画のなかでもあえて、「人間も変態します。乳歯が抜けるのが第一次成長。皆さんの体はもうすぐ第二次成長を迎え――毎月数日間にわたって出血します」と女性教師が教えるシーンが挿入されている。

監督自身、「自然科学の授業では生命の周期をテーマに学び、自分たちの体を意識するようになります。体育は彼女達が常に美しく、優雅でいられるための教育です。このような教育は全て種の存続という考えからきているのです」と語っている。

われわれは年齢を重ねるうちにただ成長するばかりではなく、同時に「何かを失う」ということを知っている。それはいったん失われてしまうと二度と取り返すことのできないものだ。あやういながらも特別な力がそこには含まれていて、われわれは歴史を通じてそれらに畏怖の念を感じ、慎重に隔離することによって、その力が暴走するのを防いできたのだった。その正体こそ「イノセント」(純潔、無垢)であり、クマリ信仰の根底にひそむ秘密の力なのだった。彼女の祈りが人々の心をうつのはそれゆえのことなのではなかろうか。

第12章　生き神とは何か

01　生き神信仰

かつて東大文学部宗教学宗教史学科の柳川啓一教授のゼミで「柳田國男と折口信夫」という演習を受けたことがある。いったいなぜ宗教学科で柳田國男を扱うのか不思議に思う学生も少なくなかったのだが、実は二、三代前の学科長だった（はず？）堀一郎教授が柳田國男の女婿という縁もあり、柳田研究は東大宗教学の一つの伝統のようなものになっていた（いまから三十年前、その故堀一郎夫人・三千さんをシカゴでＭ・エリアーデのところに案内したこともある）。

ほとんど大学の講義など出なかったぼくでも、その演習についての記憶はいくらか残っている。「民衆レベルにおいて日本人の神とはどのようなものだったか」というテーマで、当時のぼくは折口信夫の「まれびと」（来訪神）に興味を抱いていたのだが、どちらかというと、柳田國男にシンパシーを感じさせる演習だったように記憶している。だから、その講義に出席しつつも、同時にちょっとした違和感をおぼえていた。折口信夫のまれびとに関心があったのと同時に、当時ぼくが抱いていた疑問は、「なぜ生き神信仰をそれと同じレベルで扱えないのか」ということでもあった。日本人の神観念において「実際に生きて功績のあった人を神に祀る風習」は例外的なものではないと感じていたからである。

例えば、毎年の初詣で三百万人もの参詣客を集める明治神宮は、もちろん明治天皇を祀ったものだが、一九二〇年に造られたものだし、平安神宮は桓武天皇を祀るものだが、こちらも明治二八年（一八九五年）に造営されたものである。乃木神社や靖国神社なども同じく最近のものだし、日光東照宮にしても、徳川家康を祀ったもので、そんなに昔からあるものではない。太宰府天満宮や湯島天神も、ともに祭神は菅原道真で、まあ平安前期だから古いことは古いが、歴史上の人物であったことに変わりはない。法隆寺が聖徳太子を祀った寺だという議論だってある。果たしてこうしたことは日本においてのみ特徴的なことなのだろうか。

そんなことを考えているうちに、一九七〇年に宮田登『生き神信仰』（塙書房）が出版され、ぼくも大きな刺激を受けたし、また、後に柳川先生に直接宮田登教授を紹介してもらうことにもつながっていった。[★01] キリスト教におけるイエスの位置づけをめぐって何度も繰り返された宗教会議を例に挙げるまでもなく、ぼくは次第に「人間にして神である」というテーマは宗教理解の核心であるという思いを深めていった。だから、一九八〇年におけるクマリとの出会いもけっして偶然ではないように思えたのである。

02　パタンのクマリ

もちろん在位中のロイヤル・クマリには直接会えないので、ぼくが最初にインタビューしたり写真に収めることになったのは、パタンのクマリだった。とはいえ、それはそれでまさに尋常ではない体験だった。

パタンのクマリ（チャニラ５歳）　2003年

パタンのクマリは、カトマンズ、パタン、バクタプルの三都で比較すると、おそらく最も古い形を残しているように思われる。ネパールの王統譜によれば、十一世紀にカンティプル（パタン）の王ラクシュミーカムデヴァ（在位一〇二四―四〇）が祖父にならってクマリ崇拝を広めたとされている。もちろんそうした記述がどこまで信用できるかわからないが、タレジュ女神のカトマンズ盆地への勧請のプロセスから推測されるところでは、パタンのクマリのほうが明らかにカトマンズよりも古い歴史を持っていると言えるだろう。ただし、クマリ崇拝とはいってても、どのくらい現在の形に近いものだったかはまた別問題である。

パタンでは、クマリはガバハル地区にあるハウ・バハ（ヴァジュラチャリヤの人々が住む地域）に属する男性の娘から選ばれることになっている。[★02] クマリ選考手続きについてはマイケル・アレンが詳しく記述しているが、現在でも基本的にそう大きな違いはないだろう。

彼によると、まず、パタンの儀礼担当局ハキムがクマリにふさわしい少女をすべてバハに連れてくるように宣言する。彼が取材した時には二〇名の少女がその場に連れてこられたという。タレジュ寺院のムル・プジャリ（主任祭司）が彼女らを検査し、候補者を四名にまで絞り込む。選定の基準はカトマンズの場合とまったく同様である。その後、彼女らはカトマンズのバダ・グルジュのもとへと連れていかれる。そこで、バダ・グルジュの妻が少女たちの身体を検分する。ただしバティスラクチェンはほとんど適用されていなかったという。バダ・グルジュは星回りなどさまざまな要素を勘案し、最終的に一人の少女をクマリと決定するのである。[★03]

パタンのクマリ（チャニラ 12歳） 2010年

ただ、パタンのクマリは選任された後も独自のクマリハウスに住むことはない。一応パタンにもクマリハウスはあるものの、そこにはただ玉座が備え付けられているだけで、いまではめったに使用されることはない。ここではクマリは自分の家で家族と過ごすことになる。彼女は祖父らによって手助けされながら、日常の参拝時にその役割を果たす。彼女には、香、ランプ、花、調理された卵、ライスワインなどが捧げられる。パタンではインドラジャトラは存在せず、クマリはダサインとマチェンドラナートの祭り（毎年四月から五月にかけて行われる祭り）の期間に大きな役割を果たすことになる。その期間中は毎日約三〇〇～四〇〇の人々がクマリを参拝しにやってくるという。

ここで最も興味深いのはクマリに相談にやってくる人々の悩みごとである。それらは大きく分けて四つのカテゴリーに分類される。

①通過儀礼
②女性特有の病気、または、出血に関わる身体的トラブル
③官僚の立身出世にかかわる問題
④新しく事業をおこす際の相談

①②はいかにもクマリならではの問題で、彼女がある意味では共同体におけるシャーマン的な役割を果たしているということができよう。しかし、③④はどう考えてもクマリとは無関係のきわめて現実的な問題に過ぎないのではないか。実際ぼくも何度かそういう場面に立ち会ったことがあるのだが、このギャップは果たしてどこから来るのだろうか。もしかして、それを解く鍵もクマリの持つ「相反するものの一致」という二面性にあるのだろうか。つまり、クマリはこの世離れした存在ではなく、つねに現実（俗）と非現実（聖）のはざまを生きるように仕向けられているのかもしれない。

パタンのクマリがもともとタレジュの生ける化身としてパタンのマッラ王朝の守護女神だったことは間違いないだろう。十一世紀にカンティプルの王ラクシュミーカムデヴァが祖父にならってクマリ崇拝を広めたという記述を先に取り上げたが、その真偽はわからない。ただし、十七世紀の王シッディナルシンハ・マッラ（在位一六一九―六一）がパタンのタレジュ寺院を建立したのは間違いないことなので、その六百年間のどこかでクマリとタレジュ女神が結びついたと考えることはできるだろう。シッディナルシンハ・マッラについては、タレジュとのエピソードが広く語り継がれているように、クマリ崇拝にとってかなり大きな役割を果たしたに違いない。

アレンやムーヴァンらの伝えるクマリ伝説（55頁―57頁）のなかにも、シッディナルシンハ・マッラをめぐる次のエピソードがある。ある日、王がタレジュとトリプサに興じていたところ、それを妃が鍵穴から覗き込み、それをきっかけにタレジュは王のもとを去る。タレジュは最後に「これからわたしが現れる時には幼い少女の姿をとることになるでしょう」と王に告げる。そして、その少女は貧しい穢れた職業の家の出だというものだった。その伝承の王がシッディナルシンハ・マッラであったことは何か特別な意味を持っているのではないか。

おそらくカトマンズに広がるこの種のエピソードの出所は本来パタンの側にあるのではないか。結局、ここでも、クマリはヴァジュラチャリヤと同じカーストに属するドゥシャー（金銀細工師）から選ばれることになるのだが、そこには巧みなレトリックが使われている。つまり、「ドゥシャーはヒンドゥー教の考え方からすると品位の低い穢れた職業なのだが、仏教徒のカーストからすると高位に序列される。それによって、一方ではタントラの原理がみごとに適用されることになり、また一方では王は穢れの危険から救われるわけである」[★04]。

ぼくらがよく調査したパタンのクマリは、一九九四年当時四歳で、二年前に就任したばかりだった［口絵27・28・34］。パタンのダルバールスクエア近くのマンガル・バザール沿いの自宅で暮らしていた。彼女の名はチャンドラ（Chandra Shila Vajracharya）で、主に彼女の祖父（Dharma Ratna Vajracharya）が世話役をしていた。彼女が選ばれた経緯については、祖父が興味深いエピソードを話してくれた。それによると、彼女が選ばれた時、約十二人の少女が候補に挙がったという。その中から彼女を含めた三人の少女がバダ・グルジュのもとへと連れていかれた。そこで、バダ・グルジュおよびその妻によって選定されたわけだが、彼女はその際バダ・グルジュの寝台で眠ってしまったという。それはきわめて不謹慎なことだったのだが、しかし、その姿態がまるで釈迦如来の寝姿のようだったので、誰もが彼女に

パタンのクマリ（チャンドラ） 1999年

かつてクマリだった頃の写真と 2010年

見とれてしまったというのである。

それから十年近く彼女はクマリの座に君臨することになったわけだが、しかし、彼女の日常はきわめて単調なもので、ほとんど家から出ることは許されず、主な行事といえばプジャ（お参り）の際に相手の額にティカをつけて祝福することくらいだった。もちろん毎日そう多くの人々が訪れるわけでもない。

彼女の身をとりまく装飾については、蛇をかたどった銀のネックレス、巻貝、イヤリング、腕輪、足輪など多数ある。彼女の玉座の近くに置かれているものを数え上げてみよう。まず、ティカ用のポット、聖杯、供物などを置く平皿、香炉、ランプをかたどった聖なる花瓶、食物としては、ペダ（薄片状のミルク・クッキー）、平たい豆、うち延ばされたライス、大豆、肉、魚、ジンジャーなどである。

パタンのクマリにとって最も重要な祭りとしては、もちろんダサインもそうだが、マチェンドラナートの祭りが格別な意味を持っている。もう一度繰り返すが、カトマンズのロイヤル・クマリにとって重要な意味を持つインドラジャトラは、なんとカトマンズ市街を一歩出るとほとんど祀られることがない。つまり、本来それほどクマリとインドラとの結びつきは強くないのだ。

では、マチェンドラナートの場合はどうか。いや、このマチェンドラナートという神格はもともといったい何者なのだろうか。実は、ただ雨を降らす豊饒神として知られるこの神こそが、クマリの謎を解くうえで欠かすことのできない存在となってくるのだが、それについてはもう少し後に詳しく論じることになるだろう。

03　霊力と神であること

ところで、パタンのクマリについて触れる場合、必ず問題にしなければならないのがもう一人のクマリの存在である。彼女に最初にインタビューしたのは一九九二年のことで、当時既に三十九歳だった。いったいなぜ彼女はいまだにクマリの座にとどまっているのか。いずれにしても、ぼくがパタンで最初に衝撃を受けたのは彼女の存在によってであった。

彼女は一九五五年、二歳の時十六人の少女のなかからクマリに選任されたという（彼女の父はBhekha Raj Vajracharya、母はSiddhi Lakshmi）。その後、父は早くに亡くなっており、母が彼女の身の回りの世話をしている。おそらく彼女にもいつしか乳歯の喪失や月経の始まりがあったに違いない（本人は否定）。にもかかわらず、いまだにクマリの座にいるというのは、彼女の並外れたスピリチュアルな能力のせいではないかと思われる。いまだに彼女のところにお参りに来る人々は後を絶たないし、ダサインやマチェンドラナートの祭りの時には一〇〇人以上の人々が訪れている。国からもいまだに正規の手当が与えられている。

このクマリとはもう既に長いこと一緒に過ごしてきたわけだが、最初の衝撃はやはり忘れられないものだった。暗闇にひっそりとすわる彼女には、なんとも言えない威厳がそなわっており、どこか人を寄せつけない力がみなぎっていた。彼女と目をあわすと死ぬといううわさも耳に入っていた。どれほど信仰心のない人間から見てもやはり彼女は特別な存在だった。彼女はこれまで一言も発し

パタンのオールド・クマリ

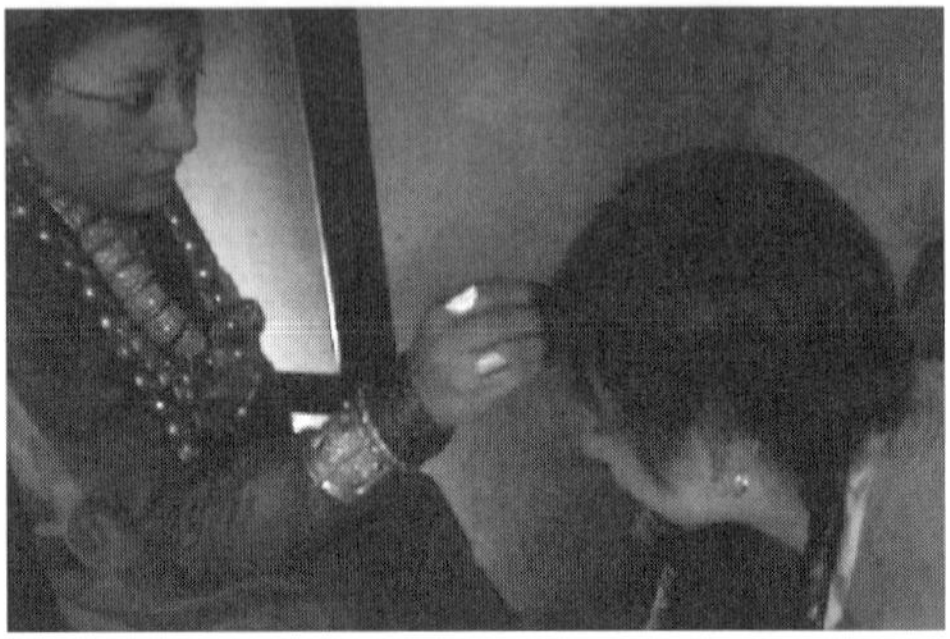

ティカを授けるオールド・クマリ

たことはないが、彼女の沈黙は言葉など何の足しにもならないと告げるかのようだった。

しかし、それはそれとして、ここで神というものについてもう一度よく考えてみたい。たしかにパタンの幼い少女のクマリに比べて、彼女のほうがはるかに「霊験あらたか」で、絶対的な能力を持っているのは間違いない。その証拠に彼女の力を信じる者の数はいっこうに減る気配がない。しかし、彼女と幼いクマリとを比べると、果たしてどちらが本来の神に近い存在かというと、おそらく幼い少女のほうなのではないか。

神であることと特別な能力を持つことは直接には結びつかないように思われる。むしろ、幼いクマリの場合、その内部が限りなく無（ゼロ）に近いからこそ、何か別の大きなものが入る余地が生まれるのではないか。無垢とか処女性とか純潔とかいうのは、人間が神であるために欠かすことのできない第一の条件なのである。既に何かが入ってしまっていると、それだけで神の入り込む余地は少なくなってしまうのだ。つまり、オールド・クマリの霊力はたしかに認めるものの、そうした異質なものの容れものとしての幼いクマリこそが神の最もプリミティブなかたちなのではないか［口絵47・48・49・50］。

ダッズ『ギリシア人と非理性』のなかに、ピューティアー（デルフォイの巫女）について、以下のような興味深い注が書き込まれている。★05

〔神がかり〕という言葉は、決して、魂が肉体を去り「神の中にある」、ということを意味しない。ローデは、所々でそういう解釈を示唆しているように見えるが、それは誤りである。そうではなくて、常に、肉体が自らの中に神を有している、ということを意味するのである。（中略）また、ピューティアーが「神がかり」になったということの意味は、ただ「彼女が、祭儀の完遂の結果、恩寵に充された状態になった」ということだ、という見解を、私は受け容れることができない。また、彼女の「霊感による脱魂」はプラトンの創作である、という見解も受け容れることができない。最近、アマンドリーは周到で博識な研究の中でそう主張したが、残念ながら本章の中でその説を取り扱うには、彼の研究の出版は遅きに失した。ルカーヌスの「狂乱の」ピューティアーとか巷間の俗説を、彼が否定しているのは正当である。しかし、彼の議論は、「神がかり」は必ずヒステリー性興奮の一状態である、という先入見によって——この先入見は、脱魂中の「霊媒」を見たことのない人の間では、未だ一般的なのだが——この先入見によって害われている。彼は、また、『パイドロス』を誤解しているらしい。この行では、脱魂状態における託宣の他に、ピューティアーは、また、正常な状態において低次の神託を与えた、ということが意味されているのでは全くなく、ただ、霊媒であることを除いては、ピューティアーは他に何の特別な能力も持っていなかった、ということが意味されているのである。

ここでダッズが言いたいのは、ピューティアーは「ただ、霊媒であることを除いては、他に何の特別な能力ももっていなかった」という点で、このことはそのままクマリについても当てはまるのではないか。つまり、ピューティアーそのものに特別な神的能力があったわけではなかったのと同様に、クマリにも先天的に特別な力がそなわっていたわけではないということである。

聖なるもの（超自然）とは一種の強力なエネルギー体である。ワカンタンカ、アニマ・ムンディ、マナ、オルゴンなど、聖なるものを意味する言葉はすべて「磁場をつくる」「振動するもの」と翻訳することができよう。[★06] それは善悪をともに呑み込んでしまうような磁場を持ち、宗教的職能者らはすべてそこから力を獲得するのである。

いずれにしても、カトマンズの厳格な戒律であつく保護されているロイヤル・クマリと、ここパタンの比較的大らかに暮らしているクマリとを比較してみると、むしろ、かつては村落レベルで緩やかに機能していた処女神崇拝が、次第に仏教化・ヒンドゥー教化していき、さらに王権と結びついて一層厳格さを増していった様子がかすかに想像できるような気がしてくる。では、もともとのかたちはいかなるものだったのか。いよいよクマリの原形にアプローチする時がやってきたのである。

第13章　すべての女の子が神になる？

01　ネパールの魅力

　そもそもいったいなぜそんなにネパールに魅かれるのだろうか。ご存知のとおり、ネパールは世界最貧国の一つであり、国王の政治介入をめぐってマオイスト（ネパール共産党毛沢東派）のテロが相次ぎ、近年は社会的にもきわめて不安定な状況にあった。二〇〇三年には五月と九月の二度にわたってカトマンズ調査に入ったわけだが、幾度か政府軍の手によって拘束されそうになったこともある。当時は夜の十一時以降の夜間外出禁止令が出ており、首都カトマンズの治安についてはきわめて深刻な事態だったのである。

　しかし、それも二〇〇八年に正式に王政が廃止され、ギャネンドラ国王が退位を余儀なくされることになって事態は大きく変化しつつある。いまだに政情は不安定のままだが、それでもネパールにいると五、六十年前のよき時代の日本にいるようで、むしろ心が安らぐのだった。

美徳と寛容さにあふれた国、既にその多くを失ってしまったわれわれにとって、自分たちの間違いをあらためて自覚させてくれる国、そう、ただそこにいるだけで、時間の経過などすっかり忘れさせてくれるのだった。

02　中世の気配を残す都市

バクタプル（バドガオン）はカトマンズの東十キロほどに位置し、現在ではおよそ一〇万人近い人口を抱えている。このバクタプルは八八九年にアナンダ・デヴァ王によって創建されたというが、それから十八世紀に至ってゴルカ王朝によって征服されるまで、この盆地を完全に支配していた時期もあり独特の文化を保存している（日本でいうと奈良みたいなところだ）。
たしかにきわめて美しい独特の建築物があふれており、現在では街全体が文化財保護の対象ともなっている。一九九〇年代後半より市内に出入りするだけで寄付が必要とされるようになったが、最近ではカトマンズ市内でも旧王宮近辺について同じ措置がとられるようになっているわけだから、これも時代の趨勢と言えるのかもしれない。
とりあえず、ここにカトマンズ盆地三都市間の簡単な比較一覧表を挙げておくと、古いものだが、一九八四年の統計では次頁（一覧表）のようになっている。[★01]
この表からわかるとおり、バクタプルは三都市の中では比較的規模は小さく、そのほとんどがヒ

	パタン	カトマンズ	バクタプル
総世帯数	12,301	35,985	7,270
全人口	79,815	735,160	48,472
ネワール語人口	40,817(61.1%)	84,267(36.8%)	40,458(83.5%)
ヒンドゥー教徒	64,422(80.7%)	96,799(81.0%)	46,987(94.9%)
仏教徒	13,370(10.7%)	30,736(10.1%)	1,727(3.0%)

カトマンズ盆地三都市比較表　1984年

ンドゥー教徒で、仏教徒の数はわずか三パーセント台だということがわかる。注目すべきはネワール語人口の比率で八三・五パーセントと極端に高く、バクタプルがどこよりも中世の気配を色濃く残した都市だということがこうした数字からも見てとれよう。

このバクタプルのクマリの特徴は、なんといっても同時に三人のクマリが存在している点であろう。エカンタ・クマリ（Ekanta）、ワラク・クマリ（Wala Lakhu）、ティブ・クマリ（Tibuk）の三人（またはバハチェを入れて四人ともいう〔277頁参照〕）である。それ以外にも祭りの際に登場するガナ・クマリという八人の少女たちの存在を考え合わせると、ここでは「クマリの複数性」という問題に突き当たる。

カトマンズではもちろんロイヤル・クマリは一人だし、パタンのオールド・クマリの場合はあくまでも例外的なもので、その事情も一般によく理解されている。しかし、バクタプルに関しては当初から三人のクマリが同時に君臨していたことになり、ここではクマリの存在をめぐるさらに本質的な議論が必要となってくる。

ただし、三人のクマリとはいうものの、それぞれの存在理由・役割は異なっており、彼女らはけっして同格に扱われているわけではない。主要なクマリはあくまでエカンタ・クマリで、ワラクはどちらかと

バクタプルのエカンタ・クマリ　1999年

いえば補助的な役割を与えられているだけ、ティブにいたっては一歳未満の乳児で、だいたい生後九ヶ月で乳歯が生える時期に交替することになっている。彼女らの名称は、タレジュ女神がバクタプルにやってきた時にそれぞれの場所にその居を定めたという伝承から来ているとのことである。つまり地名に由来している。

03　バクタプルのクマリ

エカンタ・クマリとはいわゆるバクタプルにおけるロイヤル・クマリのようなものだが、エカンタについては、これまで一九八四年から五年ほど在位したギタ・ヴァジュラチャリヤ（Gita Vajracharya）以来、パドマ・スマナ・サキャ（Padma Sumana Shakya）、ニラム・ヴァジュラチャリヤ（Nilam Vajracharya）、サジーナ・サキャ（Sajina Shakya）までの四代についてはよく知られている。[★02] 彼女らの役割についてはカトマンズ、パタンと同じで、クマリハウスで人々の願いをかなえるための儀式を執り行い、祭りの際には多くの人々を祝福する［口絵18・20・22・30・37］。

ワラク・クマリについては、その存在理由としてカトマンズの場合とよく似たエピソードが付け加えられている。つまり、一説によると、ワラクに居を構えていたマッラ王の妾がダサインの期間に自分もクマリの行列が見たいというので、彼女のためにもう一人のクマリを選定するように要請したというのである。それはカトマンズにおけるロイヤル・クマリの山車巡幸の道筋について語られるエピソードとも一致している。しかし、このワラクについてのエピソードは逆にエカンタ・クマリの正統性を物語っているのではないか。あくまでもワラクはエカンタあっての存在だということである。

バクタプルの三人クマリ

毎年乳児から選ばれるティブ・クマリについてはいまだ不明な点も多い。ティブはダサインの祭りの時にはヴェールで覆われて、その姿が見えないようにされている。このクマリは生後九ヶ月ほどで交替するわけだから、その重要性については多少疑問もあるだろう。どちらかというと、乳歯の生えはじめにまつわる儀礼を別にティブ・クマリとして実体化したものと考えたらいいのではないか。それというのも、ここバクタプルではクマリの交替時での歯の果たす役割はむしろ初潮よりも大きいからである。

いずれにしても、どのクマリも同じグティ（クマリの世話役）によって選ばれており、三人ともに交替が早い。一九九五年の調査の時、「それほど速いスピードでクマリが交替す

バクタプルのタレジュ寺院の門柱に飾られたタレジュ女神

るとなると、クマリとなるべき少女が不足するのではないか」と訊ねてみたことがある。なにしろ、ここは仏教徒の人口が著しく少ないのだ。それに対して、グティのメンバーの一人は、「ネパールでは子どもはキノコのように次から次へと生まれてくるから、そんな心配は無用だよ」と笑って答えてくれた。ここでも、クマリはそれほど強く戒律で縛られてはいない。

エカンタ・クマリの選出について興味深いエピソードがある。はるかマッラ王朝の時代のことだが、ヒンドゥー教を奉じる王が身分の低いサキャ・カーストの少女に跪くのを拒否し、仏教徒ではなくヒンドゥー教のデオ・ブラフマン（高僧）の家系から一人の少女を選んだことがある。ところが、彼女はダサインの祭りの際に、タレジュ寺院での水牛の供犠を怖がって泣き出してしまった。それ以降、やはりクマリはサキャのコミュニティから選ぶようになったという。また、かつてバラモンの女の子がクマリとして祀られていたが、タレジュ女神の「サキャから選びなさい」という命を受けて、現在の形になったという報告もある。このエピソードは、カトマンズのロイヤル・クマリにまつわる「なぜクマリがサキャ・カーストの少女の姿をとって現れるようになったか」という伝承とどこかでつながることになるかもしれない。

バクタプルのタレジュ寺院［口絵16］の司祭ナレンドラ・プラサド（Narendra Prasad）によれば、

かつてチベット僧がクマリを「母なるタラ（大地母神）」と呼んでわざわざ礼拝に来たことがあると話してくれたことがある。

エカンタ・クマリがその座を降りるのは、主に疱瘡、歯替わり、初潮によるものだが、カトマンズやパタンでは初潮に重点が置かれるのに対して、ここでは歯替わりが重要視されている。それゆえであろうか、エカンタ・クマリが七、八歳を超えてその座にとどまる例はきわめて少ない。また、ワラクとティブの選出に関しても現在ではかなり簡素化されており、特にティブの選出については、幾人かの赤ちゃんの頭上に花を撒いて、花がそのまま頭に残った子が選ばれるということになっている。もちろん病気を持っていたり泣き出したりした子が除外されるのは言うまでもない。

バクタプルのタレジュ寺院

04　ダサインの祭り

さて、ここのクマリにとって最も重要な祭りはダサインである。ダサインは、毎年九月の終わりごろから十月にかけて行われるネパール最大の祭りであり、十日間続くことから一般にダサインと呼ばれている（ネパール語でダスは「10」）。

この祭りは女神ドゥルガー（バグワティ）が水牛の姿をした魔神を退治したことを祝って行われるのだが、それゆえにドゥルガーはマヒ

バクタプルのクマリ

シャアスラ・マルディニー（水牛の姿をした魔神を殺す女神）とも呼ばれている。このダサインの祭りがとりわけタレジュ、そしてクマリと深い関係を持つのは、カトマンズの場合とまったく同様である。既に述べたように、カトマンズでも新しいクマリのイニシエーションは、必ずダサインのときに行われる決まりとなっている。

その期間には数百人の人々がクマリを礼拝にやってくるので、普段は各自の家で過ごし、学校にまで通っているクマリたち（エカンタ、ワララク）も、この十日間だけは公的なクマリハウスにとどまることになる。ダサインの主要な期間は、毎朝、二人のアチャジュ（ヒンドゥー教司祭）がタレジュ寺院からクマリハウスへと出向き、そこの玉座でエカンタ・クマリを礼拝する。その後、彼女は銀の旗竿を掲げる二人の男性によって導かれながら、公式の行列を組んでサンコタ・バハ地区に向けて出かけるのである。

そこは王宮近くに位置しており、クマリがかなり成長していたならば、全行程を裸足で歩くことになる。もし、クマリが幼い場合には、ディヤパラ（クマリの世話役）によって抱えられて運ばれることになる。

バクタプルでは、とりわけクマリとタレジュ女神との関係が顕著で、それゆえにここでのクマリ崇拝が最も古い形を残しているという主張もある。先述の司祭ナレンドラ・プラサドによると、このクマリ崇拝がカトマンズ盆地では最も伝統的なものであり、次いでカトマンズ、パタンの順であるとのことであった[★03]。真偽のほどは確かではないが、たしかに、バクタプルのクマリ崇拝はアナンダ・デヴァ王によって八九五年に始められたと伝えられており、そうした歴史的背景からしても、一概にその主張を退けるわけにはいかないかもしれない。さらに、こちらには三人のクマリの他にも近くのティミ村に別に、もう一人のクマリがいるともつけ加えてくれた。

バクタプルのクマリを特徴づける複数のクマリの存在だが、ここでは三人の生けるクマリ以外にガナ・クマリという八人の幼い少女からなる集団の存在も明らかになっており、そのあり方こそ初期のクマリ崇拝を想像させるものと言えるだろう。ガナ・クマリの八人はそれぞれアシュタ・マトリカ（八母神）を表象しているとされている。すなわち、ブラフマーヤニー、ルドラーニー、カウマーリー、ヴァイシュナヴィー、ヴァーラーヒー、インドラーニー、チャームンダー、マハーラクシュミーの八母神である[★04]（51頁表参照）。また、ガネシュ、バイラブ、マハデヴァを表す三人の少年たちも脇に控えているが、もちろん、彼らはすべてバクタプル内のサキャ・ヴァジュラチャリヤのコミュニティから選び出されている。

さらに、ダサインの九日目には十五人の少年少女が登場することになっており、三人のクマリ、ガネシュ、バイラブ、マハデヴァを表す三人の少年たち（ただし二〇〇三年当時はマハデヴァは欠員となっていた）、八人のガナ・クマリ、それにあと数人がそこに加わるとのことである。

また、これはまだ実際に確認していないのだが、年に一度だけ一〇〇人ほどの少女を集めてクマリとして扱う儀礼がバクタプルの近くで行われているとも聞いている。そうなると、ある程度の年齢に達した女の子はほとんど一時的に（または形式的に）クマリの役割を果たすことになってくる。他では見られないこの複数のクマリの存在はいったい何を物語っているのだろうか。

幾つかの仮説が立てられるだろう。クマリの基本形はあくまでもカトマンズのロイヤル・クマリであって、ここバクタプルでは特別に複数のクマリへと分化が進んでしまったのではないか、すなわち、マッラ王朝期を経て独自に分化を遂げたものと理解することができるだろう。

または、本来の形では、クマリはその地域のイニシエーション儀礼（成人式）と密接に関わっており、誰もが（もちろん少女に限られるが）ある一時期に神の役割を与えられ、村落の平和と繁栄のために一定の儀式を行うように決められていたとも考えられる。

そうなると、カトマンズやパタンのクマリのほうが政治的中心に近いということもあって、その後の仏教化・ヒンドゥー教化の影響のもとで変質していったということになる。いったいどちらが正解なのだろうか。

その謎を解くためにはクマリ信仰がどのようにしてこの盆地に入ってきたかを調べる必要がある。いよいよわれわれの関心はマッラ王朝時代の三都を離れて、パタンの南に位置するブンガマティ村へと向かうことになる。クマリ信仰はインドのアッサムからブンガマティを経てカトマンズ盆地に入ってきたと推測すべき証拠が見つかっているからである。

第14章　聖母マリアの出現

01　受胎告知

キリスト教における聖母マリアの位置づけは、ずっと大きな議論の的だった。聖書にもほとんど記述がないので、当初はマリアが問題にされることもなかったのだが、次第にマリア信仰が広まるにつれて「神の母」たる聖母マリアは神なのか人間なのかという問題がクローズアップされるようになる。それというのも、キリスト教にとって根源的な「処女懐胎」というテーマをどう説明するかという問いかけが、かなり早い時期からなされていたからである。★01

キリスト教美術で最も人気のあるシーン「受胎告知」。大天使ガブリエルがマリアのところを訪れて、あなたは聖霊によって神の子を身ごもっていますと告げるシーン。レオナルド・ダ・ヴィンチ、フラ・アンジェリコ、シモーネ・マルティーニ、エル・グレコら多くの画家によって描かれた

「受胎告知」ロレンツォ・ディ・クレディ画、15世紀、ウフィツィ美術館蔵

「受胎告知」という作品には、白百合の花と鳩と読みかけの書物が描かれていることが多い。大天使ガブリエルはあたかも跪くかのように低い姿勢をとっており、マリアには驚きの表情というよりも落ち着いて自分の運命を受け入れる様子が見てとれる。

ぼくの好みはロレンツォ・ディ・クレディで、この絵には白百合や鳩などは一切出てこないのだが、マリアの戸惑ったような表情がなんとも魅力的に描かれている。このときマリアはまだ十二、三歳だったと伝えられている。ちょうど処女神クマリが神の座を降りる年齢にさしかかっていた。その年齢ならではの戸惑いが、ロレンツォ・ディ・クレディの「受胎告知」にはよく表現されているように思われたのだった。

聖書にはマリアについての記述は少ないが、「受胎告知」については「マタイによる福音書」と「ルカによる福音書」に描かれている。「マタイによる福音書」（第1章18〜21節）によるとマリアの受胎告知は以下のように描かれている。★02

イエス・キリストの誕生の次第は次のようであった。母マリアはヨセフと婚約していたが、二人が一緒になる前に、聖霊によって身ごもっていることが明らかになった。夫ヨセフは正しい人であったので、マリアのことを表ざたにするのを望まず、ひそかに縁を切ろうと決心した。このように考えていると、主の天使が夢に現れて言った。「ダビデの子ヨセフ、恐れず妻マリアを迎え入れなさい。マリアの胎の子は聖霊によって宿ったのである。マリアは男の子を産む。その子をイエスと名付けなさい。この子は自分の民を罪から救うからである」。

それに対して、「ルカによる福音書」（第1章28〜34節）には次のように書かれている。

天使（ガブリエル：筆者注）は、彼女のところに来て言った。「おめでとう、恵まれた方。主があなたと共におられる。」マリアはこの言葉に戸惑い、いったいこの挨拶は何のことかと考え込んだ。すると、天使は言った。「マリア、恐れることはない。あなたは神から恵みをいただいた。あなたは身ごもって男の子を産むが、その子をイエスと名付けなさい。その子は偉大な人になり、いと高き方の子と言われる。神である主は、彼に父ダビデの王座をくださる。彼は永遠にヤコブの家を治め、その支配は終わることがない。」マリアは天使に言った。「どうして、そのようなことがありえましょうか。わたしは男の人を知りませんのに。」

大きな違いは、「マタイによる福音書」では天使が夢のなかで夫ヨセフに告知するのに対して、「ルカによる福音書」ではマリアその人に告知するという点であろうか。ヨセフはそう告げられて

「ひそかに縁を切ろうと決心した」というが、それは妻が不義の子を産むことによる不名誉を避けたいと思ったからであろう。

　マリアがこのように表舞台に立つことは他にはほとんどない。「使徒言行録」の冒頭で、イエスの死後、弟子たちと共に祈りをささげているシーンが描かれているが、これもそんなに特徴あるシーンではない。「彼らは皆、婦人たちやイエスの母マリア、またイエスの兄弟たちと心を合わせて熱心に祈っていた」（「使徒言行録」第1章14節）。ここに登場するイエスの兄弟たちというのはいったい誰の子だったのか。議論の多い箇所だが、マリアがイエス以外の子を産んだという記載は少なくとも共観福音書（新約聖書のうち、三つの福音書）の時代には存在していない。

　それはともかく、大いなる神が天上の神と人間の女性とのあいだに生まれるのは神話学的には常識であり、それを理詰めで説明しようとするほうがむしろ滑稽に思えてしまう。日本の宗教風土においては、神が生まれるのは、たいてい神と人間の女性（水の女）との婚交によるのが普通であるから、われわれにとって神とマリアが結ばれてイエスが生まれるというのはごく自然なことに思われるが、イスラエルではそうは思われなかったようだ。イエスがマリアの子宮から生まれたのではないかのように装う説がいくつも登場したのは、キリスト教ならではの実直さの証明であろう。

　カトリックではそれを「無原罪の御宿り」として、けっして人間同士の交合から生まれたのではないと主張した。この処女懐胎について、米誌『ニューズウィーク』は、「聖母マリアの処女懐胎を信じている人は、いまでも米国民の七九パーセント、キリスト教徒全体では八七パーセントにのぼる」と報じている[★03]。

02　マリア信仰の浸透

マリアが正式に認められたのは四三一年の小アジアのエフェソスの公会議においてであった。この公会議はネストリウス派を異端として退けたことでよく知られているが、彼らの主張は「マリアから受け継がれるのは人間の要素だけである。したがって、彼女をテオトコス（神の母）と呼ぶべきではない。この呼称は、マリアが神の性格そのものを生んだという瀆神的なひびきを持つものである。異教の女神のようにも聞こえる。そこでわたしは、〝キリストを産んだ者〟を意味する、〝クリストトコス〟という呼び方を提案したい」というものだった。[★04] しかし、アレキサンドリア総大司教派はあくまでもマリアは「神の母」であると主張して、ネストリウス派を追放したのである。

そうして、マリアは「テオトコス」（神の母）として認定されることになる。それにはエフェソスが熱狂的な女神崇拝の地であったことも影響しているかもしれない。マリアとは関係ないが、「使徒言行録」（第19章34〜36節）には次のような記述もある。

> しかし、彼がユダヤ人であると知った群集は一斉に、「エフェソ人のアルテミスは偉い方」と二時間ほども叫び続けた。そこで、町の書記官が群集をなだめて言った。「エフェソの諸君、エフェソの町が、偉大なアルテミスの神殿と天から降って来た御神体との守り役であることを、知らない者はないのだ。これを否定することはできないのだから、静かにしなさい。決して無

謀なことをしてはならない。

パオロのエフェソスにおける宣教は当地のアルテミス信仰を奉じる人々の強い抵抗に出合う。このシーンはまさに暴動寸前という様子を描いているが、そんなこともあってキリスト教の側が小アジアのみならずヨーロッパにも広がっている大地母神崇拝に対して、なんらかの対抗手段を考えていたのは確かであろう。つまり、キリスト教にも母なる女神が必要とされたのである。そうしたわけで、もともとギリシア、西アジア一帯にはマリアを聖母として崇拝する土壌ができていたのであろう。

ゲガルド岩窟修道院、アルメニア

以前、アルメニアでキリスト教の足跡を調べたことがある。ゾロアスター教やミトラ教の本拠地ともいえるこの地域に、どのようにしてキリスト教が入りこんだのか興味を抱いたからである。アルメニアといえば、普通はササン朝ペルシャだのオスマントルコだのが思い浮かぶはず。そんな国がなぜ世界で最初のキリスト教国になったのか。アルメニアの首都エレヴァンで見た現地の映画でも、キリスト教が入ってくるのに抵抗する人々の姿が描かれていた。[★05]「神さまがたった一人になってしまって本当に大丈夫なんだろうか?」と人々は不安を口にする。それをなだめたのがミトラ教の若い女性の祭司だったというストーリー。そこにもマリアの面影が投影されていたように思われる。

エフェソスやアンティオキアに建てられたキリスト教の聖堂はどこもアルテミスの神殿のあったところだったという指摘もある。そうやってカトリック世界にもマリア信仰は次第に浸透を始めていくのであるが、歴史が進むにつれてマリア崇拝はさらなる広がりを見せて、「聖母マリアご出現」のニュースはヨーロッパ中で見つかるようになる。そのきっかけともいうべきなのが、ルルドの泉の奇跡（フランス）とファティマの出現（ポルトガル）であろうが、近年もメジュゴリエでの出現（ボスニア・ヘルツェゴビナ）が大きなニュースになったように、十九世紀以降その勢いはいっこうに衰える気配がない。

いまではキリスト教信仰を支えているのはむしろマリア崇拝であり、西アジアの東方教会はもとより、ヨーロッパやラテン・アメリカの国々ではむしろキリスト崇拝を凌駕するほどの人気を博している。このことはマリアがキリスト教における慈悲の体現者として認知されていることを表している。ある意味では、仏教においてやはり慈悲の体現者である観音菩薩の信仰が広くいきわたっていったのと共通しているかもしれない。

03　大女神崇拝の展開

古代の大女神信仰についてここでもう一度振り返ってみたい。第9章において、シュメールの大女神イナンナはバビロニアに入ってイシュタル女神として崇拝されるようになり、フェニキアではイシュタルはアスタルテ女神となり、このアスタルテがアプロディテとして西洋の美の女神となっ

た経緯について簡単にふれた。それについて内藤道雄は次のように書いている。[★06]

これら女神は土地によって名称がかわった。シュメール人がイナンナと名づけた神を、バビロニア人はイシュタルと呼んだ。旧約聖書では、ヤハウェを激怒させるアシュタルテと記録されている。この大いなる女神のさまざまな面や機能が分化し、独立的に象徴化されていく過程は、愛の女神アフロディテ、豊饒の女神デメテル、狩りの女神ディアナといったギリシア神話において分析することができるだろう。

キプロス島における最初の神殿は紀元前一二〇〇年頃に建てられたのだが、前九世紀にフェニキア人が支配するようになると、そこはアスタルテ神殿となり、その後、ギリシア人が支配権を握ると、アプロディテの神殿とされた。そうした経緯についてはある程度たどり直すこともできるのだが、では西アジアで起こった大女神崇拝は、東に展開するといったいどのようになっていったのだろうか。一応わかっていることは、バビロニアのイシュタルはササン朝ペルシャでは処女神アナーヒターとして崇拝されるようになったということ。このアナーヒターこそゾロアスター教の豊饒の女神であり、インドにおける水の神サラスヴァティーとも結びついてくるのだが、そうなると、後には日本でもよく知られている弁財天にまでつながってくることになる。

ただし、西アジアで絶大な人気を誇ったアナーヒターはさらに多くの支流をもってインドへと流れ込んだに違いないと思われる。その詳細については第19章でもう一度検討したいと思っているのだが、いずれにせよ、紀元一、二世紀のクシャーナ朝時代の西北インドは、さまざまな宗教が往来し、癒着し、分化を遂げたところで、いまだその詳しい解明までには至っていない。もちろんクマリもその系列の流れからいささかの影響を受けたのではないかと思えるのだが、それについてはもう少し推理のプロセスを明らかにしておかなければならないだろう。

第15章　神はどこからやってきたのか

01　カトマンズ盆地の南へ

これまでカトマンズ盆地の主要な都市における生き神クマリのあり方について詳しく検討してきた。その結果、カトマンズのロイヤル・クマリ以外にも、パタン、バクタプルなどにそれぞれ独自のクマリが存在していることがわかってきている。さらに、それ以外にも幾つかの地域にローカルなクマリが存在していることもまた明らかになっているし（126頁の表参照）、そのことはいかにクマリ信仰が民間レベルで深く共同体に浸透していたかということの証でもあるだろう。

カトマンズ盆地南に位置するブンガマティのクマリもその一つであり、そこは地理的な特殊性をも含めて、この盆地全体のクマリ信仰にとって特別な地位を持っていると思われてきた。なにしろ、そこはこの盆地にクマリ信仰が導入された、まさにそのきっかけとなった場所と思われてきたからである（カトマンズ盆地の地図18頁参照）。しかし、それにしてもカトマンズのロイヤル・クマリと比べて、いかにも村落としてのスケールが小さいし、これまで特筆すべきものは何もないようにも思われる。この地にはいったい何があるのだろうか。

そんなわけで、一九九二年あたりから、いよいよブンガマティ調査に入ることになったのだが、やはり訪れてみると「なんでこんな辺鄙な村にクマリ信仰が存在しているのか」と疑問に思わざるを得ないほど、見るべきものが何もない小集落だった［口絵44・45・46］。ここのクマリは田畑のあぜ道を平気で裸足で歩き回っており、友だちと仲良く遊ぶこともあるし、それほど特別扱いされているようにも見えなかった。しかも、わずか二、三年ですぐ次のクマリへと交替してしまうのである。

ブンガマティのクマリ　2003年

当時、首都カトマンズは既に大きく変貌しつつあった。いつもスモッグがたちこめており、ベーカリー、ピザ屋、スーパーマーケットなどがどんどん出来て、タクシーの数も数年前とは比べものにならないほど増えてきていた。しかし、ここブンガマティでは、七十歳近い小柄な老人が、天秤棒の前と後ろに大きな笊を二つ吊り下げ、そこにいっぱいの蕪を積んで売り歩いていた。老人の肩には天秤棒がくいこんで、いかにもしんどそうだった。おそらく全部売り切ったとしても、一〇〇〜二〇〇ルピーくらいだろうか。日本円にして二、三〇〇円くらいのものである。しかも、いつ売れるかわからない。一ヶ月の重労働の成果はいったいどれぐらいになるのだろうか。

ブンガマティ地図（現地で入手した地図より作成）

02　ブンガマティのクマリ

ブンガマティはパタンから南に一六キロほど離れた小さな村で、一九九八年の調査で戸数は八六五戸まで確認されているが、人口はその後もかなり増えつつあってほぼ六千人を超えるまでになっている。その大半はネワール族でブンガマティの中心部（右記地図参照）に住んでいるが、他にチェトリ族（Cheetriya）、ブラフマン族（Brahman）の住むチュニケルと、タマン族（Tamang）の住むファシドールという二つの集落がある。民族的な構成比はネワール七〇パーセント、ブラフマン、チェトリ二五パーセント、タマン五パーセント（以上の統計はすべて一九九八年調査時点の数字）。ここでは仏教徒がヒンドゥー教徒に比べてはるかに優勢だといえるだろう。

ブンガマティには二つの寺院があって、一つはマチェンドラナート寺院、一つはバイラブ寺院である。マチェンドラナート寺院はカトマンズ盆地最大の規模で、この村のグティ組織全体の手で支えられている。プジャリ（寺院の世話役）は三〇〇家族から交替で選ばれ、その中の三二人がつねに祭りの世話をすることになっている。カースト別にいうと二四人がサキャ、七人がヴァジュラチャリヤから選ばれている。残りの一人はマチェンドラナート（神）自身とのことで、合わせて三二人が祭祀に関与しているとのことである。★01

このブンガマティのクマリは自分の親と一緒に暮らし、デオ・マイジュ（deo maiju［小さな神さま］）と呼ばれながらも、同じ年頃の子どもと外で遊んだりする。三歳から七歳くらいまでの少女が選ばれるのは他のクマリと同じだが、カトマンズのロイヤル・クマリのように思春期を迎えるまでその座にとどまることは稀で、だいたい二、三年周期で交替することになっている。これまで既に多くのクマリを実際に見てきたが、彼女らには強い親族的なつながりがあって、その選任に手を煩わされるようなことはほとんどなかった（その年齢に達したものから順に選ばれたと言ってもよい）。

われわれは、まず村の責任者から村の概略についての説明を受け、呪術師・薬草家のサヌ・カジ、その弟の占星術師アサ・カジ、村の長老ガネシュ・パネジュラを訪ねて、順に話を聞くことにした。

その結果われわれが得たものは想像をはるかに超えたものだった。

03　クマリの出自をめぐる伝承

当初から、三大都市国家の処女神崇拝についてはある程度理解できていたものの、どうにも気にかかるのは、このとりわけ特徴のない小さな村に実在するクマリの出自であった。もう一度繰り返すことになるが、なぜブンガマティという村に固有のクマリが必要だったのかということである［口絵15・24］。ブンガマティのクマリはあくまでも単なる例外に過ぎなかったのか。それともこの村には何か特別なものが隠されているのか。われわれはいよいよ問題の核心に迫っていくことになる。

前述のトリブヴァン大学のカトリ教授は、ネパールの王統譜などの資料をもとにブンガマティのクマリについて一九八九年に短い論考を発表している。[★02] それによると、ブンガマティは中世のネワール文化・社会の遺構をいまに伝えるきわめて重要な村落で、そこはカトマンズ盆地においてよく知られているマチェンドラナートという神の故郷とされている。ただしそれは後にわかったことで、ぼくの関心はあくまでもブンガマティの地理的特殊性にあった。

いずれにせよマチェンドラナートという神は、カトマンズ盆地でのみ信仰されているといってもいいのだが、一般的にはパタンのラト（赤）・マチェンドラナートとカトマンズ（市内）のセト（白）・マチェンドラナートが有名だ。その他、チョバールやナラなどでも祀られている。[★03] そのなかで最も重要なのがラト・マチェンドラナートであり、この神は別名カルナマヤ（Karunamaya）とかブンガ・デヤ（Bunga Dya）とも呼ばれており、一年の半分をブンガマティの寺院で、残りの半分をパタンの寺院で過ごすことになっている。

いったいこの神はなぜブンガマティとパタンを往復するようになったのか。この神がカトマンズ盆地で崇拝され始めたのは十二世紀とも十四世紀とも言われているが、いったいどのような人々によって信仰の対象となったのか。ブンガマティの歴史は降雨をつかさどる神マチェンドラナートのカトマンズ盆地入りのエピソードと密接に結びついているという。まずは、そのエピソードを簡単に要約して示しておきたい。

かつてカトマンズ盆地がきわめて深刻な干ばつに襲われたことがあった。タントラ仏教の高僧バンドゥダッタ・ヴァジュラチャリヤは、当時ナレンドラデヴァ王（在位六四四―八〇）のもとにいたのだが、ネワール族出身の農夫《ジャプー》チャクラ・ラトナとともに、雨を降らせるためマチェンドラナート神を遠いインドのアッサムからカトマンズ盆地に迎え入れるようにと命じられる。

バンドゥダッタらはインドのカマキヤ［Kamakhya］（今日のアッサム地方の地名）へとはるばる旅をし、悪霊《デーモン》（サシ［Sashi］）のリーダーの一番下の子どもを連れてこなければならなくなった。その子どもこそがマチェンドラナートなのである。デーモンの一族はカマキヤのコトパル［Kotpal］山に住んでいた。この一見不可能とも思われた使命は、バンドゥダッタらの手によってさまざまな困難を乗り越えて遂行されることになる。マチェンドラナート自身も神としての地位と寺院とを約束されることで、彼らの誘いに乗ることになったのである。

バンドゥダッタはマチェンドラナートの同意を得て、南西の方角からともにカトマンズ盆地に入ることになった。しかし、一行がカトワルダッハ（Katwaldaha）という場所に着いた時、その神は少しも動こうとしなくなった。そこはバグマティ川の岸辺で、カトマンズ盆地の南のはずれにあった。バンドゥダッタは仏教僧として特別なタントラの力を持っており、彼はもはや容易には動くまいと理解し、他の同伴者らと相談して一つの策略を思いつく。それは、生き神クマリを呼び、彼女をマチェンドラナートと結びつけ、永遠に彼の伴侶にしようというのだった。そうすればこの神をカトマンズ盆地に入れることが可能になると考えたのである。

そのためにヴァジュラチャリヤの純潔な処女が選ばれることになった。彼女は必要な儀礼を施された後、人々を干ばつから救うため、マチェンドラナートのもとに遣わされた。そして、マチェンドラナートの一行を先導し、その前に立ちふさがるさまざまな困難に立ち向かう役割を引き受けることになったのだった。そうやってバンドゥダッタの使命はクマリの助けによって成功裡に終わることになる。

カトマンズのロイヤル・クマリはかなりヒンドゥー色が強く、女神タレジュやドゥルガーと密接に関係づけられ、さらにはヒンドゥー教の最も有名な神インドラとも関係させられて、王権の守護神の地位にまで上りつめている。それに対して、ブンガマティのクマリは仏教徒の両親とともに住み、自由に外出もできるし、友だちと遊ぶことも許されている。周囲は彼女が怪我しないように十

現地で入手したマチェンドラナートのカトマンズ盆地入りを描いた漫画

分な配慮はしているが、それでもカトマンズとは比べようもない。ここブンガマティのクマリの大らかさはいったい何を物語るのだろうか。

04　マチェンドラナート神

これまでクマリ自身についてのエピソードはきわめて少ないと述べてきた。いや、ほとんどないに等しいと言ってもよかったのである。どれもヒンドゥー教の神格（タレジュ、ドゥルガー、バイラブ、ガネシュ）とのつながりで論じられており、それらを除くと、インドラジャトラにおける幾つかの儀礼にまつわるエピソードが残されているばかりだった。

例えば、「なぜクマリが幼い少女の姿をとって現れるのか」という問いに対しては、（前にも指摘したとおり）以下のようなストーリーが語り継がれるばかりだった。「かつてジャヤプラカシュ・

ブンガマティ・クマリ［右］とその姉［左］（1999年撮影、姉も93年調査時クマリだった）

マッラ王は、タレジュ女神とさいころ遊びをしていて、彼女に対して肉欲を抱いた。女神はそれをたちまち見抜き、王のもとを立ち去ってしまう。王が後悔して自らの罪を許してくれるように女神に懇願すると、女神は王の夢の中に現れ、自分は今後一人の少女の姿で立ち現れるであろうと告げる。その時から人々はサキャ・カーストの少女の選考を開始した」。しかし、これもクマリとタレジュ女神とのつながりを説明するだけのものに過ぎないと言えよう。

クマリ崇拝の背景には、ヴァジュラヤナ仏教およびタントラの影響が色濃く残されており、単に処女あるいは純潔の少女を崇拝するのではなく、むしろ「そのような少女の純潔性を用いて、タレジュ、ドゥルガー、カーリー、サラスヴァティーなど成熟した官能的な女神たちの現前を喚起する」ことを目的とされたのである。それゆえに、クマリはヒンドゥー教の女神らとの関わりでしか説明されてこなかった。

しかし、ブンガマティで言い伝えられているエピソードでは、興味深いことに初めてクマリがある特定の神格と密接に結びつけられることになる。マチェンドラナート。果たしてマチェンドラナートとは神話学上いかなる神なのか。それを理解することなくして生き神クマリの謎は永遠に解けることがないように思われたのだった。

05　祭りの始まり――カトワルダッハ

これまで何度もブンガマティに調査に入っている。十二月ともなれば、朝は一面に靄がかかって肌寒く、湿気を帯びた空気が身体を包み込む。昼に近づくにつれて太陽の光は強くなり、昼下がりの時間は日なたではむしろ暑いぐらい。多くの人々が犬や家畜とともに村中のあちこちで横になって眠りを楽しんでいる。夕方になるとまた冷え込むが、朝方ほどではない。周囲が暗くなっても昼の暖かさはかすかに残り、煉瓦で作られた建物の間をさりげなくただよっている。

昨日はパタンからブンガマティに行く途中で火葬を見た。パシュパティナートなどでは河の辺のガートで焼かれた灰はただちに河に流される。すぐ近くで水浴びしたり洗濯したりしている人々がいるが、それを気にする素振りも見せない。かつてはその光景にずいぶん驚かされたものだが、人々の鷹揚さはどこへ行っても変わらない。しかし、このあたりのように河がないところでは、近くの祠で火葬が執り行われ、焼かれた後の灰はそのまま風がどこかに運び去るまで捨て置かれるとのことだった。

ブンガマティの地理的な位置をもう一度確認してみると、そこがけっして交通の要衝でもないことがわかる（盆地地図18頁）。パタンからバグマティ川にそって南下する道はブンガマティでほとんど行き止まりになっている。そこからはどこにも行くことができない。南に抜ける道はもっと別にある。なぜ神はそんな窮屈な経路をたどってカトマンズ盆地に入ってきたのだろうか。そこには何か特別なものがあったのだろうか。

ぼくらは後にマチェンドラナートがブンガマティからパタンに入ってきた道筋をそのままたどることになるのだが、逆にブンガマティのさらに南へと進んでいくとマチェンドラナートがけっして動こうとしなくなったカトワルダッハという地に至ることになる。ブンガマティから田んぼを横切ったり、崖伝いに上っていったり、川を渡ったりしながら、そこまで歩いて三時間くらいかかっただろうか。しかし、なんといまでもマチェンドラナートの祭りはそこから始められているのである。

第16章　インド夜想曲

01　インドへ

アントニオ・タブッキが『インド夜想曲』を書いたのは一九八四年のこと。なかなか不思議な作品で、主人公のイタリア人がインドで失踪した友人を探してボンベイ（現ムンバイ）、マドラス（現チェンナイ）、ゴアの三都市をめぐり歩く物語なのだが、とても興味深かったのは、その小説のなかにペソアの名前を発見したことだった。

フェルナンド・ペソア。ポルトガルの偉大な詩人。彼はリスボンの貿易会社で商業通信文を翻訳することで慎ましく生計を立て、それ以外の時間をすべて執筆に費やしていたという特異な作家であり、死後に膨大な遺稿が発見され、ようやく世に知られるようになったのだった。

『インド夜想曲』では、主人公の男がマドラスの神智学協会のグルのもとを訪れ、失踪した友人のことを訊ねる際に、グルの口からさりげなくペソアの詩の一節がほとばしり出る。[★01]「盲目の知識は不毛の土壌しか作らない。狂気の信仰は自分の祭儀の夢を生きるだけで、あたらしい神はただひとつの言葉にすぎない。信じてはならない。あるいは求めてはならない。すべては神秘だ」。いったいなぜここでペソアなのか。イタリアの作家アントニオ・タブッキとポルトガルの詩人フェルナンド・ペソア。いったいどこに共通するものがあったのか。その答えはいま明らかになっている。タブッキはペソアを熱烈に愛し、そのイタリア語訳を実現するばかりでなく、ついにはポルトガル語で書き始めるまでに至ったのだという。彼の小説の背景にはつねにペソアの言葉が鳴り響いている。

『インド夜想曲』アラン・コルノー監督　1989年
（写真協力／川喜多記念映画文化財団）

タブッキを真似たわけではないが、ぼくも、とにかくやみくもに南インドに行きたくなった。二〇〇三年のことである。まず、ボンベイ、マドラス、ゴアに滞在する。それから南インドに向かう。そこにはインドでも有数の巡礼地がいくつもある。そして、インド亜大陸の南の果てにはカンニャークマリという特別な聖地があって、そこは地図で確認してもらえればわかるのだが、ペルシャ湾とインド洋とアラビア海という三つの海が一つに出合うところなのだった。つまり、そこでは海から朝日が昇るのと海に夕日が沈むのを同じ場所で見ることができるというのである。そこが今回の旅の最終的な目的地だった。

02　インド・ネパール調査二〇〇三年

とにかくインドにおける数少ないクマリ信仰の聖地カンニャークマリへと出発することになり、十二時発のシンガポール航空で関西国際空港を飛び立った。これまでインドには何度も出かけたことがある。しかし、だいたいデリーを中心にした北インドばかりで、ヒンドゥー教最大の聖地ベナレス（現ヴァラナシ）あたりをめぐることが多かった。しかし今回はいきなりインド最南端に至る雄大なスケールの旅になるわけで、どういうことになるのか皆目見当もつかなかった。

クマリ・アンマン寺院　2003年

　第4章でも述べたように、現在のインドにおいてクマリを崇拝の対象としている寺院はわずかに三つしかないという。つまり、北東パンジャブのカングラ渓谷にあるカンニャー・デヴィ寺院、ラジャスタンのビカネール州にあるカラニ・マタ寺院、そして、インド最南端カンニャークマリにあるクマリ・アンマン寺院である。おそらくそこを訪れたからといって何かがわかるということはないだろう。しかし、そこがどういう場所でどういう人々がクマリを崇拝しているのか見てみたいと思ったのだった。

飛行機は、あっという間にシンガポールを経て、その日の深夜にマドラスに到着した。そこからの道のりがまた長い。マドラスから飛行機でトリヴァンドラムまで行って、そこから車でカンニャークマリまで行くのだ。それが時間的には最短で、ちなみにバスだと、予定どおりにいったとしてもトリヴァンドラムまで十七時間。それから、カンニャークマリまでさらに三時間はかかる。ほとんど座席にスプリングも入っていないバスの十七時間など想像できるだろうか。マドラスからの直通バスもあるらしいが、その詳細などとても調べる気にならなかった。

しかも既にマドラスで一悶着あった。予定の飛行機になぜか乗れなかったのである。その後も、ボンベイからゴア行きの飛行機の搭乗者リストに名前がないと言われたり、また、帰りのボンベイからカトマンズへの国際線では、荷物の確認ができてないからもう一度外に並びなおせと言われたりした。一度もスムーズに事が運んだことはなかった。

カンニャークマリまで車を走らせる。荒涼たる景色が続くかと思えば、ヒンドゥー教の寺院が道路からやや離れた木陰に見え隠れする。いよいよ目的地が近いと思うとやはり心がときめく。

その日の夕方六時すぎ、カンニャークマリに到着する。

翌朝は五時に起きて、まだ外が暗いうちにクマリ・アンマン寺院へと向かう。起きた時から外は真っ暗なのに、なんとなく多数の人々の気配がする。ここは巡礼の聖地。人々にとって朝のお参りは欠かせない。海に向かって歩いていくと、次第に人々の数が増えてくる。

そして、ようやく寺院にたどり着くと、そこは既に大勢の人でいっぱいだった。なにも特別な日ではない。それでも、毎日だいたい五〇〇〇人がここを訪れるという。サンダルを預け、上半身裸になり、カメラも取り上げられて、何も手に持たず列に並ぶ。寺院の内部は人でぎっしり埋まっている。なんとこれから二時間は並ばなければならないとのこと。

寺院の内部は真っ暗で、一列になって進む。蒸し暑い。なんともいえない時間が過ぎていく。胎内めぐりのようでもあるし、ディズニーランドで順番待ちしているようでもある。幾つもの神像を拝みつつ、何も考えずに進む。

海で沐浴する人々　2003年

お参りが終わると、寺院のすぐ近くの波打ち際で、沐浴する人々を眺める。みんな人なつっこい。ドラヴィダ系の人々が多いせいだろうか、あまりインド人らしくない。南インドにはヒンドゥー系ばかりではなく、ハイダラバードのように例外的にイスラムの匂いの強い都市もないことはないが、やはりこのあたりにはさらに古層に属するドラヴィダ文化の匂いがいまだに濃厚に残されている。

寺院の管理者たちとのインタビュー。寺院の僧たちは九名で十日ごとのローテーションで寺院に詰めているとのことだった。彼らにクマリについて幾つか質問したのだが、むしろこちらがなぜそんなことに興味を持つのか不思議がられただけだった。彼らはあくまでもカンニャークマリ崇拝はここだけのことだと信じており、ネパールのことなど初めて聞いたという反応だった。幼いクマリが生き神として登場するなんてことはまったく想像外のようだったが、それでもこの寺院に関しては祭りの日程などを詳しく教えてくれた。

すでに4章で述べたとおり、クマリ・アンマン寺院の「アンマン」とは、マーターやマータージーと同じく母なる神を意味している[★02]。すなわち、クマリ・アンマンとは「処女であって母である」の意味である。そこにカトマンズ盆地のクマリとの共通点が見つかるだろう。人々はさまざまな悩みを抱いてここにやってきて、慈愛に満ちた女神のもとで癒される。クマリ・アンマン寺院はちょうどキリスト教の聖母マリア教会と対応しているように感じられた。誰しもがいまの自分の境遇を肯定してくれるものを求めている。そこにはどうしても母のイメージが投影されてしまうのであろう。

それからフェリーに乗って、ヴィヴェカーナンダ岩へと渡った。すぐ隣には十九世紀の詩人ティルヴァッルヴァルの巨大な像が立つ岩があり、その巨大さが周囲とあまりにアンバランスで異様さが際立っている。すごい風と潮のべたつく感じが身体にまとわりついて離れない。しかし、われわれは別にヴィヴェカーナンダに興味があるのではない。その岩がかつてクマリがシヴァ神を迎えた場所だということが重要なのだった。単なる沖の石塊だったものもいったん聖化されるや、次々と聖なるものを引き寄せる力をもつようになる。後に寺院が建てられたり記念堂が造られたりしたわけが、最初はいったいどんな場所だったのか、われわれが知りたいのはそれだけだった。

その岩については、以下のような伝承が残されていた。

かつて女神クマリはシヴァ神に恋をした。そして、いつしかその願いがかなって、シヴァも美しい彼女と結婚しようと決意する。しかし、多くの神々はその結婚に反対で、クマリを処女のままに

ティルヴァッルヴァル像　2003年

ヴィヴェカーナンダ岩（左）と
ティルヴァッルヴァル像（右）

保ちたいと思っていた。もし彼女が処女でなくなると女神のシャクティ（力）が失われると考えたのである。いよいよ婚礼の儀が行われるというその夜、シヴァはスチンドラム寺院から真夜中に予定されていた婚礼の場所へと向かった。そこで、満を持して待っていた神々のなかの一人（ナーラダ）が鶏に化けてコケコッコーと鳴いた。すると、シヴァは夜が明けたと勘違いし、婚礼の時間が過ぎてしまったと思い込んで泣く泣く引き返したというのである。すなわち、ヴィヴェカーナンダ岩はクマリがシヴァとの結婚の願をかけた場所であるとともに、その願いがかなわなかった場所なのだった。

ここでもう一度ストーリーを点検することにしよう。とにかく「クマリは処女のままであらねばならない」（と神々が考えた）というのが、このエピソードの骨格をなしているのがわかる。彼女を処女のままにしておくことによって悪魔と戦う力が維持されると考えたのである。おそらくかつて南インドには、ここと同じく小さな女神が数多く存在していたのだろう。そういう視点から見ると、この話は南インドがヒンドゥー化されていく一プロセスを反映するものと言えるかもしれない。地方で崇拝の対象となって

シヴァ神の足跡。仏足石のようにご神体となっている

いた女神（グラーマ・デーヴァター）は、アンマンとかバガヴァティと呼ばれていたが、六世紀頃から大女神（マハーデヴィ）信仰が顕著となり、次第にそこへと吸収されていく[★03]。後にクマリがシヴァの妃パールヴァティーと同一視されるようになったのも、そうした流れの一環だったのかもしれない。

人々はここに病気の治癒を求めてやってくるというが、なぜ母だけでなく処女という属性がそこに必要だったのか。また、なぜここにだけクマリという名が特別に残されたのだろうか。

03 そしてゴアへ

帰りのカンニャークマリからトリヴァンドラムまでの景色はすばらしかった。海際にとんでもない巨岩が聳えており信じられないような光景が次々と現れた。ヒンドゥー教のスチンドラム寺院に立ち寄ったりしながら、一路トリヴァンドラムを目指したのだが、来るときとはまったく違う光景に戸惑わざるを得なかった。なぜ往きには何も見えなかったのか。なぜ同じ道を通りながら、往きと帰りではこうも風景が違ってしまうのだろうか。

以前に書いた『聖地の想像力』（二〇〇〇年）の基本モチーフは、「聖地あるところ必ず石（または石組み）あり」だった[★04]。まさに南インドはそれを例証するためにはもってこいの場所だった。ドラヴィダ文化は石の文化なのである。とんでもない奇景ばかりが目の前に繰り広げられる。ここでは石はつねに精神の深いところでわれわれを突き動かしている。

トリヴァンドラムからボンベイに飛び、そこに一昼夜滞在してから西海岸のゴアへと戻るかたちになった。タブッキの『インド夜想曲』でもゴアが旅の最終目的地となっていたが、失踪した男はボンベイにも大きな足跡を残していた。彼の恋人だったというインド人の女の子は次のように言う。「祭りの日にはエレファンタ島へ行ったものよ。石窟にね。彼は三つの顔のシヴァ神を見るのが好きだった」（映画のセリフ）。ぼくにはエレファンタ島へ行くための十分な時間がなかった。旅の疲れか、港の騒がしい音楽に囲まれつつ、すぐに眠りについてしまったのだった。

ぼくはかなり以前からゴアには憧れに近い感情を抱いていた。一九六〇年代以降そこは地上の楽園を目指す世界中のヒッピーたちの集結地だった。いまではその痕跡しか残されていないとはいうものの、やはりゴアという名には格別の響きがあった。

そして、予想どおりゴアはたしかに幸せなところだった。なんの思念も浮かばず、執着もなく、喜怒哀楽の感情もなく、ただひたすら気持ちいいだけ。部屋のドアを開け放っておくと、そのまま目の前にアラビア海が見える。潮騒の音が響き渡る。波の音、パーカッションの響き、扇風機の回る音、人の声、けっして静かではないのだが、妙に心は落ち着いている。

ここゴアにはフランシスコ・ザビエルの遺体が安置されているボム・ジェズ教会がある。ゴアをまわるバスに乗った二〇名ほどの客はぼくを除くと全員インド人だった。ここに来るような西欧人はあまりザビエルなどに関心を持たないのかもしれない。ほとんどその姿を見ることがなかった。それでも、この地のコロニアルな雰囲気は誰の心をも惹きつけるだろう。マカオやスマトラやタヒチなどの光景を思い出す。いよいよこれからネパールに飛んで、翌日にはすぐパタンのクマリと会うことになっている。

ずっと海沿いに移動してきたこともあって、クマリと海や河川との結びつきについて考えている自分に気がついた。カンニャークマリの寺院の前がすぐ海で、人々が禊ぎのようなかたちで海に入って水を浴びている姿が強く印象に残ったのだろう。水の神としてのクマリ。海がないネパールでは降雨の神であり癒しの神として働きながら、人々を海へと導いていく神としてのクマリ。しばらくそんな妄想にとらわれていた。

もちろんインドには処女神（クマリ）崇拝がそのままのかたちでは残っていないだろうと思っていた。しかし、かつての南インドにおいてかなり広範囲にわたって女神崇拝が見られたということ、それが六世紀頃を境として次第にヒンドゥー教の一大パンテオンへと収斂されていったということ、それでもいまだにクマリ・アンマン寺院が人々の崇拝を集めているということ、それらはこの目で確認することができた（そこはいまでも南インド最大の巡礼地の一つになっている）。それも収穫だった。おそらくネパールとて例外ではなかろう。これからネパールに入って、また別の角度からクマリの謎に迫ってみたいと思う。いったいなぜこの地にだけ生き神が存在しているのか。なぜそれが処女神のかたちをとるに至ったのか[★05]。

第17章　カルナマヤの伝承

01　想像力

学問とは鈍重な牛の歩みのようなものだ。考えてみれば、仏陀の実在が証明されたのだってたかだか十九世紀末のこと、紀元前三世紀のアショカ王の碑文が見つかったことによる。二十一世紀になってすぐにアフガニスタンで仏教徒にとっての「死海文書」といえるものが発見されたというニュースが報じられたが、そうしたことによってつねに学問の歴史は塗りかえられる運命にある。ほんのわずかなことが決定的なのだ。

それに対して、われわれの想像力は尽きることなく隼のように地上を旋回して飛ぶ。「どういうわけで、価値のある要素は芸術のなかでのほうがたやすく経験でき、現実より期待のなかでのほうが経験しやすいのか。期待も芸術的な想像力も、省略し、圧縮する。退屈な期間を切り捨て、わたしたちの注意を決定的な瞬間に向けさせる」[01]。どこまで飛べばわれわれの求める場所にたどり着くのかは誰にもわからない。歴史の闇はかぎりなく深い。

前述のマチェンドラナートのカトマンズ入りの伝承は、現在でも広く語り継がれている。それは各地の寺院の縁起、祭りや祝いの行事とか特殊な習慣の起源、聖地の来歴、村や場所の起源、名前の由来、洞窟や池や淵にまつわる話などとも密接に結びついている。それらの中には、ヴェーダ、プラーナ、ブリハトカター、パンチャタントラ、ジャータカなどの教典や古文書の記述と重なる場合も少なくない。

これまでマチェンドラナートの伝承についてできるだけ詳しく知りたいと思い、ブンガマティの数人の長老とのインタビューを繰り返し行ってきた。村長のプレム・バクタ（Prem Bhakta）、ガネシュ・パネジュ（Ganesh Paneju）、サヌ・カジ（Sanu Kaji）、アサ・カジ（Asha Kaji）らである。また、この伝承について最も詳しいとされるパタン在住のヘム・ラジ・サキャ（Hem Raj Sakya）の家も訪ねた。以下は、彼らの話をできるだけ省略せずに記載したものである。

02　サヌ・カジ

まずは、サヌ・カジの話を中心にまとめてみよう。一九九七年当時七十五歳。彼もかつてはブンガマティのマチェンドラナート寺院を世話するプジャリ（僧）の一人で、インタビュー時はアユルヴェーダの知識をもとにして薬草の調合などを行っている呪医（ウィッチ・ドクター）でもあった

［口絵74］。この地のすべての人々に共通していることだが、サヌ・カジも、けっしてマチェンドラナートと言わず、同じ神をカルナマヤと呼ぶのだった。彼の話は以下のとおり。

現在ネパール最大の仏塔をもつスワヤンブーナート寺院がある近く（サンティプール）にサンティンカル・ヴァジュラチャリヤというタントラの高僧が住んでいた。カトマンズ盆地全体を襲った十二年にも及ぶ干ばつを憂いて、弟子のバンドゥダッタを人々を苦しめる悪霊《デーモン》の一族の住むアッサムに遣わそうと考えた。

サヌ・カジ　1997年

サンティンカルは、同じく人々の嘆きを聞くことで有名なバクタプルのナレンドラデヴァ王を訪ねて、バンドゥダッタに同行するようにと依頼する。あとは荷物を運ぶ人間が必要ということで、パタンで農夫ラリットを見つけ出し、一行三名はそろってデーモンの国にカルナマヤを探しに出かけることになる。カルナマヤはデーモンの一族であるにもかかわらず、なみなみならぬ力を持った神で、彼を迎え入れることによって国を襲う災害から人々を守ることができると信じられていたからである。サンティンカルはバンドゥダッタに五つのタントラの秘術（bidhaya）を教え、その知恵をもって困難と戦うようにと指示した。また、カルナマヤの一族はデーモンなので、彼らの攻撃を防ぐために七つの呪文（マントラ）をも授けたのだった。

さて王、高僧、農夫からなる一行はいよいよ出発することになる。カトマンズの南の地ダクシンカリに向かう途中にパルピン（Pharping）という場所があり、そこにはシラナディ川が流れている。現在のセク・ナラヤン寺院があるところだという。その川には橋はなく、少しでも川の水に触れると石になると言われており、蛇の王ナーガ（別名カルコタック・ナーガ）は「神さま以外この川を渡すわけにはいかない」と一行に告げた。

彼らは蛇の王ナーガに「おまえはすごい力を持っているそうだが、それではどれくらい大きくなれるか」と聞くと、蛇はお安い御用と、みるみるうちに雲をつくほど巨大になった。「ふむ、それではどれくらい小さくなれるか」と聞くと、たちまち毛ほどもない小さい姿へと変身した。その途端、彼らは蛇の王ナーガを小さい木の箱に閉じ込めて、マントラを唱えてから、紐で二十一回ぐるぐると縛りつけたのだった。さすがの蛇も降参して、この一行が尊敬に値する人々だとわかったので、言うことを聞くから一緒に連れていってくれと頼んだ。三人は蛇を同行させることにした。

さて、一行はアッサムに着くと、カルナマヤを誘拐するため、変装してカルナマヤの母を見張ることにした。すると、毎朝四時に母親が石の井戸から水を汲んで、それを王（カルナマヤの父）のために金の容れ物に入れるのを見た。王は毎朝それで三回口をすすぎ、八回顔を洗い、残りを飲んだ。

アッサムに住むデーモンの一族たちもすぐに人間たちが来ているのに気づいたが、一行三人は彼らに「食べられないようにこっそりと隠れているのだよ」と打ち明け、できれば四日後に王に会いたいと告げる。一行はそれからタントラの秘術を使って一粒の米で一〇〇〇頭の羊、一粒の大豆で一〇〇〇頭の水牛、一粒のレンティル豆で一〇〇〇頭の山羊をつくり、それらを貢物として王との面会を求めた。それを見てデーモンの一族たちもびっくりして、これは神かとてつもない力を持った連中だと思い、けっして彼らに害をなさないようにとお触れを出した。

王はバンドゥダッタらに「なぜここに来たのか」と訊ねた。「われわれはどんな病気でも治せる医者である」と彼らは答えた。「われわれは別に何も欲しくはない。ただ、石の井戸から湧き出る水を少しだけいただきたい」。それから、バンドゥダッタは蛇に、王に持っていく水の容れ物に髪の毛ほどの大きさになって入るようにと命じた。蛇はそうして易々と王の腹の中に入り込むのに成功するのだった。そして、蛇は王の腹の中で少しずつ大きくなっていった。すると、王はたちまちお腹をこわして病気になった。

王は理由の分からない痛みに耐えかねて、彼ら一行が医者であることを思い出し相談を持ちかけた。バンドゥダッタらは王に「毎日薬草を少々とミルクを飲めば治る」と進言する。最初から打合せた通り、腹の中の蛇はその日だけおとなしくして、また、翌日さらに大きくなった。王が「全然よくならないではないか」と怒り出すと、一行は「必ずや治るが、もし治ったら何をいただけるか」と逆に訊ねた。王は「わしの病気を治してくれるなら何でもやろう」と答えた。「それなら、明日飲んだ水をすべて吐き出せば完全に治る」と彼らは王に告げた。

実際その通りにしたら、王の病気はすっかりよくなった。

「約束通り欲しいものがある」と一行。

「何でも好きなものをやろう」

カラシュ

「では、王の五〇〇〇人の子どもの一番末の子（カルナマヤ）が欲しい」
さすがの王もびっくり仰天して、「他の子ならいいが、末の子だけはダメだ」と言う。それというのも、いまでもネパールには同じ習慣が残されているのだが、末の子どもだけは直接母親のもとに属しており、家族の中でもとりわけ大切な存在なのである。
結局、王に断られた一行は仕方なく町はずれに隠れて、カルナマヤを見張ることにした。すると、彼が毎日チンターマニ（chintamani）という木のところで遊んでいることがわかった。その木はなんでも思いをかなえてくれる木で、彼らはモホニ（呪術）を使って、カルナマヤが「ネパールに行きたい」と言い出すようにと仕向けた。そして、彼らの策略はまんまと成功する。高僧バンドゥダッタ、ナレンドラデヴァ王、農夫のラリット、そして、蛇のナーガらは意気揚々と帰途に就き、カトマンズへと向かった。
さて、一行はカトマンズ盆地の南端にあるカトワルダッハまで来て、そこでカルナマヤをマントラで蜂の姿に変えてカラシュ（やかんのような真鍮製の口つき容器）に入れ川を渡ろうと計画する。しかし、ナレンドラデヴァ王がうたた寝してしまったため、蜂をカラシュに入れるのに失敗してしまった。三度失敗すると、もはやその術は使えなくなるのだが、いよいよ三度目になっても王は眠ったまま。それを見たバンドゥダッタは王を肘でこづいて起こし、それによってようやく蜂をカラシュに入れるのに成功する。しかし、王は目覚めてから自分が肘でこづかれたというのを知って激しく怒り、カトマンズに着いたらバンドゥダッタに復讐しようと誓うのだった。

カトワルダッハでカルナマヤをカラシュに入れ、そこからほど近いところにあるヒャクドル（Hyakudol）という川のある場所に着いたところ、デーモンたちがカルナマヤを取り戻しに駆けつけてきた。バンドゥダッタはタントラの術を使って小石で巨大な山の障壁をつくり、炭の破片で大火事を起こしてデーモンたちと戦ったが、彼らの力は強く、あえなく戦いに敗れてしまう。カラシュを取り返したデーモンたちはアッサムまで逃げ帰ってしまったのだった。

バンドゥダッタが困り果ててグル（サンティンカル）に相談すると、「もう一度行きなさい。ただし、アッサムまで行くとやられるから、カトワルダッハでタントラの力で四人のバイラブをつくってそこで待ちなさい」と告げられる。そうするうちに、まだモホニの威力の下にあったカルナマヤが、再び蜂に姿を変えて飛んできて、そこで再びカルナマヤを追ってきたデーモンとバイラブとの戦いになった。激しい戦闘のあげく、ついに、バイラブはデーモンを撃退するのに成功するのだった。

いよいよカトマンズ盆地に入ったカルナマヤは、犬に姿を変えた四人のバイラブたちに守られながら進み、最初の寺院をブガル（Bugal）に建てることになった。しかし、そこで犬が「ブンガ」と吠えたので、一行はブガルからブンガ（Bunga）へと移動することになった。そこが現在のブンガマティである。当時ブンガマティの近くには火葬場（chihan）が九ヶ所あった。カルナマヤにどこが好ましいかと聞くと、彼はちょうど真ん中にある火葬場を指した。そこが現在のマチェンドラナート寺院のある場所なのだった（170頁地図参照）。

さて、バンドゥダッタとナレンドラデヴァとラリットの三人は、ブンガマティのマチェンドラナート寺院はいいとして、カルナマヤの世話を誰がするかということで言い争いになった。彼らは僧、王、農夫という身分とは別に、それぞれカトマンズ、バクタプル、パタンという三大都市国家をも代表していた。一行は好ましい解決策もなく、たまたま通りかかった長老に訊ねることにした。しかしそのときラリットは一計を案じ、長老に塩味のヨーグルトを食べさせて、彼にパタンと言わせるのに成功する（塩味の物を食べさせるとその人の言うことを聞くようになるという言い伝えがある）。しかし、長老は罰が当たったのか、その後ただちに息を引きとってしまった。

そういうわけで、結局、カルナマヤは、祭りの時はパタンに、それ以外の六ヶ月はブンガマティにとどまることになった。一行はあらゆる願いをかなえてくれるガネシュの寺院（Karyabinayak）をブンガマティに建て、すべてを許してくれる慈悲深いクマリを選ぶ習慣を続ける取り決めをしたのだった。[★02]

03　ガネシュ・パネジュ

では、次に最長老のプジャリであるガネシュ・パネジュの話をまとめてみよう。しかし、ガネシュ・パネジュの話とサヌ・カジの話には重複が多く、そう大きな相違点はない。以下の二点が加わっただけと判断していいように思われる。

①タントラの僧バンドゥダッタを含む一行は、カルナマヤを迎えに行く途中で、蛇（ナーガ）と出会う。「おまえはどのくらい大きくなれるのか、また、どれくらい小さくなれるのか」とバンドゥダッタが聞くと、蛇は空にとどくほど大きくなったり、髪の毛ほど小さくなったりした。これは役に立つと思った一行は蛇をだましてカラシュに入れて連れていくことにする。このあたりはサヌ・カジの話とそれほど大きな違いはない。ただ、彼らが出かけていったアッサム地方の地名はカーマルカマッチョ（Kamarukamachhya）であるとしている。

ガネシュ・パネジュ　1997年

②カルナマヤの家族はデーモンで、もともと人間の肉を食べて生活する種族だった。カルナマヤは五人兄弟の末っ子として生まれ、一日で米を作ったりするような特別な力を持つことで知られるようになった。一行はカルナマヤにモホニをかけて、「どうしてもネパールに行きたい」と言わせるのに成功する。母親はそれを聞いて驚いて、絶対そうさせないように毎晩家の戸口のところで寝

るようにした。アッサムでは母親の身体を跨ぐのはとんでもなく大きな罪だと信じられていた。カルナマヤは夜になって家を出る決心をして、戸口の母親の身体をよけて外に出ようとしたのだが、わずか一本残っていた髪の毛を誤って跨いでしまった。カルナマヤの鼻が凹んでいるのはそのせいだと言われている。

さらに、ガネシュ・パネジュは、カルナマヤに三つの呼び名があることを指摘して、以下のように述べている。「われわれは普通カルナマヤと呼んでいるが、マチェンドラナート、アリィヤバ・ロケシュヴァラとも呼ばれる。カルナマヤというのは元々『すべてを許し慈しむ』『人々にいい道を案内する』の意味で、ロケシュヴァラ（Lokesvar）というのもまったく同じ。場所によって言い方が違うだけ」とのことだった。カルナマヤ・マチェンドラナートという言い方もあるという。

ガネシュ・パネジュは、なぜカルナマヤが「すべてを許し慈しむ」「人々にいい道を案内する」の意味を体現するのかという点についても、シヴァとパールヴァティーの伝承をもとにいろいろと話してくれたのだが、それは次章に譲ることにしよう。

それよりむしろこの「ロケシュヴァラ」という語から連想するのは大乗仏教のアヴァロキテシュヴァラ（Avalokitesvara〔観音菩薩、観自在菩薩〕）の存在ではなかろうか。仏教におけるアヴァロキテシュヴァラは、他ではパドマパニ〔口絵51〕とかロケシュヴァラと呼ばれることが多い。アヴァロキテシュヴァラの「アヴァロキタ」（Avalokita）は「観ぜられるところの尊い存在」の意味であり、「イシュヴァラ」（Isvara）は「自由自在な働きをする」の意味であり、合わせて「衆生を救うために自由自在な働きをする存在」ということになる。

つまり、カルナマヤとはもっとポピュラーな言い方をすればアヴァロキテシュヴァラと同一の神格ということになる。それについては後にミルチャ・エリアーデやジョン・K・ロックらの研究を参照して論を進めたいと思うのだが、ここでの主要な関心はなによりクマリとカルナマヤとの関わりである。カトリ教授は、カルナマヤがカトマンズ盆地に入る時、カトワルダッハで動かなくなり、クマリの手によってようやくブンガマティ入りに成功すると書いている。しかし、サヌ・カジやガネシュ・パネジュの話の中にはクマリは登場してこない。いったいクマリはどういう脈絡でカルナマヤと関わっているのか。もう一人のプジャリであるアサ・カジの話に耳を傾けてみよう。

第18章　シヴァとマチェンドラナート

01　カトマンズ十二月二十四日

十二月のカトマンズは思いがけずハイシーズンになっており、パシュパティナートなどに出かけていくと、日本人の姿を数多く見かけることになる。ぼくが定宿としているゲストハウスもほぼ満室で、パティオでは読書したり、日光浴したりするヨーロッパ系の人々があちこちにたむろしている。

この年のネパール調査はどういうわけか十二月二十日から三十一日までという暮れも押し迫った頃に行われることになった。主にインタビューだけだったので、時期を問わなかったということもあろう。いつもの四月や九月と違って、この時期になるとヒマラヤの白い峰々が眼前に広がり、遠くアンナプルナまで眺望がひらけている。気候も絶好で、日なたに出るとやや暑いくらいだが、日が落ちるとともに熱がすべて大地に吸収されて、あまりの過ごしやすさにびっくりするくらいだった。

ぼくらはたいてい朝早くから調査に出ることにしているが、特別な行事がないときはだいたい夜の九時くらいにはそれぞれの部屋に戻ることになる。カトマンズでは停電が多く、テレビもインド・チャンネルとかネパールのニュース番組しか見られなかったのだが、一九九〇年代後半からはCNNが見られるようになったし、さらに、当時チベット仏教の総本山ボーダナートを訪れたときには、そこに「サイバースペース」という看板を発見したこともあった。インターネット・カフェだった。まさかこんな遠いカトマンズ盆地の僻遠の聖地にまでインターネットが入り込むようになるとは信じられない思いだった。まだ一九九〇年代のことである。しかし、いまやそんなことは言っていられない。果たしていいことかどうかはわからないが、タメルのゲストハウスのすぐ近くでも衛星版の読売新聞がいつでも読めるようになっている。以前ならば世界中でなにが起こっているのかわからないまま帰国し、まるで浦島太郎のような思いをしたこともしばしばあったが、今日では衛星の関係でこちらのほうが早く情報を得られるまでになっている。

しかし、こうやって海外でクリスマス・イブを迎えるのにも随分と慣れてきた。ニューヨーク、バンコク、香港、ウイーン、イスタンブール、テルアビブ……いずれも記憶に残るイブだった。ここカトマンズではクリスマス・イブはビレンドラ国王の誕生日が近いこともあり、外国人客の多いゲストハウスでは華やかなパーティの準備がされていた。にもかかわらず、ぼくらはその日もブンガマティ村に出かけて行って一日を過ごしたのだった。

02　アサ・カジ

その日、ぼくはブンガマティ村のアサ・カジの家を訪ねて、かなり長いインタビューを収録してきた。

アサ・カジはサヌ・カジの弟で、職業は占星術師であるが、占いと同時に病気治療の呪文を唱えることもある［口絵75］。年齢は当時六十八歳。彼の孫娘二人はこの二、三年でともにブンガマティのクマリになっている。彼からは、カトマンズが十二年にわたる干ばつに襲われた原因となったゴルカナート（Gorkhnath）という神の存在について詳しく聞くことになった。

アサ・カジ　1997年

とりあえず、アサ・カジの話を簡潔にまとめてみよう。

バドガオン（バクタプル）のナレンドラデヴァ王の治世、十二年間にわたる干ばつがあって、農作物は枯れ、疫病がはやるという最悪の事態になった。それで、バドガオンの王ナレンドラデヴァ、カトマンズの僧バンドゥダッタ、それにパタンの農夫ラリットの三人で、カルナマヤ（マチェンドラナート）の助けを借りようと、アッサムまで出かけることになった（蛇の王カルコタック・ナーガも途中で加わる）。アッサムに着いた三人はカルナマヤを誘拐し、大きな黒い蜂に姿を変えて金のカラシュに入れ、カトマンズまで戻ってくる。しかし、盆地の入り口近いカトワルダッハでいよいよカルナマヤは動かなくなり、彼らを追うデーモンたちとの戦いになる。そこで一進一退の戦いが続くが、バンドゥダッタらはタントラの力で四人のバイラブを呼び出し、彼らの力でデーモンを撃退し、無事カトマンズ盆地にカルナマヤを呼び入れるのに成功するのだった。カルナマヤの力で盆地には雨季が訪れ、ふたたび豊かな収穫がもたらされることになる。

アサ・カジからもこの話を繰り返し詳しく聞くことになったのだが、多少の異同はあるもののここまでは全体のストーリーに大きな変化はない。ただし、アサ・カジからは、なぜカトマンズ盆地全体が十二年にもわたる深刻な干ばつに襲われたのか、その理由について詳しく説明してもらうことになった。その内容は大筋以下のとおり。アサ・カジによると、カトマンズ盆地に長いこと雨が降らなかった原因は、ゴルカナートという神の所業だという。そもそもゴルカナートという名は「牛の糞から生まれ出たもの」の意味。彼については次のようなエピソードがある。子どもに恵まれなかった夫婦が神に祈りを捧げると、ある日、神から夫に牛の糞が授けられ、「そこから子どもが生まれるでしょう」と告げられる。しかし、妻はそれと知らずにいつものように牛の糞を捨ててしまうのだが、実際、ゴルカナートはそこから生まれ出たのだった[★01]。

成長したゴルカナートはいつしか尊敬するマチェンドラナート（カルナマヤ）に会いたいと思うようになるが、とてもアッサムまで行くことはできない。ただひたすら蛇の上に座って瞑想を続けていると、なんと雨をもたらす蛇が動けなくなり、カトマンズ盆地はひどい干ばつに見舞われることになった。盆地の人々はカルナマヤを連れてきてゴルカナートに会わせることによって、雨をも

ゴルカナート

ゴルカナート寺院

たらす蛇を解放しようと試みることにした。

　しかし、これには異説がある。それによると、ある日、ゴルカナートは酒を飲みに行く。しかし、大酒飲みのゴルカナートはいくら飲んでも満足できない。酒屋の主人はガネシュのところに行って、「ゴルカナートがいくら飲んでも満足しない。このままでは破産してしまう。どうしたらいいか」と相談する。ガネシュは主人に蛇を手渡して、「これでもう酒が尽きることはない」と言う。さて、それからはいくら飲んでも酒がなくならない。不思議に思ったゴルカナートが酒壺を覗き込むと、そこに一匹の蛇が鎮座している。なるほどと彼はその蛇の上にそのまま座り込んでしまったのである。そこはいまのパシュパティナートのある場所だとのことだった。

　しかし、そうなると今度は雨をもたらす蛇が動きがとれなくなり、深刻な干ばつがやってくることになる。人々が「ゴルカナートを立たせるにはどうしたらいいか」とガネシュに聞くと、彼は「カルナマヤを呼ぶことができればゴルカナートは立ち上がるでしょう」と答えた。ここには、それぞれ異なる展開ではあるものの、「ゴルカナートが蛇の上に座り込んだために干ばつがやってきた」という明快な原因が示されている。では、このゴルカナートという神はどのような神格なのだろうか。

03　エリアーデの指摘

エリアーデによれば、「ゴーラクナートの歴史的人格については、ほとんど何もわからない。彼の人格は、極めて早くから神話によって歪められ、ほとんど神として祭りあげられた――西および北インドのほとんど全域で、ネパールからラージプターナ、パンジャブからベンガル、シンドからデッカンにかけて、見出される無数の神話と伝説を見てほしい。彼の年代はおそらく九世紀から一二世紀の間であろう」ということである。★02

ゴルカナート（ゴーラクナート）はカンファタ派ヨーガの聖者としてよく知られており、マチェンドラナートは彼の直接のグルであったとされている。ただし、その歴史的な経緯や詳細についてはほとんどわかっていない。マチェンドラナートは後にカトマンズ盆地の守護神となるし、ゴルカナートもネパールのゴルカ王朝の語源ともなっているわけで（グルカ兵というイギリス軍に属するネパール人傭兵の呼び名も同じ）、とりわけネパールでは重要な神格として崇拝されるようになる。

興味深いことに、エリアーデもネパールにおけるゴルカナートの物語について『ヨーガ』（一九六九年）のなかで次のように書いている。★03

ネパールで起った有名な旱魃の話が、様々なかたちで今日に伝わっている。ゴーラクナートは、訪問中に相応の尊敬を受けなかったので、雲（あるいはこの雲を支配する竜《ナーガ》）を梱《こり》の中に閉じ込め、その上に腰をかけ、十二年間そこに居坐って、瞑想に耽っていた。王がカーポータル Kāpōtal（カーマルーパの近く）と呼ばれる山の上に住んでいたアヴァローキテーシュヴァラ（＝マツェーンドラナート）に国を救ってくれるよう懇請したところ、その聖者はネパールにやってきた。自分の師《グル》が近づいてくるのを見て、ゴーラクナートは梱から立ちあがった。雲は逃げて、雨が降り出した。この勲功の後、マツェーンドラナート‐アヴァローキテーシュヴァラは、ネパールの守護神となった。

エリアーデはこの伝承は実際にあった歴史的事実を指していることも指摘している。★04

すなわち、マツェーンドラナートがネパールにタントリズムを、というよりも一層正確には成就者《シッダ》や教導者《ナータ》たちの新しい「啓示」をもたらしたのは、カーマルーパ（＝アッサム）の地からであったということなのだ。諸々の異本は、さらにほかのこともわれわれに瞥見させてくれる。例えば、ゴーラクナートは、マツェーンドラナートと対話したかったために雲を閉じ込めた、とも言われている。マツェーンドラナートは、カーポータルで瞑想に耽っていたが、かれが感動して慈悲を感じ、激しい旱魃から国を救うためにネパールにやってくるであろうということを、ゴーラクナートは知っていたというわけだ。これは、多分、弟子の自分が知らなかった秘密を師が明かすことをゴーラクナートが強いて望んだということを示しているのであろう。

ラト・マチェンドラナートの神像

さらに、このストーリーは別の展開をも示している。それによると、ゴルカナートは、自分の師マチェンドラナートがカダリー（Kadali）国の女たちによって囚われの身になっているのを知って、地獄に下り、師の運命（死）を書き換えてしまう。それから、踊り子のなりを装って、カダリー国のマチェンドラナートのところに行き、謎めいた歌を歌いながら、踊り始める。それを聞いて、ついにマチェンドラナートは少しずつ我と我が身のおかれた状況に気づくというものである。

04　神の系譜・縦軸と横軸

以上の話を総合すると、カルナマヤの話の全体像がだいたい把握できるのではないかと思う。ここで多少入り組んではいるが、エリアーデによって、カルナマヤがマチェンドラナートと同一の神格で、さらに、アヴァロキテシュヴァラ（観音菩薩）とも同一であるということが示されている点に注目していただきたい。

マチェンドラナートが「すべてを許し慈しむ」「人々にいい道を案内する」の意味を体現しているというのは、まさにアヴァロキテシュヴァラそのものを指していることになる。サヌ・カジによると、それについては次のような伝承が残されているという。

ある日、どこかの川辺でシヴァが妃のパールヴァティーに大事な話をしていた。パールヴァティーはシヴァが罪の話をしている時には「うん、うん」とうなずいて聞いていたが、慈悲の話の時にはつい眠ってしまった。それでも、「うん、うん」という声を頼りに話し続けたのだが、ついにシヴァは彼女がどうやら眠っているようだと気がつく。[★05]

それで、パールヴァティーに自分が言ったことを繰り返してみろと言うと、彼女は罪の話だけしかしない。奇妙に思ったシヴァが足元の水をよけると、一匹の魚が現れ出る。「うん、うん」というのはその魚の声だったのである。魚はシヴァの身体に入って聖化されて出たいと申し出る。シヴァは魚を自分の身体の中に入れてから、爪で身体を傷つけ、そこから魚を外に出した。そうして出現したのがマチェンドラナートなのだった。「マチャ」（matsya）とは魚の意味である。シヴァは彼に「わたしの話を聞いていたか」と言うと、マチェンドラナートはシヴァの話した慈悲についての件を繰り返し話してみせた。それでマチェンドラナートは慈悲の神とされるようになったというのである。[★06]

こうして、シヴァ→マチェンドラナート→ゴルカナートという神の系譜が完成することになる。そうした縦軸の師弟関係の結びつきも重要ではあるけれど、しかしながら、なんといっても興味をそそるのは、マチェンドラナート＝カルナマヤ＝アヴァロキテシュヴァラという横軸（同一性）の系譜のほうであろう。ここでシヴァとアヴァロキテシュヴァラ（マチェンドラナート）との関連についても少しまとめておきたい。

これまで既に、アヴァロキテシュヴァラが登場してきた背景にシヴァ神への信仰があったのではないかという推測を加えてきた。そして、いまシヴァとマチェンドラナートとの特別な結びつきについて触れたわけだが、それらをまとめると以下のようになる。まず、アヴァロキテシュヴァラのなかにシヴァを表わす「イシュヴァラ」が含まれていること、シヴァ神の妃パールヴァティーが手に蓮華や水瓶を持つかたちで描かれていること、マチェンドラナートの語幹「マチャ」(matsya)が魚の意味で、シヴァの化身とされていること、マッラ王朝以前、カトマンズの王が伝統的にパシュパティナート（シヴァ）を守護神として奉っていたことなど、これらから推測できるのは、シヴァ神とアヴァロキテシュヴァラの誕生とのあいだには当初から密接な関係があったのではないかということであろう。ただ、それをヒンドゥー教とか仏教とかという枠組みに矮小化することなく見ていかなければならない。

これについては以下のような指摘もある。[★07]「少なくとも七世紀前半ころ（すなわち密教が明確な形をとって現れてきた時代）からの観音菩薩が、シヴァ神話圏ときわめて近い位置にあったことも明らかである。この点については、玄奘の『大唐西域記』に決定的に重要な証言を読むことができる」（玄奘の西域旅行は六二九―四五年）。そうなると観音菩薩がシヴァ神の化身と見なされることも可能となる。観音はもともと仏教に固有の神格ではなかったかも知れない。

05 カルナマヤとクマリ

アサ・カジとのインタビューの最後に、カルナマヤとクマリの関係について聞いてみた。クマリ信仰は果たしてカルナマヤ以前にカトマンズ盆地に存在していたのか、それとも、カルナマヤとともにカトマンズ盆地に入ってきたものなのか、そのあたりに問題の核心がひそんでいるように思えたからである。

彼らの話のなかでは、だいたいクマリはそれほど積極的な役割を果たしてないように思えるのだが、とりわけサヌ・カジとガネシュ・パネジュは、クマリがマチェンドラナートを迎えに行った話など聞いたことがない、おそらくクマリはマチェンドラナートをパタンに連れていく時に悪霊や病気から守るために登場したのではないかと述べている。アッサムでは十二歳までの女の子がクマリと呼ばれ、米・麦などの穀物を捧げる習慣があったという。既にインドでも、クマリが行列を先導すると悪霊から一行を守ることができると信じられていた。

アサ・カジによれば、ブンガマティのクマリは最も歴史が古く、五、六世紀まで遡ることができるのではないかとのことだった。ただ、アッサムにもクマリと呼ばれる少女たちはいたわけだから、その習慣がこちらに入ったのかもしれないという見解をも示している。そして、ここブンガマティのクマリはマチェンドラナート以降に入ったものだが、それはそれとして、バクタプルにも既にマチェンドラナート以前から小さい女の子をクマリに選ぶ習慣があったと付け加えている。おそらくカトマンズやパタンにも同じ習慣があったのではなかろうか。もちろん現在のように厳密ではなく、ただ祭りの時に何人かの少女を選んでクマリとするような習慣がわりと広く行われていたのではないかということである。

さらに、興味深いことに、アサ・カジは以下のように付け加えている。

二人の僧と従者とモリニ　1997年

かつてカトワルダッハまでマチェンドラナートを迎えに行った様子を再現するため、いまも祭りのたびにそこに出かけていき、それを祝う儀礼を行っている。時期は六月と七〜八月の二度で、その際、川に花を散らして、それが首尾よく容器（カラシュ）に入ると、マチェンドラナートが来たというしるしと見なし、それをパタンまで運ぶのだという。カトワルダッハはブンガマティの村はずれから南に徒歩で三時間ほどのところにあり、一九九七年当時そこに通っているのはパタンに住むモリニ（Malini）という役の女性である。彼女がカトワルダッハにプジャリと二人で行くというのは、そして、カトワルダッハでの儀礼において、特に二つのカラシュを使うというのは、多分カルナマヤを一度取り逃がして、もう一度捕まえに行った名残ではないかというのである。

さらに、モリニが赤い衣服に身を包み、カルナマヤを迎えに行くというのも、ある意味ではクマリの代理と言えるかもしれないと推測したこともある。ただ、それは以下の理由からありえないということだった。アサ・カジに六年前の彼女の写真を見せてもらったが、当時十六歳だったということだから、一九九七年当時二十二歳くらいか。彼女の前は四十五、六歳の女性だったと聞いている。つまり、年齢があまりにかけ離れているのである。

実際にカトワルダッハに足を運んで調べた経緯については次章で報告したいと思っているが、こうしたことからすると、後に入手したカトリ教授の収集した伝承のほうがより正確かもしれない。つまり、マチェンドラナートのカトマンズ入りの際に、既にクマリは先導する役目を果たしていたのではなかったか。

第19章　観音菩薩

01　観音菩薩アヴァロキテシュヴァラの源流

ジョン・K・ロック『カルナマヤ』（一九八〇年）は、カトマンズ盆地で信仰されているマチェンドラナートという神の起源を追って、それがもともとはカルナマヤとかブンガ・デヤと呼ばれていたことを改めて確認している。ロックによれば、土着的な仏教の神格（カルナマヤ）がヒンドゥー教化されて出てきたのがマチェンドラナートだということになる。★01

そもそもマチェンドラナートは、いまでこそヒンドゥー教の神格と見なされているが、もともとはネパール固有のローカルな降雨をつかさどる神だった。その神はカトマンズ盆地の南にあるカトワルダッハから入って、ブンガマティに至り、そこで祀られるとともにパタンまで歩みを進めてパタンの守護神にまで上りつめている。

スワヤンブーナートの観音像

この仏教徒たちによってカルナマヤと呼ばれる神こそが、大乗仏教でいう観音菩薩のことであって、それがシヴァ派ヨギの師であるマチェンドラナートと結びついて現在の形になったのではないかというのがわれわれの推測である。それはともかく、カルナマヤがもともと仏教のアヴァロキテシュヴァラ、すなわち、日本でいう「観音菩薩」「観自在菩薩」と同一だとすると、これまでとは逆に考えなければならなくなる。つまり、カトマンズ盆地の神はマチェンドラナートと呼ばれ、仏教徒がそれを独自に仏教の神格として信仰の対象にしてきたというよりも、実はヒンドゥー教徒のほうがアヴァロキテシュヴァラ（観音菩薩）をマチェンドラナートのかたちで崇拝してきたのではないかということである。

ただ、それを論じる前に、アヴァロキテシュヴァラの成立について簡単に要約しておきたい。

仏教史を繙《ひもと》くと、アヴァロキテシュヴァラは紀元二世紀に登場したことになっている。ただし、その正確な成立年代はいまなおわかっていない。最も古い記録では紀元前三世紀の文献にその名を発見できるとも言われているが、定かではない。その最初の形姿は右手に宝珠、左手に白い蓮（ロータス）の花の茎を持ったものとして表象されている。この神の特性は衆生を救うために次から次へとみずからの姿を変える点であり、それゆえに、後になって十一面千手観音のような異形の姿で登場するようになる。

その信仰は仏教の多くの神格の中でも特別な位置を占めており、後にタントラの影響下で一人または複数のタラ（女神）と組み合わされたり、浄土思想と結びついて慈悲と救済の神とされたりすることによって、さらなる人気を博していった。スリランカで発掘されたアヴァロキテシュヴァラのブロンズ像は六、七世紀に遡るものとされているが、その信仰は仏教圏を通じてはるかに広く伝播され、東アジアの果ての日本でも「観音菩薩」「観自在菩薩」として広く信仰を集めるようになっていく。特に、チベットではこの神の重要性はさらに厳格に認識されており、ダライ・ラマはその生まれ変わりとされ、その王宮はアヴァロキテシュヴァラの住む「ポタラカ」からその名をとって「ポタラ宮」と呼ばれたのである。

既にアヴァロキテシュヴァラはカトマンズ盆地においてもリッチャヴィ王朝の時代（五世紀から十三世紀頃まで）から知られており、王統譜にはリッチャヴィ王朝のナレンドラデヴァ王（この名の王は古代から中世にかけて三人登場してくるが、それについては258頁参照）が、この神のために祭りを始めたと記載されている。カトマンズ盆地の代々の王はヒンドゥー教徒であり、パシュパティナート（シヴァの別名）の名の下にシヴァ神を伝統的な守護神として祀ってきた。パシュパティナートとは「生類（獣）の王」の意でシヴァ神の別名の一つ。しかし、十七世紀のシュリニヴァス・

マッラ王（在位一六六一―八五）およびその後継者たちは、自分たちを観音菩薩＝アヴァロキテシュヴァラの末裔と考えていたようである。最も広く言い伝えられている伝説のなかには、シュリニヴァス・マッラを観音菩薩の子どもと見なしているものまである。

そういうわけで、ヒンドゥー教の神々も、しばしばアヴァロキテシュヴァラの化身と考えられるようになり、仏教徒以外の人々のためにも慈悲と恵みの力を与えてくれるものとして信仰の対象とされていったのだった。

その点、アヴァロキテシュヴァラが本来シヴァと密接な関係にあったことを忘れてはならない。アヴァロキテシュヴァラの語尾の「イシュヴァラ」は、ヒンドゥー教からするとシヴァ神そのものを表わすものと理解されている。マチェンドラナートにかかわる最も古いテキストはネパールのダルバール・ライブラリーで発見されているが、それによると古い伝承のなかにはこの神をシヴァの化身であるととらえているものもあるという。★02

よく考えてほしい。どの宗教においても、慈悲の心をもって衆生の声を聴き、救いの手を差しのべる神こそが人々に最も必要とされてきたのである。キリスト教においてマリア崇拝が広く信仰の対象となったのはそのためだし、仏教において観音菩薩が人気を博するようになったのもいわば当然のことであった。イエス、仏陀、シヴァは存在が大きすぎて、こちらのささいな悩みや願いなど聞き届けてはくれないだろう。そのかわりにマリア、観音菩薩、パールヴァティーなどに対する信仰が生まれたのであろう。

しかし、それでも問題は解決しない。いったいなぜアヴァロキテシュヴァラはこの盆地でマチェンドラナートというかたちで崇拝の対象となったのだろうか。マチェンドラナートはあまりにローカルな雨の神であって、アヴァロキテシュヴァラとはとても釣り合いがとれそうにない。ただある程度はっきり言えるのは、神話というのはどれもその地域で崇拝される名もない神々と人々との間の交渉を描いたものであって、時代が下るにつれてヒンドゥー教や仏教の神々と重ねあわされて理解されるようになるということである。つまり、土着の神々にまつわる物語が、ヒンドゥー教や仏教に吸収され、名もない神々にそれらの主要神格の名前が付与されるようになる。いったんそうなると、シヴァ、ヴィシュヌ、インドラなどの名があっという間に広まっていく。日本におけるアマテラスやスサノオの場合と同じことだ。さらに、時代が下ると、そうした神々が属しているパンテオン全体が政治的な目論見のもとで読み替えられ、王や支配者がそうした神々の子孫としてパンテオンに追加されるようになる。『古

スワヤンブーナートの観音像

パシュパティナートの観音像

事記』でも『日本書紀』でもまったく同じ経過をたどることになる。

もう一度繰り返す。まず、土着のローカルな神についての話根があり、それが後にヒンドゥー教や仏教の神に取って代わられ、さらに、支配者の思うままに政治的な意図をもって改竄されていく。神話はそうしたプロセスを同一平面上に記載したものだから、幾つかの相矛盾した要素が混在するのは避けられない。このことはカルナマヤ（ブンガ・デヤ）がまず仏教のアヴァロキテシュヴァラと習合し、さらにヒンドゥー教のマチェンドラナートと同一視されていく過程とぴったり重なってくる。

02 水の神、豊饒の神

彌永信美《いやながのぶみ》は『観音変容譚』（二〇〇二年）において「インドにおける古典的な観音信仰において、ある意味でより注目すべきなのは、図像的伝統における観音菩薩と蓮華のかかわりであるかもしれない」と指摘している。[★03] 最も美しいと思われる五世紀サルナート出土の持蓮華菩薩（パドマパニ）はもちろんのこと、観音菩薩は多くの場合その左手に「蓮華」か「蓮華の入った水瓶」を持った姿で描かれている。蓮華は泥のなかにあって清らかさを失わないという清浄無垢な側面と、すべてのものを生み出す生命の母胎という側面とをともに持っている。それは女性の場合に喩えると、処女であると同時に母であるという比喩とも結びつくことになる。

蓮華は万物の根源であり、ヒンドゥー教の世界観では、この宇宙はすべて蓮華から生み出されたことになっている。「『マハーバーラタ』や『バーガバタ・プラーナ』にみられる創造神話によれば、ビシュヌ神は、太初の海に浮かぶシェーシャ竜を寝台として眠り、ビシュヌ神のへそが伸び蓮華を生じ、そこに梵天が生まれ世界を創造したとする」とある。[★04] ここでは、蓮華はむしろ子宮としてのイメージに近いのではないか。『華厳経』に説かれる毘盧遮那仏《びるしゃなぶつ》が主宰する「蓮華蔵世界」も「香水海に浮かぶ大蓮華から出生した世界」であるとされ、仏教、ヒンドゥー教の違いはあるものの、まったく同一の神話モチーフが使われていると言うことができるだろう。彌永信美は「ここで言う『蓮華蔵』の『蔵』はgarbhaすなわち子宮（または胎児）に当たり、これが後の胎蔵界曼荼羅の思想に直結するものであることは言うまでもない」と付け加えている。[★05]

アジャンター石窟群のパドマパニ、6世紀

インドで観音信仰が生まれた背景については諸説あって、古代イランの女神アナーヒターとの結びつきを指摘する学者も少なくない。アナーヒターは水の神、豊饒・多産の神であり、水瓶を携える姿をしていたことで知られている。それがガンダーラ地方に受容され、クシャーナ朝の下で女神ナナイアあるいはアルドフショーとなり、この女性神格が後に観音菩薩の原形になったと推測されている。おそらく大筋では間違ってはいないだろうが、詳しい伝播の道筋はいまもわかっていない。

また、このアナーヒターはまずは水の神、豊饒の神という点でインドのサラスヴァティーと同起源とも考えられている。アナーヒターにはハラフワティー・アルドウィー・スーラー（Harahvati Aredvi Sura）という別名があり、「ハラフワティー」は言語学的には「サラスヴァティー」のペルシャ語読みとされるため、その同一性についてはほとんど疑う余地がない。

江上波夫は展覧会「シルクロード西域文物展」の解説で、アナーヒターについて以下のように述べている。[★06]「アナーヒター女神とは、ササン朝ペルシャ時代に広く信仰されていたゾロアスター教の主要女神の一神です。水と水流の女神、また、生殖、繁栄の神であるアナーヒター女神は、メソポタミアの神イシュタルと同一視されていたことから崇拝が広まったと考えられています。アナーヒター女神は、ゾロアスター教の聖典『アベスター』によれば、力強い色白の腕し（ママ）、四角い黄金の耳飾りと星をちりばめた金の頭飾を身に付け、帯を高く締めた美しい乙女の姿をしているといわれています」。

小林太市郎は、ゾロアスター教の聖典『アヴェスター』の「ハーゾークト・ナスク第二章」の次の描写が観音信仰へとつながったのではないかと推論している。

義者なる人の魂には
第三夜が経過しおえて夜の明けるのが見え、
木々のなかにいて、匂いを
かぎとっているような気がする。

最南の方処から
最南のもろもろの方処から
芳香ある〔風〕が、もっと芳香ある——
他のもろもろの風よりも——
風《かぜ》が、それ〔魂〕に吹きよせてくるようにおもわれるのである。
すると、義者なる〔その〕人の魂は
その風を鼻で呼吸《いき》しているような気がする
「どこから、この風は吹いてくるのか——
かつてわたしが鼻で嗅《か》いだことのある
もっとも芳香ある〔この〕風は——。」〔と言いながら。〕
この風のなかを、彼のほうへすすんでくると見えるのは
彼のダエーナーで、少女の
すがたをしてだ——美しい、かがやかしい、
腕の白い、力強い、
姿の美しい、肢体のすらりとした、
たけ高い、乳房の張り出した、
身体のりっぱな、高貴の生れの、
富家の出にかかり、姿では

十五歳の、からだではまるで
最も美しい庶類と同じ美しさを具えた〔少女のすがたをして〕。
そこで、彼女に問うて、義者なる
人の魂は〔こう〕言ったのです「若き女《おみな》よ、あなたはだれですか――
かつてわたしが見たことのある
若い女たちのなかで、からだのもっとも美しいあなたは。」
すると、彼に、彼のダエーナーは答えた
「わたくしは、まことに、御身のものです、若者よ、
善思者・善語者・善行者・善ダエーナー者〔たる御身〕よ、
〔すなわち〕御身みずからのダエーナーです。」（強調は小林）

ここに登場する少女ダエーナーにクマリの面影がかいま見えないだろうか[★07]。

前にバビロニアのイシュタルが西漸してアスタルテとなり、アプロディテからヴィーナスへと変化していく過程について触れた（第9章参照）。このイシュタルが東に伝播すると、ペルシャのアナーヒターとなり、さらにサラスヴァティーから弁財天へと結びつくことになる。こうした大地母神の系譜はさらに多くの支流を生み出し、豊かな神話的源泉として機能することになる。

観音信仰がその源泉からいくらかの意味をすくいとったとしても不思議ではない。神話的源泉から流れ出す多くの支流は、それぞれ独自の結びつきを生み出し、あるものは同一の要素を継承し、

あるものはまったく異なる方向へと姿を変えていく。そうしたなかで、通奏低音ともいうべき部分は、むしろ仏像の装飾とか持物とか祭事次第のようなところにひそかに残されることになる。言うまでもなく、観音菩薩の特徴的な持物は、左手の蓮華（観音自身の象徴）であり、水瓶（穢れを祓う聖水入り）であり、宝珠（あらゆる願いをかなえる如意宝珠）である。そうなると、マチェンドラナートの祭事においてカラシュ（水瓶）が大きな役割を果たすのも当然のことなのかもしれない。

さらに、ここで観音とシヴァの妃パールヴァティーとの関連にも触れておかなければならない。シヴァの妃は複数の名前を持つが、なかでもパールヴァティー（ウマー）は最も中心的な役割を果たしている。一方では、シヴァの妃ドゥルガーがブラフマーから水瓶を与えられたという神話も残されており、さらに、パールヴァティーが手に蓮華を持つ姿で描かれることもある。これらの特徴はすべてアナーヒターから観音へと継承されたものではなかったか。

アヴァロキテシュヴァラは男性名詞なので、直接両者が結びつくことはないのだが、シヴァの妃はシヴァのもう一つの側面を表わしたものだと考えると、そこになんらかの結びつきを考えるのは不自然なことではないだろう。先に述べたように、もともとアヴァロキテシュヴァラの「イシュヴァラ」はシヴァの別名でもあるし、そうなると、シヴァに対する信仰が仏教における観音信仰へと流れ込み、そこで大地母神の巨大な水脈と重ねあわされることになったのではないかという推測も成り立つことになる。

いずれにしても、本論稿においてクマリの儀礼から語源、歴史的背景、地域的分布、さらにはマチェンドラナート神の成立についての考察へと歩みを進めてきたわけだが、それは同時に、仏教における観音信仰をめぐる成立の謎、仏教とヒンドゥー教の混淆という大きな問題と向き合わされることになってくる。観音信仰の成立するその場において、いったい何が起こっていたのだろうか。われわれはさらにマチェンドラナートについての考察を続けていくことになるのだが、その前に観音信仰が中国・朝鮮半島を経て日本に伝わった東アジアルートについても簡単におさらいをしておきたい。

03 観音信仰の伝播

観音菩薩は、古代インドのサンスクリットでアヴァロキテシュヴァラと記されたわけだが、漢訳の経典は、これを観世音・観音・観自在などと訳している。観世音は鳩摩羅什《くまらじゅう》（三五〇―四〇九頃）の訳で、「世の衆生の声を聞いて救いを与える」という意味、観自在は玄奘（六〇二―六六四）による訳で、「いかなる障害があっても、いささかの滞りもなく、その慈悲を示す」という意味になる。どちらも一理あるが、「アヴァロキタ」は「観る」、イシュヴァラは「神」「自在なるもの」だから、玄奘の「観自在」のほうが原義に近いかもしれない。『法華経』普門品には「苦をうけた衆生が一心にその名を称えれば、観音が三十三身に変化してただちに人々を救済する」と書かれている。すなわち、「南無観世音菩薩」「南無観自在菩薩」と唱えれば、たちまち直面する危機から助け出してくれるというのである。そうした経緯もあって慈悲を徳とする観音菩薩は仏教において最も人気のある存在となっている。

一般には、そのたおやかな姿、慈悲深い表情からして、東アジアでは観音菩薩を女性とする見方が浸透していて、悲母観音、マリア観音などその「母性」を強調されることも少なくないのだが、本来アヴァロキテシュヴァラは男性名詞であって、少なくともインドでは男性神格と見なされていた。そのあたり諸説入り乱れているが、そうしたことは宗教的象徴においてそれほど珍しいことではない。

現在のわれわれから見てあまりに多様性に富む宗教的象徴は、しばしばその内部に矛盾した要素（男／女、神／魔物、明／暗、愛／憎、天／地、慈悲／恐怖、生／死）を孕むことがある。それらの特徴を列挙していくと、重複した要素、矛盾した要素、単なる言い換え、言葉遊び、異種結合などが次々と現れて、ただ単に複数の意味を持つというばかりでは説明ができない。おそらくそれらはさまざまな歴史的経緯を経て、そのつど意味を与えられ、次々と変化するとともに、重層化の作用から逃れることができなかったに違いない。われわれが現在の地点から（時間軸を捨象したかたちで）それを見ると、すべての要素が同一平面に映し出されるため、さまざまな矛盾が内包されているかのように見える。だが、実際には長い歴史的な時間がその背景に隠されているということを考えれば、ある神格の持つ顕著な特性（例えば魔物）がまったく正反対の特性（例えば神）へと転化することだって十分ありうることであろう。

それにしても、観音菩薩ほど日本人の心に深く浸透している神格は他にはないだろう。いや、東アジアで最も庶民の信仰を集めている神格と言ってもよかろう。例えば、『般若心経』は数ある経

二月堂を彩る修二会、奈良・東大寺（毎日新聞社提供）

典のなかで最も親しまれているものだが、その冒頭が「観自在菩薩」で始められるのはよく知られたことである。「東大寺お水取り」の名称で親しまれている東大寺二月堂の修二会《しゅにえ》も観音信仰の一つの表れであり、欄干から盛大に火の粉を散らす「おたいまつ」でおなじみのこの行事は十一面観音悔過《けか》法要といい、二月堂の本尊である十一面観音に過去の罪を懺悔する仏教行事である。

法隆寺夢殿の救世《ぐぜ》観音は最もよく知られた仏像の一つだが、明治十七（一八八四）年に美術史家のフェノロサと岡倉天心によって布が解かれるまで絶対の秘仏とされ、数百年間、白布でぐるぐる巻きにされて保存されていた。聖徳太子は平安時代になって救世観音の生まれ変わりとされ、神格化され、その後、太子信仰が広まっていくわけだが、そこにも観音信仰が色濃く影を落としている。平安から江戸にかけて行われた補陀落渡海《ふだらくとかい》の「補陀落」という語にしても、サンスクリットの「ポタラカ」（Potalaka）の音訳で、南方にある観音菩薩の浄土を指している。補陀落渡海とは、海のかなたの補陀落浄土を目指して旅立つ習わしで、熊野の那智から三十日分の食糧と灯火のための油を載せて、渡海僧が船の屋形のなかに入りこむ一種の自殺行であった。その扉には出て来られないように外から釘が打ちつけられたのである。

また、日光といえば徳川家康の東照宮で有名だが、本来は熊野修験の修法を大幅に取り入れた山岳仏教の聖地で、観音信仰と密接な関係にあったとされている。そもそも日光は昔フタラと呼ばれ、「二荒」と書いていたが、それを「ニッコウ」と音読みし、それから「日光」の字が当てられたとされている。この二荒（フタラ）とはそもそも補陀落（フダラク）から来ているのであって、それはダライ・ラマの王宮を「ポタラ宮」というのと同じで、そこが観音菩薩の聖地であることを示している。

同じく、江戸時代に庶民にとって最も人気のあるレクリエーションでもあった西国三十三所巡礼から四国遍路（観音霊場）まで、どれも観音信仰がその背景となっており、当時の庶民にとって仏教の教えといえばほとんど観音信仰を指していたと言ってもいいくらいなのだった。

救世観音像、法隆寺夢殿（毎日新聞社提供）

04　観音菩薩と日本

観音菩薩は『法華経』『大阿弥陀経』『華厳経』などの大乗仏教経典に登場するが、必ずしも全体の文脈とはつながっていない。『法華経』普門品にしても明らかに後に追加されたもので、成立は二世紀頃とされており、観音信仰は既にそれよりはるか以前から民衆の心をつかんでいたとも考えられる。そのことはサルナート、エローラなどにおける仏教遺跡のなかから聖観《しょう》音像が発見されていることからでも実証されている。

その後、五世紀に書かれた法顕の『仏国記』、別名『高僧法顕伝』や、七世紀に書かれた玄奘の有名な『大唐西域記』などの諸記録によっても、インドや西域地方においてこの菩薩への信仰がかなり盛んであったことが知られている。東アジアのみならず、ネパール、チベット、ブータンといった地域においても、当然この菩薩に対する信仰には根強いものがあって、いまでも衰微することなく続いている。

観音信仰が日本に入った時期については諸説あるが、おそらく飛鳥・白鳳時代には死者の追善を基調としたかたちで伝わっていたのではないかと思われる。現存する観音像で制作年代が確定できる一番古い像は、東京国立博物館蔵の法隆寺献納金銅立像で、その銘に白雉二（六五一）年とあることから、大化改新の六年後にできた像ということになる。★08 観音信仰は奈良時代以降、密教的性格を持つと同時に、鎮護国家的な役割を果たすことになる。

ただし、そこにはむずかしい教義はなく、きわめて現世利益的であり、ただ観音菩薩の名を唱えれば三十三の姿に変わってあらゆる災難を取り除いてくれるということで、またたくまに庶民のあいだに広く浸透していった。菅原道真（八四五―九〇三）も熱心な観音信者だったことが知られており、藤原氏の陰謀で太宰府に流された後に詠んだ詩に「もはや現世のことはなるに任せた。観音よ、来世を救いたまえ」とあるように、このあたりから次第に浄土思想との結びつきが有力になっていったことがうかがえる。★09

こうして観音菩薩に対する信仰が盛んになるにつれて、さまざまな姿をした観音像が造られるようになり、それぞれの観音像の霊験が、口伝や記録によって一般に広く伝えられてゆくようになる。特に、平安中期より鎌倉初期にかけて、浄土信仰が興起してくると、『観無量寿経』を典拠として、浄土に往生する際に、重要な役割を果たす菩薩としてクローズアップされ、更に、『華厳経』の入《にゅう》法界品《ほっかいぼん》を典拠として、観音菩薩の浄土としての補陀落浄土に対する信仰が生まれてくることになる。[★10]

これまで述べたように、中国から朝鮮半島を経て日本にまで伝わった観音信仰の道筋は、インドにおけるアヴァロキテシュヴァラがネパールに入ってマチェンドラナートとして崇拝されるようになった道筋とパラレルな関係にあることがわかる。それらをつきあわせると仏教の成立をめぐる幾つかの問題が明らかになるのではなかろうか。

第20章　もう一つの祭り

01　処女神の新たな解釈へ

　われわれはネパールの処女神クマリの謎を追って、毎年九月に行われるインドラジャトラの祭りから調査を開始し、その就任（イニシエーション）儀礼から歴史的背景、さらにはクマリ信仰の起源に至るまでを詳しく検討してきた。カトマンズ盆地にはカトマンズ、パタン、バクタプルなど各地域にクマリが存在していることも既に明らかになっている。

　パタンからさらに南下して、ブンガマティという小さな村のクマリを調査するうちに、その背景に観音（マチェンドラナート、カルナマヤ、アヴァロキテシュヴァラ）信仰との関わりを見出し、そこにクマリ信仰の謎を解く最も重要な要素が隠されているのではないかと推測し、調査を進めてきたことになる。

	カトマンズ	パタン	バクタプル	ブンガマティ
出自	サキャ	ヴァジュラチャリヤ	ヴァジュラチャリヤ／サキャ	ヴァジュラチャリヤ
説話（王）	ジャヤ・プラカシュ・マッラ 18世紀	ラクシュミーカムデヴァ 11世紀	ハルシムハデヴァ 14世紀	ナレンドラデヴァ 7世紀
選定基準	ホロスコープ バティスラクチェン	ホロスコープ バティスラクチェン	ホロスコープ	特になし
祝祭	ダサイン マチェンドラナート（白）、インドラジャトラ	ダサイン マチェンドラナート（赤）	ダサイン	ダサイン マチェンドラナート（赤）
期間	7、8年	7、8年	2、3年	1、2年
住居	クマリハウス	自宅（クマリハウスあり）	自宅（クマリハウスあり）	自宅
備考	ロイヤル・クマリ	60代のクマリ	複数のクマリ（3、4名）	

クマリ比較表

とりあえずラト・マチェンドラナートの祭りについて論じる前に、ここで、これまで見てきたクマリの比較を一覧表にして示しておきたい。基本となるのは当然カトマンズのロイヤル・クマリということになるが、彼女を取り巻く厳しい戒律は他の地域ではほとんど見られない。おそらくクマリそのものの展開過程を考慮に入れるならば、クマリ信仰は盆地の南から入り、パタン＝ブンガマティのクマリとしてまず確立され、それがマッラ王朝期を経て、カトマンズ、バクタプルへと広がっていったと考えるのが妥当であろう。★01

ジョン・K・ロックは観音信仰のカトマンズ盆地への伝播について、民俗（民間信仰）、大乗仏教、密教、ヒンドゥー教、シヴァ派などの見地からまとめているが、それによると、アヴァロキテシュヴァラ（観音）が最初、特殊な仏教サンガ（僧伽）の守護神だったという点を強調し、なによりも仏教固有の神格であることを確認している。その時点では、カトマンズ盆地固有のローカルな神格だったのが、マッラ王朝の時代を経てパタンの守護神になったあたりから、盆地全体に影響力を持つようになったと推測している。[★02]

ブンガマティの山車祭りが始められたのは、七世紀のナレンドラデヴァ王の治世であるとされているが、それが現在のかたちかどうかはわからない。おそらく大乗仏教の僧侶たちの手によって広げられていったのだと思われるのだが、では、それ以前のカトマンズ盆地固有の信仰はどうだったかというと、ブンガ・デヤが後に観音菩薩と呼ばれるようになる前のローカルな神格であったことはほぼ確実であろう。ただし、それについて実証的に検証するのは相当難しいかもしれない。

タントラ仏教がいつどのようにしてカトマンズ盆地に入ったかも明らかではないが、十三世紀までにチベットのダルマスヴァミンが盆地におけるその存在を示唆しており、マッラ王朝の後期までにはタントラ仏教が大乗仏教、小乗仏教を凌いでいたこともわかっている。いまでは経典も僧侶も存在しなくなったが、ブンガマティで行われるアヴァロキテシュヴァラの儀礼の執行者が「ヴァジュラチャリヤ」(「タントラの師」の意)であることからも、タントラ仏教の影響力はかなり大きかったのではないかと思われる。

カトマンズ盆地でのヒンドゥー教の影響力についてはすでにご存知のとおりで、ヒンドゥー教を奉じる国王らは、つねにヒンドゥー教と仏教を差別することなく崇拝していたが、おそらくマッラ王朝のジャヤスティティ・マッラ王(在位一三八二―九五)以降になって、ようやく仏教コミュニティにヒンドゥー教の教えと実践を取り入れるようにという圧力が強まっていったようである。カースト制が正式に導入されたのもこの王によってであり、それは仏教のヒンドゥー教化ともいうべき現象であるのだが、ある意味では、ヒンドゥー教の仏教化も同時にかなり進行していったと思われる。

さらに、シヴァ派ヨギの影響だが、ゴルカ王朝になって、その守護神ゴルカナートとの関連でマチェンドラナートの勧請（盆地入り）のエピソードが加わったのではないかという推測も成り立つ。それまでマチェンドラナートという神が存在していなかったという意味ではなく、カルナマヤにマチェンドラナートを重ねあわせて考えられるようになったのは、それほど古くからのことではないかもしれない。彼らはそれによって高地のゴルカとカトマンズ盆地のネワールをつなぐ絆を政治的・社会的に確立しようとしたのではないか。

そのようにして、長い歴史の過程を経て、カトマンズ盆地の観音信仰は現在の形をとるようになったのであるが、処女神クマリがそうした変化の波にもまれつつも一貫して仏教サキャ・カースト、ヴァジュラチャリヤ・カースト出身であることからしても、かなり早い時期からそこに関与していたことは間違いないだろう。彼女の存在なくしてはカトマンズで観音信仰が今日までこれほど広く支持を集めるようにはならなかったにちがいない。

02 ラト・マチェンドラナートの祭り

これまでカトマンズ盆地における大きな祭りとして、インドラジャトラ、ダサイン、ラト・マチ

ラト・マチェンドラナートの山車　2003年

エンドラナートの祭りの名をあげた。最も全国的に祝われるのはダサインであり、首都カトマンズで最も盛大に行われるのはインドラジャトラであると書いたが、それでもパタン（そしてブンガマティ）のラト・マチェンドラナートの祭りはこの盆地においてとりわけ大きな意味を持っているように思われる。

ジョン・K・ロックは『カルナマヤ』において、「ラト・マチェンドラナートの儀礼は、他のどの神事よりも古くから行われていることは確かであり、他のすべての神事はこの儀礼から派生したか、またはその模倣から生れたかのどちらかである」と述べている。たしかにこの祭りは、カトマンズ盆地中から人々を呼び集める最大のスペクタクルの一つと言えるだろう。

まずは毎年春に行われる通常のラト・マチェンドラナートの祭りについてその概要を示しておきたい。この祭りはカトマンズ盆地の古都パタン（ブンガマティ）における最大の行事であって、その意義は人々が想像する以上に大きいものである。

　この祭りは毎年四月か五月初め頃に行われる。パタンの狭い路地を巨大なマチェンドラナートの山車が動き回るのだが、その上には一五メートルにもなる巨大な樹木をかたどった柱が威風堂々と聳えており、その光景はまったく異様で周囲を威圧するかのようである。まさに森が動くという印象だ。山車の上にはラト・マチェンドラナートの像が鎮座しているのだが、それよりも巨大な樹木が左右にゆらゆらと傾きつつ動く姿に人々は大きな感銘を受けるようだ。この樹木をかたどった柱こそがインドラジャトラにおける柱（インドラポール）となんらかの結びつきがあるのではないかと思ったのが、最初ここに調査に入った時の印象だった。

　このマチェンドラナートという神格については、既に述べたとおり、宇宙を創造し、神々を守護し、すべての人々に恵みをもたらす神であり、別名カルナマヤと呼ばれもするが、また、パンチャブッダの四番目に位置するパドマパニと同一視されている。さらに、この世界を救う究極の存在としてアリャヴァロキテシュヴァラ・パドマパニ・ボディサットヴァ（Aryavalokitesvar Padma Pani Bhodisatva）、または、単純にロケシュヴァラ（Lokesvar）とも呼ばれている。

　アンダーソンは「マチェンドラナートは明らかに男性神なのに、同時に女性的な性格をも付与されている」と指摘している。[★03] とりわけネパールの農民たちにとっては恵みと豊かさの象徴で、彼らはマチェンドラナートに対して「母よ、大地に米や穀物の豊かな収穫とラディッシュを与えたまえ」と祈るのである。この神に対する幾つかの儀礼は男性たちによって執り行われているが、女性たちによってのみ行われる儀礼も幾つか含まれている。マチェンドラナートと女性性との関わりには無視できないものがある。

かつてマチェンドラナートの母は、自分の子どもの慈悲を試すために、小さな箱の中に布で包んだ一匹の虫をこっそり隠したと言われている。翌朝、彼女が箱を開けてみると、虫のそばに一粒の米を発見したのだった。つまり、このエピソードは、マチェンドラナートがいかなる生き物も飢えに苦しまないようにという慈しみの心を持っているということを意味している。それを悟って母はパタンのラガンケル（Lagankhel）という場所にある聖なるいちじくの樹に化身したという言い伝えも残されている。

03 祭りの進行——カトマンズ調査二〇〇六年

さて、そうした伝承を背景にしてラト・マチェンドラナートの祭りは行われるのだが、その最初の儀礼は、山車巡幸の二週間前に始められる。四月の新月の夜、マチェンドラナートの小さな神像が寺から運び出され、パタンのラガンケルで何千人もの群衆に囲まれながら聖水によって清められる儀礼が行われる（斎戒沐浴）。そこに由緒あるバクタプルの王の剣が行列によって運び込まれるのだが、それはかつての王の参列を象徴しているとのことである。この祭りにはキルティプル（カトマンズ盆地西南の丘の上にある古都。かつては王国として隆盛を誇った時期もある）の王も招待されているのだが、現在はキルティプルの村の長老が祭りの終わりにマチェンドラナートの山車を引くことになっている。

パタンの地図

ラガンケルで幾つかの儀礼が行われた後、四月の満月の夜、マチェンドラナートの神像はいよいよプルチョーク（Pulchowk）で待つ一五メートルにもなる巨大な山車に乗せられる。山車の長い横木にはマチェンドラナートがアッサムから来るのを助けた蛇の王の頭部が彫られている。四つの車輪にはデーモンと戦った四体のバイラブがそれぞれ描かれている。

山車の出発は満月から数えて四日目と定められており、ミンナート（マチェンドラナートの娘と言われている）の小さな山車とともにプルチョークを出発することになる。山車はパタンのガハバル（Gahabal）、スンダラ（Sundhara）、タチ（Thati）でそれぞれ夜を明かし、それから、再びラガンケルを通る時に、そこで三回まわされる。それはマチェンドラナートの母なる樹に対する尊敬の表われとされている。われわれはラガンケルを幾度か訪れたが、そこには小さな祭場が設えてあって、テントが張られ、たくさんの市が立っているのを見かけたことがある。バスが行き来する、きわめて人々の往来の激しい場所だった。

　人々はマチェンドラナートの神像にコインを投げ、山車の上の世話人たちは山車に付着する木の葉を神像に触れさせてから人々に投げ与える。それを受け取ると幸運がやってくると信じられている。さて、そうこうして、タチまで来ると、占星術師がジャワラケル（Jawalakhel）へと移動するのに相応しい日時を占うため、そこに数日とどまることになる。タチではまた二人の男が山車の一番上までよじ登り、そこからココナツを群衆に向けて落とす行事が行われ、人々はそれを奪い合うのだった。さらに、山車がポデ・トール（Pode Tole）という場所の近くで停止するときには、その周辺の女性たちはマチェンドラナートとの夜の密会を期待して全裸で眠りに就くとも言われている。山車は最終的な目的地であるジャワラケルまで一日数百メートルずつゆっくり進むため、到着に一ヶ月以上もかかる。さらに、さまざまなトラブル、故障や修理のために数日を費やすこともしばしばだった。

　祭りのクライマックスはボト・ジャトラ。ジャワラケルの広場で五月から八月の間に聖なるボト（Bhoto）を人々にお披露目する儀礼である。ボトとは神衣（ジャケット）の意。ジャワラケルに着いて四日目にこのボト・ジャトラが行われる。その際、パタンのクマリは、ネパールの国王夫妻、政府の要人、軍の司令官らとともに、ボトが展示されるのに立ち会うことになる。人々の熱狂はピークを迎える。そして、いよいよボト・ジャトラが終わると、偉大な豊饒の神マチェンドラナートの神像は山車から降ろされ、神輿に担がれてブンガマティに向かうことになる。神輿は音楽隊とそれに合わせて歌う人々に付き添われる。ブンガマティに着いて四日目に、マチェンドラナートが無事に祠に収まったか確認するかのように、パタンからの人々が次々とお参りに集まってくる。

ところで、ここで見過ごすことができないことなのだが、この祭りの期間中、マチェンドラナートの慈悲の表われとして雨が降らなければならないとされている。もちろんそのときは必ずやってくることになっており（なにしろ一ヶ月にもわたる祭りのため）、その瞬間、雨にぬれて興奮した群衆からは歓喜の雄たけびが上がるのだった。

アンダーソンらが伝える祭りの概要は以上のとおりだが、ここでは重要な要素が一つ欠け落ちている。実は、この祭りにはパタンのクマリの臨在が不可欠で、随所にパティ（pati）というクマリの玉座が置かれることになっている。プルチョークからガハバル、スンダラと山車が移動する際にはハカバハール（Hakhabahal）に、スンダラからラガンケルに運ばれる時にはラガンケルに、そして、山車がタチにしばらくとどまるあいだはタチにパティが置かれることになっている。このラト・マチェンドラナートの山車とクマリとの密接な関わりは、あえてここで強調しておく必要があるだろう。

04　祭りの始まり

さて、パタンで行われるラト・マチェンドラナートの祭りについては以上述べたとおりなのだが、実は、この祭りの始まりはブンガマティ村よりさらに南に位置するカトワルダッハでの神事と切り離すことができない。そこはマチェンドラナート（カルナマヤ）がインドのアッサムから盆地入り

ブンガマティからカトワルダッハへ　2000年

カトワルダッハ　2000年

したまさにその場所とされている。われわれが二〇〇〇年に見た神事はまさにマチェンドラナートのカトマンズ盆地入りをそのまま忠実に再現したものであった。それを少し詳しく追跡してみよう。

まず、ぼくらはトリブヴァン大学のカトリ教授らとともにブンガマティを車で出発した。ただし、車で行けるのはわずか十分足らずのところまでで、煉瓦工場のあたりで下車してから三時間近く歩くことになる。川に沿った道、水田の畦道、崖、そして、道なき道をひたすら歩き続け、カトワルダッハの河口に着いたときには既に午後六時をまわっていた。しかし、それでもまだ幾分か明るかったので川まで下りてみることにした。わずか十分ほどの距離である。下の岩場にたどり着いてみたら、意外にそこはそれほどきれいな川ではなく、所々に汚水がたまって澱んでいた。大勢の人々がほとんど野宿同然の様子でキャンプのように身を寄せ合っている。果たして彼らは夜の寒さに耐えられるだろうか。こちらは寝袋を用意してあったので、まずは寒さを防げる場所で荷を解いた。

そして、そこで二人の僧（といっても村の長老たちの世襲による）とモリニという役の女性（彼女は結婚するまでこの役目を続けることになっている）に話を聞くことにした。一人の僧は伝承に出てくる高僧バンドゥダッタの役割で、もう一人はその補助であり、モリニ自身はパタンの農民たち（出身はマハルジャンという下級カースト）を代表していると説明してくれた。ここに来る僧はブンガマティの七人のヴァジュラチャリヤ、二十四人のサキャから選ばれて毎年交替でこの役目を果たすとのことだった。さらに、王を象徴する剣を持つ役の人々もそこに加わっている。

モリニ

ここカトワルダッハでの儀礼は三ヶ所で行われる。早朝四時半頃、まだ暗いうちから川に下りる途中にある小さな祠の前で始められる。そこは道も狭くて見通しもよくない。その後、一時間ほどしてから全員で川のほとりまで下りて行き、肝心かなめの重要な儀礼が執り行われることになる。僧らは川の中に入って、糸で結界をつくり、花びらを撒き、それを所持してきたカラシュですくいとるのである。花びらはマチェンドラナートが姿を変えた蜂を表わすとされ、それをカラシュに収めることによって、無事マチェンドラナートがカト

カトワルダッハでの儀礼、左上から時計回りに、早朝四時に始まるプジャ、同行した音楽隊、川に花びらをながしカラシュですくいとる儀礼、そこでの僧侶らによるプジャ　2000年

ワルダッハまでやってきたことをみんなに示すのである。花の名前はダフォー（dafo）といい八枚の葉がついている。

それから、音楽隊（といってもきわめて粗末なシンバルとラッパ、太鼓だけ）とともに崖を上がって祭場に戻り、そこでカラシュを改めて聖化する儀礼を行う。このことはいったんデーモンたちの反撃にあって、マチェンドラナート（カルナマヤ）を取り戻されてしまったことを表わしているとのことだった。

さらに、マチェンドラナートの母を祀る場所に移って、そこでアシュタ・マトリカ（八母神）に祈りを捧げ（アシュタ・ジョギニ・

プジャという)、バイラブを呼び出し、今度こそ無事にマチェンドラナートをブンガマティまで連れて帰れるようにと祈りを捧げるのである。そこまで神事が進むとすっかり夜も明けており、朝の六時半をまわっている。すべての儀礼が終了するとともに、人々は生贄にされた黒い仔山羊の血で周囲一帯を聖化してまわるのだ。

その後、そこに居合わせた人々はそれぞれ行列をつくってブンガマティまで戻り、マチェンドラナート寺院で神像に聖水をかける儀礼を行い、ほぼ午後いっぱいかけて山車に乗せることになる。しかし、前の晩よく眠れなかったこともあって、ブンガマティまで歩いて戻ったときには既に疲労困憊で動くこともできなかった。全部歩きとおすと往復六時間はかかることになる。ぼくらはそのまますぐに眠りに就いたのだった。

このカトワルダッハでの儀礼こそ、まさにサヌ・カジ、アサ・カジらが話してくれたマチェンドラナート(カルナマヤ)盆地入りの物語の儀礼的再現といってもいいだろう。では、クマリはどこに登場するのだろうか。モリニがクマリの役柄なのだろうか。とてもそうとは思えない。では、ここにはクマリの入り込む場所はないのだろうか。

第21章　モロッコへ

01　サハラ砂漠

いまエジプト上空を飛行中だ。ドバイを出てほぼ三時間経過したところで、あと五時間ほどしたらモロッコのカサブランカに到着することになっている。いうなればアフリカ横断中といったところだろうか。日本を出てからドバイまで十二時間ほどかかったから、全行程二十時間の長旅ということになる。エコノミー症候群どころではない。何も考えないまま、眠ることもなく、ただひたすら時の過ぎるのを待っている。

うかつなことにこんな長旅になるとは想像もしなかった。モロッコがそんなに遠いとは思っていなかった。すぐ近くのスペインにはもう何度も繰り返し出かけている。スペインまでは十時間ちょっとで着く。なぜそんなに違うのか。まだ五時間はこうして無為に過ごさなければならないし、もちろんそれだけでは終わらない。モロッコに着いても、すぐにカサブランカからエッサウィラまで鉄道で七時間の移動が待ちかまえている。なんというスケジュール。

サハラ砂漠を見たいと思ったのは、ずっとネパールの調査に入っていてちょっとした疲れも感じており、気候的にも文化的にも正反対にあたる場所を訪れてみたいと思ったからだった。自分の研究対象がどれだけ特殊なのか、また、どれだけ普遍性を持っているのか、つねに意識的でありたいものだ。まったく無関係と思っていたものがふと結びついたり、類似の儀礼だと思っていたのになかなか共通点が見つからなかったりするのは、どちらも研究にとっては重要なプロセスである。何の成果がなくてもいい。人は近道を歩むと必ず間違えるのだ。

02 ラト・マチェンドラナートの大祭

二〇〇三年五月、十二年に一度というラト・マチェンドラナートの大祭（Bunga Dya 12 Barsa Mera）に立ち会うことができた。その時のことを振り返ってみよう。それはきわめて興味深いものので、われわれが収集した神話伝承をさらに詳細に跡づけてくれるものでもあった。なにしろ、通常のこの祭りにおいては、すべての行事がパタンのプルチョークより始まっており、それ以前の儀礼は簡略化されている。ということで祭りの詳しい背景についてはほとんど示されないまま進行し、六月には祭りのクライマックスであるボト・ジャトラへと移行してしまう。ところが、この十二年に一度の機会には祭りはブンガマティから始まり、ほぼ半年がかりで全行程が省略されることなく行われるのである。
以下、十二年に一度の大祭についてブンガマティの側での行事を中心に順を追って見てみよう。

まずは四月の満月の日にゴダワリ（Godawari）の森で神木を伐る儀礼が行われることから始まる。祭りは普段と同じくブンガマティの南に位置するカトワルダッハで神事が行われ、その後、ブンガマティのマチェンドラナート寺院にて聖水で清められた神像が山車に乗せられ、それから、いよいよパタンに向けて出発ということになる。

ラト・マチェンドラナートの大祭　2003年

マチェンドラナートの神像は通常ならば一月から六月までパタンで祀られており、祭りが終わるやいなや、ブンガマティに移され、六月から十二月まではそちらで祀られることになる。ところが、この十二年に一度の大祭の折には一年を通してブンガマティに祀られることになっている。

大祭の筋書きは三つのパートに分かれている。

①神像沐浴
②山車巡幸
③ボト・ジャトラ

通常は神像沐浴があってから十七日後に山車巡行が行われることになる。カトワルダッハでの神事の後、二〇〇三年五月二日にマチェンドラナートの神像が山車に乗せられ、五月八日前後にブンガマティのプルチョークでクマリがそれを迎えるということである。それから山車はブンガマティからパタンに向けて出発し、五月十五日にはパタンのプルチョークに到着するという手順になっている。

03　ブンガマティ――二〇〇三年五月五日～十二日

五月五日（月）
ブンガマティの賑わいはすごかった。人の波で動けないほどだった。十五時にはまだ山車にロープを巻きつけている状態だったので、村をぶらぶらと一周する。しかし、予想に反して一時間ほどして戻るとたちまち準備万端整っていて、いまにも山車を曳き始めるまでになっていた〔口絵76・

77]。山車の動きを統制する男が山車の上から掛け声をかける。しかし巨大な樹木をかかえ人であふれかえった山車はピクリとも動かない。幾度も繰り返し試みられるがどうにもならない。これではどれだけ時間を費やしてもムダに思えた。しかも、最初から方向転換なので、それが山車の運行を一層難しくしていた。

十七時半になってもわずか五〇センチほどしか動かない。もう二時間以上も経っている。人々はそれを辛抱強く取り囲んで眺めている。しばしば埃が舞い上がる。この埃を避け人の波に押されつつ移動していると、その年流行したＳＡＲＳ（重症急性呼吸器症候群）のニュースなどどうでもよくなってくる。まずは埃との戦いに勝たねばならない。十八時になると事態はやや好転してきたようで、徐々に方向転換し始める。シンバルの音が鳴り響く。山車が曳かれるのはたいてい夕方からで、しかも明るいうちだけと決まっているので、今日のところはもうこれで終わりかもしれない。しかしながら、わずかながら光明は見えてきたようだ。

五月七日（水）

ブンガマティに出かけてみると、まだ山車はほとんど動いていなかった。われわれはブンガマティの歴代のクマリを集めて撮影したいとアサ・カジに依頼してあった。アサ・カジには八人の子どもがおり、そのうちの四人の女児がクマリになっている。彼の兄弟の娘や孫娘まで合わせるといったいどれくらいになるのだろうか。ブンガマティのクマリがバイラブ寺院に入って礼拝（puja）を行わないと祭りは先に進まないというのに、われわれはずっとアサ・カジの家で彼女を撮影する。

この日、山車は三〇メートルほど動いただけで、十九時になり外はすっかり暗くなってしまった。この調子で果たして予定どおりパタンまで行き着くことができるのだろうか。

五月八日（木）

この日も山車はさっぱり動かない。夕方十七時より少しずつ動き始める気配を示したのだが、すぐに右の轅《ながえ》の縄が解けてしまい、幾度も縛りなおすのだがうまくいかず、そのままお開きになってしまった。

五月九日（金）

午後からずっとアサ・カジの家で歴代クマリの撮影に取り組む。このとき集まってくれたのは八歳のプージャ（正確にはプージャ・ヴァジュラチャリヤ。以下同）から七十三歳のニル・クマリまでの十人と、現在のクマリであるスウェタ・クマリ［口絵60・61・62］と次のクマリとされているカンチャン・クマリの計十二名であった（251頁写真参照）。

現クマリ（スウェタ・クマリ、六歳）
カンチャン・クマリ（六歳）
プージャ（八歳）
ラミタ（十歳）

ラシュミ（十一歳）
ロジーナ（十二歳）
プルニマ（十六歳）
プラギャ（十九歳）
ラクシュミ（二十一歳）
ショバ（二十九歳）
アシュタ（四十二歳）
ニル・クマリ（七十三歳）

撮影が一段落すると、現クマリは広場に置かれた玉座（パティ）につくため、アサ・カジの家からブンガマティ村の中央広場まで母親の運転するスクーターで移動していった。これまで見たこともないほど愛らしい表情のクマリで、その際もずっとぼくらを見つめていた。その日の山車の動きは予想以上にすばやかった。いったん動き出すと勢いがつくのか、あっという間にジャワラケルのクマリの玉座の前を通過して村の外へと移動していった。クマリの玉座は最初は中央広場のジャワラケル・クマリ・パティに置かれ、それから村はずれのソラクッテ・クマリ・パティへと移り、さらに、ブンガマティの村はずれのバインセ・クマリ・パティへと移動することになっている。

五月十二日（月）

山車はいまやブンガマティとパタンの中間にあたるナク川の近くまで来ている。クマリは十五時くらいから玉座についており、既にクライマックスといってもよいほどの盛り上がり。このあたりは下りなので、むしろブレーキ役の綱を握る人たちのほうが大変そうだ。ぼくも汗びっしょりになって車輪の近くを歩き続ける。相変わらず埃がすごい。

ナク川のあたりは見渡す限り群衆であふれかえっており身動きが取れない状態だった。いったいどれだけの人がここに集まっているのだろうか。遠く離れた丘の上まで人で埋まっている。ここでの川渡りはこの祭りの大きなイベントになっている。しかも、ブンガマティのクマリの参加はここまでで、川を渡るとパタンのクマリが山車を先導することになる。このままならば、明日には川を渡りきり、予定どおりパタン入りすることになるだろう。

歴代のブンガマティのクマリ　2003年

04　クマリの臨在

ラト・マチェンドラナートの祭りを、カトワルダッハでの神事、ブンガマティでの山車巡行、パタン入りと順を追って見ていくと、それはそのままマチェンドラナートのカトマンズ盆地入りの伝承をなぞったものだということがわかってくる。この祭りの特徴は、まさにマチェンドラナートのカトマンズ盆地への出現を祝い、その過程を象徴的に再現することにある。となると、クマリがこの祭りで果たす役割が改めて注目されることになる。たとえブンガマティとパタンでクマリが入れ替わるとしても、その存在なしに祭りは進行できないからである。

ある伝承によれば、クマリはマチェンドラナートの随員の一人として初めてカトマンズ盆地にやってきたとされている。また、別の伝承によれば、クマリはブンガマティの側からマチェンドラナートを出迎え、カトマンズ入りを先導したとも言われている。しかし、そのあたりの結びつきについて、ブンガマティの長老たちにインタビューをしても、はっきりとした回答は得られない。

しかし、実際にその場に居合わせてみると、この祭りにおけるマチェンドラナートとクマリの結びつきは一心同体といってもよいほど密接なものであることがわかる。すなわち、マチェンドラナートのカトマンズ盆地入りをクマリが出迎えるというよりも、どちらかというと両者はずっと行動をともにしているという印象なのである。さらに、とりわけ最後のボト・ジャトラでは、インドラジャトラにおけるロイヤル・クマリのように、パタンのクマリも国王夫妻、政府の高官らとともに祭りの場に列席するのであるから、その存在意義は単なる露払いのようなものではないと想像できるだろう。

この祭りにおけるクマリの頻繁な出番はいったい何を意味するのかと問われて、マイケル・アレンは次のように答えている。[★01]「なぜクマリがマチェンドラナートに特別な関心を寄せるのか。このことについて、わたしのインフォーマント（村の長老）から導き出された理由はただ一つ。マチェンドラナートの祭りこそが、まったくもってパタンにおける最大にして最重要な祭りだからだというのである。クマリは、その後援者たるパタンの王が出席するのだから、みずからもそこに出席するのは当然のことであろう。マッラ王朝の時代には、パタンの王は、たいていの場合、カトマンズとバクタプルの王を伴って、チュカバッハからラガンケルへの最終行程を裸足で行列に参加したとも伝えられている」。

ここでアレンが強調しているのは、クマリとマチェンドラナートの結びつきよりも、クマリと王権との結びつきのほうであり、なぜクマリがこの祭りの際に頻繁に姿を現わすのかという視点は抜け落ちている。パタンのクマリはともかく、ブンガマティのクマリは、この機会を除くとほとんど他の子どもたちと同一の生活をしている。家族とともに住み、学校にも通うし、外でも遊ぶ。それゆえに、この祭りの時のクマリとマチェンドラナートの特別な結びつきがむしろ際立つのである。

ジョン・K・ロックは、「クマリは七つのヴァジュラチャリヤの家族から選ばれているわけだが、彼女はもともとマチェンドラナートと一緒に初めてネパールにやってきた多くの神格の一人である」という見解を支持している。[★02]やはり、クマリはアッサムからこの盆地にやってきたときからマチェンドラナートと不可分の関係にあったと見るのがどうやら自然なように思えてくる。ところが、バイラブはともかく、なぜ彼女は多くのマチェンドラナートのカトマンズ盆地入りの伝承にその姿を現わさないのか。問題はそこにある。

その詳細は後述するとして、ここでもう一つ触れておかなければならないのは、マチェンドラナートの本拠地はやはりパタンではなくブンガマティではないかということである。パタンの人々はパタンのマチェンドラナート寺院こそがこの神の本拠地であると主張するが、それではなぜこの祭りがブンガマティと結びついているのか説明できない。マチェンドラナートはこちらではブンガ・デヤとかカルナマヤと呼び習わされているが、そのこと一つとってみても、やはりすべてはブンガマティで始まったとしか思えない。その後、マッラ王朝の時代にマチェンドラナートは国（パタン）の守護神となり、その祭りが一年を通して最も重要な国民的な宗教行事へと高められていったと考えるのが妥当であろう。つまり、この祭りが盛大になっていった背景には、パタンを首都とするマッラ王朝の後押しが必要不可欠だったということになる。しかも、この神はモンスーンの雨をもたらしてくれると一般に信じられており、来るべき豊饒を約束してくれるのであったから、その信仰が盆地中に広まるのにはそれほどの時間を要しなかったのである。

05　神と神を祀るもの

いまようやくカサブランカに到着した。ずっと無為な時間を送っていたはずなのに、いつのまにか機上でラト・マチェンドラナートの祭りへと引き戻されてしまっていた。ここはモロッコのはずなのに、頭のなかはずっとネパールのことでいっぱいだった。なぜクマリはマチェンドラナート（カルナマヤ）の盆地入りの伝承にまったく姿を現さないのか。実際の祭りではずっとマチェンドラナートに付き添っているし、その役割は決して小さくないのに、物語のなかにはまったく彼女の存在を見つけることができない。

ブンガマティのクマリ（スウェタ）　2003年

もしかしたらクマリの登場はずっと後のことで、当初この祭りとはまったく関係なかったのではないか。そうも思った。そしてまた、クマリが登場する祭りのほうが先にあって、神話伝承こそが後にいまのようなかたちに整えられていったのかもしれないとも想像してみた。どちらもありそうなことだった。そんなことを考えていたらあっという間に五時間が経過していたのだった。

　これから、さらにエッサウィラへの移動について考えなければならない。早ければ明日か明後日にはエッサウィラのリアド・アル・メディナというホテルに着くことになるだろう。[★03]そこからどこへ行くかはまだ何も考えていない。サハラ砂漠を横断するつもりだが、別に冒険が好きというわけでもないし、気が向かなかったらすぐに戻って、どこかのホテルでビールを浴びるように飲んでいるかもしれない。

　ただこうして旅をしているだけで、なんだか祭りにおけるクマリの臨在の意味が少しわかりかけてきたような気がしている。もしかしたらイノセントであるということと、神がかり（なにかにとり憑かれていること）であるということのあいだには、そ

ラト・マチェンドラナートを迎えるクマリ　2003年

クマリの前を横切るラト・マチェンドラナートの山車　2003年

んなに大きな違いはないのかもしれない。イノセントというのは単に純真で無垢な状態を意味するだけではない。むしろ何者にもなれるということではないか。

一般に、「神」と「神を祀るもの」とのあいだにはそれほど大きな違いはないとされている。アマテラス（天照大神）とそれを祀るオオヒルメ（大日孁）とのあいだにはほんのわずかな距離しかない。オオヒルメは神を自分の身体のなかに呼び込むことができる巫女であり、その存在なくして神はみずからの姿を現すことができなかったのではないか。それはクマリについてもまったく同様だったのではなかろうか。

東京、大阪に戻る頃にはおそらく周囲は年の暮れの喧騒に包まれていることだろう。だが、モロッコのマラケシュでもネパールのカトマンズでも東京や大阪でも、どこにいてもそんなに大きな違いがあるわけではない。いつものように、ただ一年が過ぎていくということにすぎない。旅をするというのは永遠に宙吊りにされているようなものだからである。

第22章　観音菩薩の起源と展開

01　大女神信仰の支流

第9章でメソポタミアの大女神信仰の展開について、バビロニアのイシュタルが西漸してアスタルテとなり、ギリシアのアプロディテからローマのヴィーナスへと変化していく過程についてふれた。では、この大女神が東へと伝播するとどうなるのか、もう一度考え直してみたい。バビロニアのイシュタルはペルシャのアナーヒターとなり、さらにインドのサラスヴァティーから弁財天へと結びつくことになるのは既に指摘したところである。

このような大女神の系譜はさらに多くの支流を生み出し、豊かな神話的源泉として機能してきたわけであるが、観音信仰もその大きな流れとまったく無縁ではありえない。彌永信美は「観音菩薩の起源は、紀元後一、二世紀ころのクシャーナ朝時代の西北インド地方にあると考えられ、その複雑きわまりない宗教混淆の世界が、観音信仰にも反映されていると言えるだろう」と述べている。[★01]そして、その典拠として『無量寿経』と『法華経』の第二十五「観世音菩薩普門品」（いわゆる『観音経』）での記載を挙げている。たしかにそれはそれで間違いないところだろうが、今後のエローラやサルナートなどでの発掘調査によってはさらに時代を遡ることになるかもしれない。

では、ネパールの場合はどうだったのか。観音菩薩のカトマンズ盆地への出現については紀元七世紀のリッチャヴィ王朝のナレンドラデヴァ王（在位六四四―八〇頃）の時代にまで遡ると言われている。ただしそれについては異論もある。アヴァロキテシュヴァラ自身についての最初の言及は、ラーマデヴァ王の治世の紀元五五七年の銘のある碑文のなかにあり、同じくカトマンズ市内のブラフマー・トールの碑文にも同じ日付でアヴァロキテシュヴァラの名が刻まれているからである。[★02]既に六世紀中頃にはカトマンズ盆地において信仰の対象となっていた可能性も考えられる。

そもそもナレンドラデヴァという名の王は歴史上三人おり、それぞれ六四四―八〇年、九九七―九九年、一一四〇―四七年に王としての支配を確立している。カルナマヤのカトマンズ盆地入りの伝承に登場してくる王はおそらく六四四―八〇年のリッチャヴィ王朝のナレンドラデヴァ王であろうが、中国の史書によれば、中国の遣いの者が六四三年に即位一年前のナレンドラデヴァ王に会った時、彼は仏陀が描かれたベルトをつけていたと記されている。[★03]この王こそタントラ仏教の高僧バンドゥダッタとともにマチェンドラナートをこの盆地に招来させた歴史的人物であることはほぼ間違いなかろう。

インドのアヴァロキテシュヴァラ（観音菩薩）は、ネパールに入ってブンガ・デヤ、カルナマヤ、マチェンドラナートと幾つかの名称で呼ばれるようになるわけだが、このように複数の名称を持つということはこの神格のその地での重要性をも表わしている。観音菩薩は次々と異なる時代・場所に生まれ変わることから、王、英雄、聖人らはしばしば観音の生まれ変わりと見なされるようになるのだが、そのようにして観音菩薩がカトマンズ盆地の守護神となるのにはそう時間はかからなかったと想像される。

カトマンズ盆地の王らはつねにヒンドゥー教徒であり、伝統的にパシュパティナート（シヴァ）を守護神として奉っていたが、マッラ王朝後期のシュリニヴァス・マッラ王とその後継者たちは自分たちをアヴァロキテシュヴァラ（カルナマヤ）の生まれ変わりと考えていたし、一方で、シュリニヴァス・マッラをカルナマヤの息子とする伝承も広く言い伝えられていた。[★04] いずれにしても、この「王とその後継者たちが観音の生まれ変わりとされてきた」という点にはさらなる注意が必要であろう。

02 マチェンドラナートとクマリ

先ほど、「クマリはアッサムからこの盆地にやってきた時からマチェンドラナートと不可分の関係にあった」と書き、それにしても「なぜ彼女は多くのマチェンドラナートのカトマンズ盆地入りの伝承にその姿を現わさないのか」と書いた。ここまでお読みになった読者の方々は、マチェンドラナートという神とクマリとのあまりに密接なかかわりをどのように理解されただろうか。クマリは単なる道案内の先導者だったのか、カトマンズ盆地から歓迎のために遣わされた少女だったのか、または、当初から神の随員として従っていた従者だったのか。

おそらくそのどれもが正解たりうるのだが、さらにもう一歩踏み込んで両者の関係をながめていくと、「もともとクマリはマチェンドラナートの妻または娘だったのではないか」と考えることも可能であろう。さらには「もしかしたらマチェンドラナートとクマリは同一の神格だったのではないか」という想定さえ浮かび上がってくる。

まず、ブンガマティの寺守をしているヴァジュラチャリヤから聞いた話を例に挙げよう。彼が言うには、カルナマヤ（マチェンドラナート）が病気になったり死んだりする話にはクマリ・プジャ

ブンガマティのクマリ　2009年

プジャの後で出してくれた食事

プジャのための供え物

が必ず関与しているというのである。彼は自分の娘がクマリになったとき水牛の肉をお供えするのに、どうしても量が足らず、ご馳走を用意した人が翌日から病気になったという話をしてくれた。これはクマリに憑依した神の怒りを買ったためと説明されている。それはそれでいいのだが、一方、実際にマチェンドラナートが病気になった場合も、クマリ・プジャで何かが不足していたのではないかと推測されることになる。クマリはこの神の力をコントロールできると広く信じられていたからである。それゆえにこの神が病気になった場合には、毎日クマリにお供え（bau）が欠かせないという。

それでも治らないときには、マチェンドラナートが死ぬ儀式を行うことになる。神が死ぬと思われる三週間前にナウォン（nhawan）という「死ぬ直前の患者に水をやる儀式」が行われる。そして、マチェンドラナートは翌日からカラシュに十二日間閉じ込められる。すると十三日目に神は再び生まれ変わることになる。その日には十通りもの盛大なイニシエーション儀礼が行われるという。その際、この神は男半分女半分とされているので、両方のイニシエーション儀礼が執り行われることになる。この十三日目だけは普段肉食しないマチェンドラナートも水牛の右目を食べることになっているという。ここに見られるようなマチェンドラナートとクマリの一体化は両者の儀礼がもともと不可分に結びついていることを意味しているのではなかろうか。

また、ブンガマティでクマリはマチェンドラナートを迎えることになっているが、この神は毎年ブンガマティに帰るとき、「彼のマイティ（maiti）に帰る」と言われてきた。このマイティとは結婚した女性の父方の実家を指している。ここで「結婚した女性の父方の実家」という表現に注意していただきたい。ここでもマチェンドラナートは実際クマリそのものと同化して考えられている。もともとマチェンドラナートの故郷とされるインドのアッサムでも、この神とクマリをめぐる以下のような伝承が残されている。かつてアッサムでは田植えして十二日後に米が収穫できたことがあり、それはクマリのおかげであると広く信じられている。その米はマチェンドラナートに捧げられることになり、そのためかどうかは不明だが、そこではクマリはマチェンドラナートの母ともされている。既にクマリは幼い少女でありながら母なのである。ここでもこの神とクマリの一体化のひそかな萌芽が見出される。

03　一心同体の神

われわれはこれまで世界でも唯一といえる国家庇護のもとに存在する生き神（クマリ）の背景について調べてきたわけだが、その結果カトマンズ盆地の南に位置する村ブンガマティのローカル・

クマリにたどり着き、そこでようやくクマリ信仰と密接にかかわるカルナマヤ（マチェンドラナート）という神格と出会ったわけである。そして、カルナマヤの存在なくしてクマリ信仰そのものが成り立たないということまでわかってきた。★05

アヴァロキテシュヴァラは後に男女両性の神と見なされたり、中国、日本を経て明らかに女性の性質を身に纏うようになったと考えられてきたが、むしろ強調したいのはアヴァロキテシュヴァラには当初から女性的要素が含まれていたのではなかったかということである。それは持ち物の蓮華（女性性の象徴）からも、また、観音菩薩に不妊の女性を身ごもらせる力があるという古くからの信仰からも、愛と慈しみの神という性格からもある程度予想できることではなかろうか。もともとシヴァの妃パールヴァティーもシヴァの配偶神であると同時にシヴァと一心同体の神ということになっている。そうなると、アヴァロキテシュヴァラ自身が本来クマリの胎内に流れ込む大女神の一つの表われであって、そこにシヴァへの信仰が重なり合って、アヴァロキテシュヴァラという男性名詞の神を出現させたと考えることもできるだろう。

観音菩薩は後にタントラの影響でその配偶者としてタラ女神を伴うことになるが、それもまったく同じメカニズムによるもので、七世紀以降、タラを称える数多くの讃歌が現れるが、そこでは彼女はすべての菩薩の母であり、愛と慈しみの神として、観音の分身としての役割を果たすことになる。観音菩薩は単独でもまた別の神格（配偶神）を伴う場合でも、「あまねく衆生を救済する」という性格ゆえに観音菩薩なのだといえよう。

こうしてようやく一つの到達点が明らかになってくる。

すなわち、マチェンドラナートがカトマンズ盆地入りする際、クマリについての言及がほとんどなかったのは、マチェンドラナート自身がその姿を現わすときに配偶神クマリの助けを必要としたというよりも、この神とクマリとはもともと不離不即の関係にあったからではなかろうか。当初は神と神を祀るものという関係であったかも知れないが、既にこの時点では一体化されて切り離せない関係になっていたのではなかったか。

つまり、観音菩薩とは、単に豊饒をつかさどる大地母神の一つの表れというわけでもなければ、また、ヒンドゥー教のシヴァの妃タレジュの化身というわけでもなく、まずもってクマリという幼い少女の身体を必要とした特別な神格だったということである。彼女の存在なくしてこの地に観音が示現することはなかったのである。

第23章　インドラジャトラとラト・マチェンドラナートの祭り

01　カトマンズ盆地は湖だった

　一九八〇年頃、クマリについて日本語で読める文献はほとんど存在していなかった。だから、その当時、平凡社カラー新書で那谷敏郎『ネパールの生神様《クマリ》』を読んだ時の興奮はいまでも忘れられない。それは学問的著作ではなく、一種の紀行文の体裁をとってはいるものの、そこにはクマリについて必要な知識のほとんどが網羅されていた。例えば、旅行作家のルポが、研究者が書く論文よりはるかによく現地の空気を伝えているのとよく似ている。

　那谷はそのなかでカトマンズ盆地がかつて湖だったことについて触れている。[★01]「ここには、蛇の王が住む『蛇の湖』があった。ある日、一人の仏陀が訪れて蓮の根を投げこみ『この根に花咲く時、水は干上り繁栄する盆地となろう』と予言した。その予言どおり、後にマンジュシュリ（文殊菩薩）が来て、湖の南方丘陵を刀で切り裂いて湖の水を落した。まず現在のスワヤンブーナート寺院のある丘が出現し、他も次々に干上り、盆地となった」。

カトマンズ盆地が地質時代の昔、湖であったことは後に証明されることになるのだが、ぼくには、これほどの高地にかつて清らかな水をたたえた巨大な湖があったと想像するだけで、なぜか心がときめいてならなかった。そのときめきの正体はずっと後まで自分でもわからなかったのだが。

02　二つの祭りの関係性

ところで、前章でマチェンドラナートとクマリの同一性（親和性）について触れたが、そうなるとカトマンズ盆地最大の祭りインドラジャトラとラト・マチェンドラナートの祭りとの関係性についてもここで触れなければならないだろう。これまでそれらはあまり比較して論じられることもなかったが、インドラジャトラが行われている地域（カトマンズ市内）ではラト・マチェンドラナートの祭りは行われず、ラト・マチェンドラナートの祭りが行われる地域（パタン、ブンガマティ）ではインドラジャトラが行われないという点にもう一度注目してみたいと思う。

カトマンズ盆地では数え切れないほど多くの祭りが行われているが、そのなかでも最古の祭りと見なされているのがラト・マチェンドラナートの祭りである。前述のように、ジョン・K・ロックも『カルナマヤ』において、「ラト・マチェンドラナートの儀礼は、他のどの神事よりも古くから

ラト・マチェンドラナートの山車

行われていることは確かであり、他のすべての神事はこのラト・マチェンドラナートの儀礼から派生したか、またはその模倣から生れたかのどちらかなのである」と書いている。[★02]

もともとパタンではマチェンドラナートを含めて三十二の山車祭りがあったとされており、それらは後にマチェンドラナートの祭りに統合されていったと伝えられている（ただし、ミンナートだけがそれを拒否したため、いまでもマチェンドラナートの山車にはミンナートの小さな山車が伴われることになっている［237頁参照］）。もちろん、それまでにカトマンズ盆地でインドラジャトラが行われた形跡はないし、インドラジャトラは、その成立後もほとんどカトマンズ市内でのみ行われる（ある意味では）ローカルな祭りであって、それがどうして行われるようになったかはいまだ不明のままである。そういう意味では、もしかしたらインドラジャトラもマチェンドラナートの祭りから「派生したか、またはその模倣から生れた」可能性が高いと考えられないだろうか。

第15章でも触れたが、パタン（そして、ブンガマティ）のラト・マチェンドラナートの祭りに対抗するかのように、カトマンズ市内ではセト・マチェンドラナートの祭りが行われている。セトとはラトの

「赤」に対して「白」の意味である。ただし、この祭りの起源はそう古くないこともわかっており、おそらく十六世紀以降、マッラ王朝解体後に始められたのではないかとされている。[★03] バクタプルでも、ビスケットジャトラのような山車祭りが残されているが、カトマンズにおけるインドラジャトラもほぼ同時期に現在の形をとるようになったのではないか。そう考えると、盆地最大のラト・マチェンドラナートの祭りとインドラジャトラとのあいだに共通の要素が数多く見られるのはむしろ当然といえるかもしれない。

ラト・マチェンドラナートの祭りとインドラジャトラとのあいだにおける最も注目すべき一致点は、ともに、来るべき豊饒と降雨と大地の豊かな恵みを願う祭りであり、特に雨をもたらす豊饒神を山車に乗せて町中を巡幸し、多くの人々に祝福を与えるという基本的に同一の骨格を持つ点であろう。ラト・マチェンドラナートの祭りはおよそ三ヶ月かけて継続されるのだが、とりわけ祭りの最終局面で行われる「ボト・ジャトラ」という儀礼では、パタンのクマリもインドラジャトラにおけるロイヤル・クマリのように、国王夫妻、政府の高官らとともに祭りの場に列席することになっている。国王とクマリが臨席する祭りは他ではそう滅多に見られるものではなかったし、このことからも二つの祭りの近似性は明らかだ。

もともとラト・マチェンドラナートの祭りはカトマンズ盆地を代表する豊饒儀礼という側面を持っていたわけだが、インドラジャトラにおけるインドラも本来は豊饒と降雨をつかさどる神であり、そのためにヒンドゥー教のパンテオンから呼び寄せられたと考えるのは、それほど的外れなことではないだろう。インドラの母が息子の釈放と引き換えに「盆地に霧と潤いをもたらす」ことを約束したのも、同じ側面を強調していると考えられるだろう。また、インドラジャトラで行われる儀礼の一つにバスンダラー・プジャがあるが、このバスンダラー女神[★04]（Vasundhara）も本来は大地の豊饒の女神とされており、さらに、バイラブ神もこの祭りにおいては豊饒をつかさどる神として登場している［口絵33・34］。

インドラジャトラにおいて、インドラが意外なほど何の役割も果たしていないことは最初に指摘したとおりだが、インドラのような主要な神が勧請されるには、それなりの機能を果たすローカルな神格の存在が前提となる。バスンダラーも、バイラブも、そしてマチェンドラナートも、どれも大地の豊饒と雨をもたらす神であり、インドラとの神話的機能の相同性の観点からはほぼ一致しているように思われる。

また、これまで見たように、ラト・マチェンドラナートの祭りにおいて大きな山車が登場するのだが、その上には一五〇メートルにもなるさらに巨大な樹木をかたどった柱が威風堂々と聳えており、また、山車の台座の上にはマチェンドラナートの像が鎮座している。以前、この樹木をかたどった柱こそがインドラジャトラにおけるインドラポール（柱）の原型になったのではないかと述べたが、それも二つの祭りの大きな類似点の一つとして数えられるかもしれない。最もプリミティブなご神体とは「神籬《ひもろぎ》」であって、それは臨時に神を招請するために立てられた神聖な樹木として表象される。カトマンズ盆地では、それがマチェンドラナートの山車における巨大な樹木として表象されていたわけだが、後になんらかの理由でインドラポールへと移行したと考えるのも、それほど不自然なことではなかろう。

つまり、多くの研究者はインドラポールをそのままインドラの王権儀礼と結びつけて考えるのだが、なにも王権儀礼をつかさどるのはインドラだけではない。かねてより王はアヴァロキテシュヴァラ（観音菩薩）の生まれ変わりとされてきたわけで、そこでもマチェンドラナートとインドラはうまく入れ替わることが可能だったのではないか。ダライ・ラマのような宗教的・政治的指導者が観音菩薩の生まれ変わりとされているのも同じ理由によるものであろう。

さて、そうなると、二つの祭りに関して次のような比較が成立することになる。

インドラジャトラ	ラト・マチェンドラナート
クマリ	神像
カトマンズ	パタン
サキャ	ヴァジュラチャリヤ
降雨儀礼	降雨儀礼
山車の祭り	山車の祭り
インドラ	マチェンドラナート
王権儀礼（国王臨席）	王権儀礼（国王臨席）
インドラポール	山車の上の巨木

さらに、インドラジャトラの進行とラト・マチェンドラナートの祭りの進行とのあいだにはきわめて類似した関係が見られるし、その儀礼的細部についても共通したところが少なくない。ここでは紙幅の関係で詳しくふれられないが、そのように見ていくと、比較的マイナーな神格であるマチェンドラナートが、ヒンドゥー教最大の神格インドラによって代替されるというのも十分ありうることではなかったか。インドラジャトラがカトマンズ以外（パタンにもバクタプルにも）存在しない理由も、それで説明がつくのではなかろうか。

第24章　カトマンズの街角で

01　仏像工房――カトマンズ調査二〇〇九年

今回の滞在は三月末から四月にかけてで、この時期は見るべきものがあまりないせいか、旅行客は意外と少ない。しかも、数年前の政変でマオイスト（共産主義毛沢東派）が国王を廃位させてよりよい社会ができるのかと思ったら、すべてがうまくいかなくなってしまっている。それ以来ずっと混乱が続いている。その一つが停電だ。三十年前のカトマンズ盆地では停電は日常茶飯事だった。どの部屋にもローソクが用意されていた。しかし、一九九〇年代以降そういうことはほとんどなくなっていた。それがなんと今日二〇〇九年三月三〇日など電気がついたのは十二時から十六時の四時間のみ。一日二十時間停電だ。しかもなぜそんな時間帯なのか。十七時から二十一時ということならレストランも営業できるし、ちょうど夕食を終えたらベッドに入ればいいということになる。

今日は十二時に友人のラジャン・サキャ（Rajan Shakya）とパタン・ゲートで待ち合わせて、ネパールで日本語を教えるシャム先生宅へ行くことになっている。その途中で、ラジャンの友人スダン（Sudan Shakya）の仏像工房に寄る。仏像ができるプロセスを見せてもらうことになっている。まず、蜜蠟を火であぶりながら型を作り、その上から牛糞と籾殻の混ざった粘土状のもので覆う。それが第一段階。さらに天日干しして、もう一度厚めに塗る。それを熱して、なかの蜜蠟を溶け出させる。それが第二段階。空洞になったところに高温で溶かした銅を注ぎ込む。水をかけながら外側から壊していくと、内部の銅の塊が出てくる。鉄鋸《てつのこ》で余分な部分を切り落として、出来上がり。帰りにマチェンドラナート寺院のなかにある友人スニル（Sunil Bajracharya）の家に寄って、絵付けの作業を見せてもらう。なかなか繊細な仕事だ。これでは値段がするはずだ。かなり長時間撮影

スダンの家での仏像づくりの工程　2009年

スニルが絵付けするところ　2009年

させてもらう。

彼らは仏像づくりを仕事としており、ネパールのみならずチベットからの注文も多いと聞いている。ラジャンとスダンは仏像づくりで、スニルは主に色つけをやっている。彼の工房はパタンのマチェンドラナート寺院のなかにある。パタンで何かあるときは彼らが教えてくれるし、その友人らもバスンダラー・プジャなどの行事を取り仕切っているのでなにかと協力してくれる［口絵52・53・66］。

シャム先生宅でラジャン、スダンとともにネワール料理をごちそうになる［口絵71・72］。みごとにおいしくてバラエティに富んだ献立だ。そこでいくつもある真鍮製のカラシュを並べて見せてくれたのだが、それこそカトワルダッハでマチェンドラナートを蜂の姿に変えて入れた容器なのだった。調査を始めた頃はどういうものか想像がつかず「壺」と訳していたのだが、知ってしまえばそんなにむずかしいものではないとわかってくる。

02　新クマリたち

ブンガマティやバクタプルのクマリは一、二年ですぐに交替してしまうので、訪れるたびに新しいクマリと対面することになる。この時も三年ぶりの調査だったので、どちらのクマリとも初顔合わせとなった。とにかく会わないことには始まらない。まずブンガマティのクマリのもとに向かうことにする。

十一時にカトマンズのホテルにタクシーを呼ぶ。電気はつかないしガソリンも高騰しており、カトマンズからパタンに向かう道路はすごい渋滞らしい。ブンガマティに向かうにはカトマンズ市内からまずパタンに入り、そこを抜けて南下することになる。いつも渋滞している道なのだが、いまは特に混雑が激しさを増している。ただひたすら忍耐するしかない。

いよいよ新しいクマリとの対面である。まだ四歳くらいだろうか。さっそく撮影したいのでプジャをお願いしたいと伝えると、たまたま昨日プジャがあったとのことでタイミングが悪い。それなら明日改めてやってもらえないかと交渉することになる。クマリはまだ子どもらしいところがぬけなくて、おみやげのお菓子を食べている。普段のプジャは別にいつ参加してもかまわないのだが、オーダーするとなるとこちらが費用の一切を持つことになる。それでも、まずは正装の写真を撮っておきたいので、それもやむを得ない。

翌日の約束をとりつけて村をゆっくり歩いていると、十年前のクマリと偶然出会った。彼女の名前はラシュミで、現在十四歳とのことだった［口絵31］。以前NHKの取材で訪れた時に撮影させてもらったこともあり、ひときわ印象に残っている。彼女の家がすぐ近くだったのを思い出したので、ちょっとだけ家族の人たちに挨拶することになった。彼らもよく憶えていてくれて歓待してくれたが、以前の納屋のような家がいまや見違えるほどきれいになっている。彼女の妹もクマリだったという。帰りにアサ・カジの家に寄ってカトマンズに戻ることにする。この村の人々はみんなこちらのことをよく知っている。

翌日はやや早めに出て、ブンガマティのクマリ・プジャを撮影しながらいろいろ家族の話を聞いた。長時間の撮影にもかかわらず、クマリは昨日とはうって変わって神妙な顔をしてプジャに参加していた。プジャというても、こちらのプジャはクマリにささげられたお供えの食べ物をひたすら食べたり飲んだりするというもので、そうやって聖化された食べ物は持ってきた人のもとに戻されることになる。

翌日はすぐにバクタプルに向かうことになった。慌ただしいことだが、時間があまりない時にはそうやって新しいクマリと家族に挨拶してまわるだけでも十分役に立つことがある。何度も顔を合わせるということが必要なのだ。早朝に出てもバクタプルはやや遠いので、けっこう昼近くまでかかってしまう。しかも行くからには会いたい人がいっぱいいるし、タレジュ寺院にも顔を出しておきたい。

バクタプルのクマリ　2009年

バクタプルのクマリハウスにつくと、挨拶もそこそこにクマリ・プジャの準備が始まる。そこに前のクマリがやってきた（右の写真参照）。彼女こそ在位中にロンドンからニューヨークへ行き、新聞沙汰になったクマリだった。このクマリハウスに住むクマリの世話役の女性の娘でもあった。ぼくはその母親の代からこちらに来ているので、みんなとても協力的だ。クマリ・プジャにはたまたまやってきたチェコの写真家も参加することになった。プジャでは一人ひとり額にティカをつけてもらうことになるのだが、それだけではなく、クマリから手渡される食べ物をいただき、花びらを髪につけてお祈りする。新しいクマリはかわいいけれど、プジャはずいぶんとシンプルだった。終了後、世話役とのインタビュー。

バクタプルのクマリについてはいまだによくわからないことが多い。先に述べたようにここには三人のクマリがいると一般に信じられているが、それが決定的なものかどうか議論の余地があるようだ。正式なクマリはエカンタ・クマリで、それ以外にも複数のクマリが存在しているとのことだが（151頁参照）、世話役の話ではエカンタ、バハチェ（Bahahchhen）、ワララク、ティブという四人のクマリがいるとのことだった。どの資料を読んでもバハチェは入ってなかったように記憶しているが、そのあたりのことは聞くたびに違う答えが返ってくるので、さらに調べる必要があるだろう。

ここではインドラジャトラもないし、マチェンドラナートの祭りもなく、クマリにとって重要な祭りはただダサインのみ。そのダサインの時には、ガナ・クマリを含む十五人のクマリが祭事に参加する。その十五人の内訳が問題だ。アシュタ・マトリカの八女神に、五人のクマリ（エカンタ、バハチェ、ワララク、ティブ、クマリ）、二人の男子（バイラブ、ガネシュ）というのである。何度も確認したし、ノートにも書いてもらったのだが、どうしても彼らの説明には疑問が残ってしまう。クマリの選ばれ方も恣意的だし（五人のクマリの最後の「クマリ」はアシュタ・マトリカの「クマリ」と重なっている）、男子が加わっていることにも抵抗がある。

しかし、ここバクタプルのクマリには見逃せない点が幾つかある。おそらくパタンでもそうだっ

バクタプルのクマリ　2009年

たと思われるのだが、ここでは初潮前の少女がたくさん集まって祭りの時に特別な役割を果たすという風習がそのまま残されているからだ。そこからいつかタレジュの化身であるクマリ信仰が生まれたとも考えられよう。いや、それではあまりに短絡的すぎるかもしれない。むしろパタン＝ブンガマティに入ったクマリ信仰が、ここでタレジュとの結びつきを強めて国家的な神格としての役割を果たすようになったと考えたほうが自然ではないか。いずれにせよ、美しい少女たちが神と直接にかかわるという点では、カトマンズ盆地のほぼすべての地域に共通した基盤があったと考えるべきであろう。

03　失われていくもの

ところで、二〇〇八年、クマリ信仰に大きな転換点がやってくることになる。ネパールは一九九〇年の民主化（憲法改正）以降さまざまな変革に直面してきたが、同時に国民会議派からマオイストまでがイニシアティブを取り合い、政権運営についてはまったく安定することがなかった。二〇〇一年にはビレンドラ国王一族暗殺事件が起こり、さらに、その事件の首謀者と目されている弟のギャネンドラ国王の議会解散をふくむ専制政治に対して大きな反発が生まれ、二〇〇六年には大規模な民主化運動が起こっている。

そんなわけで、なかなか落ち着いて調査に入ることもできず、とりわけギャネンドラ国王が即位してからは非常事態宣言まで発布され、国王派とマオイストとのあいだではさらに激しい戦闘が繰り返されることになる。しかし、それから数年のあいだにマオイストの勢力はカトマンズ盆地を除く農村地帯で大きく支持されるようになり、二〇〇八年にはついにギャネンドラ国王は退位を余儀なくされたのだった。それによって王制は廃止され連邦共和制が採用されたわけだが、ネパールの国民議会ではいまも多くの政党が群雄割拠しており、今後どうなるかわからない混乱状態にあるといっていい。

ここで問題なのは国王の信任と深くかかわっているインドラジャトラという祭りが今後どうなるかということであり、また、王権と密接に結びついているクマリという制度が存続可能かどうかということであろう。ネパールでは観光収入がかなり大きな比重を占めるので、おそらく形を変えながら継続していくのだろうが、インドラジャトラの最終日にロイヤル・クマリが国王の額にティカをつけるという祭りのクライマックスが、国王ではなく首相によって行われるとなると、どうにも納得できないと思うのはぼくだけではないだろう。

そういえば、四月に入ってから急に夏になったように暑い日が続いている。冬支度でやってきたのに、今日も半袖シャツ一枚だ。いったい春はどうしたのか。もともと春は不安定で、寒暖差も激しく、なかなか過ごしにくいものだが、それでもいきなり冬から夏では旅行者にはすぐに対応できなくて困ることが多い。しかし、もう帰国の日は目前に迫っている。パタン博物館にあったガルーダ像がどうしても忘れられないので、まずそれを買ってから、ラジャン、スダン、スニルらと最後の晩餐を楽しむことにしよう。

第25章　五〇〇人クマリ

01　ゾンクゥ（九十歳のお祝い）――カトマンズ調査二〇一〇年

カトマンズに着いた夜にラジャンがやってきて、スニル、スダン、そして知り合ったばかりの大阪のSさんと五人で食事に出る。その時、日曜にスニルの祖母カンチ（Kanchi Bajracharya）の九十歳のお祝いがあると聞いて、ぜひみんなで参加したいということになった。なにしろここでは人間は九十歳を超えると誰もが神になると信じられているというのだから、興味を持たないほうがおかしい。

日曜午後一時、ラジャンがバイクで迎えにきてくれて、一緒にパタンのスニルの家へと向かう。スニルの祖母のお祝いは「ゾンクゥ」と呼ぶらしい。一日がかりの長いお祝いと聞いてゆっくり来

ゾンクゥのお祝いの様子　2010年

たのだけれど、既に午前中にプジャは終わったとのこと。これだからみんなの言うことは当てにならない。しかし、これから市内巡幸があるらしく、彼らはむしろそちらを見せたかったのかもしれない。たぶん開始は午後三時すぎになるという。そのあいだにゾンクゥの情報を仕入れる。スニルたちによるとゾンクゥとは一種の通過儀礼で一生に何度かあるらしいのだが（例えば七十七歳、八十二歳、九十歳など）、やはり九十歳のお祝いは特別で、その時本人は神さまになると説明される。パタン市内を出車に乗って巡幸し、あたかもマチェンドラナート神のように人々に祝福を与えながら、ゴールデンテンプル、ミンナート寺院、マチェンドラナート寺院の三ヶ所でプジャを執り行うという［口絵39］。

長い待ち時間があって午後三時すぎにようやく山車が出る。スニルの家はマチェンドラナート寺院の境内にある。そこにはテントが張られて祝宴のテーブルが賑々しく設えられている。行列にはおそろいのピンクのサリーを着た血縁の女性らが付き従い、音楽隊がそれを先導する。まるでクマリの巡幸を思わせるほど立派なものだった。延々と続く女性らはすべて血縁関係にある人々だというし、終わったあとでの食事に参加する二〇〇人あまりの人々もほとんど血縁で占められているという。なんという人数！　かつてはその準備が大変で何日もかかったというが、いまはケータリングですますことが多くなっているとのことだった。

かなりハードな巡幸が終わってマチェンドラナート寺院に戻ってくる頃には、スニルの祖母もかなり疲れた様子だった。いったん二階で休息をとるのだが、そのあいだにも人々は祝宴の準備に大わらわになっている。小一時間ほどしていよいよ祝宴が始まる。そうはいっても、祝宴のあいだも神になった祖母は、祭壇のように設えられた場所でお祝いに駆けつけた人々に祝福を与え続けている。巡幸だけでも相当な苦行なのに、彼女の身体が心配になってくる。ぼくはみんなと食事しながら、そこでシュレス（Suresh Bajracharya）を紹介される。インドラジャトラ最終日にゴールデンテンプルでバスンダラー・プジャがあり、それを彼が取り仕切るとのことである。こうやって何の予定も考えずに来て、次々と大事な場面に立ち会うことになる。

ついでに、シュレスに「ヴァジュラチャリヤ」のスペルについて聞いてみると、絶対に

Vajracharyaではなく、Bajracharyaでなくてはいけないと言う。人によって時代によって呼称は少しずつ変化する。例えば、「サキャ」にしてもかつてはSakyaと綴られていたのに、いつのまにかShakyaになってしまっている。釈迦の末裔であることを強調したかったのだろうが、そうしているうちにそれが定着してしまうのだから、あまり綴りに敏感になりすぎても仕方がないかもしれない。

それよりこの行事で特筆すべきことは、それはまさに人と神との距離が近いと実感させてくれるセレモニーだということであろう。クマリにしてもスニルの祖母にしても、神という概念をもう一度考えさせる好例なのではないか。ここカトマンズ盆地では、神はキリスト教神学でよく語られるような「絶対他者」などではなく、神と人間とのあいだにはゆるやかな結びつきさえ見られる。人はそのまま神になり、神は同時に人でもある。人はたとえ死んでも神としてワンランク上の幸せを享受できるということであり、そのスパイラルはひたすら上昇を繰り返すことになる。

よく考えてみると、人々が幸せでいられるには、いま現在がうまくいっているかどうかということではなく、未来が確実に幸せかどうかということにかかっている。いまがどんなに不遇でもそんなことは関係ない。誰もが死んだら死んだで、いまより幸せになると信じている。いくら栄華を誇ってもそれは現世だけのことにすぎない。そんな喜びは小さいものだ。ネパールのみならず、かつての日本でもそうした考え方は一般に通用していたように思われる。なぜそうした信念を捨てることになったのか。ゾンクゥの場にいながらそんなことばかり考えさせられたのだった。

02　インドラジャトラ再び

午前中にシャム先生がホテルにやってきてくれて、一緒にカトマンズ市内のダルバールスクエアに出かけることになった。既に到着して一週間になるのに、ずっとパタンにばかり滞在していたので、カトマンズ市内を歩くのはその日が初めてだった。こんなことは珍しい。クマリハウスの近くに出かけたら、偶然クマリの世話役ジュジュとゴータムに出会う。ジュジュはもう引退していて、現在は息子のゴータムがすべてを取り仕切っている。久々の再会を喜びあう。そして、今晩クマリのタレジュ寺院入りがあると教えてもらう。誰に聞いても明後日だと言っていたのに、これだから何度も確認しないと大切な行事を見逃してしまうことになる。

インドラジャトラ初日は、クマリがタレジュ寺院に出向いてタレジュの霊を身につける比較的地味な儀礼が行われる日で、みんなは祭り三日目の山車の巡幸をクライマックスだと思っている。それゆえに、その日こそが祭りの初日と教えてくれたのかもしれない。日程ばかりは何度確認してもしすぎることはない。

せっかくだから、スワヤンブーナートに出かけ、ＥＸロイヤル・クマリのアミタの家にも寄ってみたのだけれど、どうやら転居したらしい。ボーダナート、パシュパティナートとまわってみると、入場料がとんでもなく高くなっている。パシュパティナートなど五〇〇ルピー（約一〇〇〇円）だ！　まったくどうかしている。しかし、よく考えてみると日本の場合もそんなに違っているわけではない。日光東照宮など、どこに入るのにもいちいち入場料をとるし、他人の悪口を言っている場合ではないかも知れない。

パシュパティナートでは五組の遺体がガートで焼かれている。もう見慣れた光景だけれど、対岸からずっと見つめていると、やはりこの世で価値のあるものは見えないものだけだと実感されてくる。母が死に、そして、父がこの八月に死んだばかりだったので、ちょっとセンチメンタルな気分にさせられた。

ガートでの火葬風景　1990年

この日はインドラジャトラ初日ということでダルバールスクエアは人でいっぱいだった。夕方五時に着いて、インドラポール（柱）の周囲を見てまわってから、タレジュ寺院、カスタマンダップを見て、ガルーダ像の前で座って考える。以前はインドラポールが立てられるのもすばらしいイベントで、わざわざ早朝から見に出かけたものだった。だんだん省略されて、軍隊が出てきてクレーンで一気に立ち上げてしまうので、まったく味気ないものになってしまっている。

そろそろクマリが出てくる時間かなと思いつつ待つのだが、日は暮れて、あたりは真っ暗になっても、まったくそういう気配はない。なんと始まりはようやく夜八時半になってから。ということは広場で三時間も待ったことになる。しかし、もう何十年も調査してきて、こういう時間を退屈と思わなくなっている。

03　カンニャークマリ・プジャ

インドラジャトラの二日目はそれほど大きな行事があるわけでもないので、その日はパタンのクマリの家に出かけて、クマリの家族に挨拶するつもりでいた。ところが、昼すぎにパタンに到着すると、なんだかみんなの様子が違っている。その理由はテレビだった。なんとタレジュ寺院の前に数百人のクマリの衣装を着けた幼い女の子たちが集合している様子が生中継されている。これから歴代のロイヤル・クマリも全員が参加するという。こんなことはインドラジャトラ始まって以来のことだ。こうしてはいられない。すぐにタクシーでまたカトマンズに引き返してタレジュ寺院に向かう。まさかそんな行事が行われているとは、自分の目で見るまではとても信じられなかった［口絵40］。

そこに集まった少女たち全員がサキャ出身とテレビでも言っていたが、果たしてそんなにサキャの女の子がいるものなのか。関係者に聞いてみると、こんなことはマッラ王朝以来のことだという。ギャネンドラ元国王も参加の予定だったのだが、それは政府の反対で実現せず、玉座に写真が飾られているだけだった。もしかしたらこれは国王の在位を祝うというインドラジャトラの機会を利用して、ギャネンドラが起死回生を狙って打ったイベントだったのかもしれない。

タレジュ寺院の前にステージがしつらえられており、そこに歴代のロイヤル・クマリが九名ならんで座っていた。アニタ、ラシュミラ、アミタ、プリティら比較的新しいクマリだけではなく、ナニショバらの顔も見える［口絵40］。まさに壮観だった。シャム先生も、かつてパタンで十二人のクマリが並んでプジャするのを見たことがあるというが、おそらく半世紀も前のことだったに違いない。彼の姉もその日だけ参加したというのだから、それはパタンのクマリたちだったのかどうかも確かではない。いずれにせよロイヤル・クマリではない。

タレジュ寺院の前を埋める大勢の人々　2010年

クマリの格好をして居並ぶ子どもたちに、人々がお菓子などを供えて回る　2010年

クマリの姿で人々に祝福を与える子どもたち　2010年

翌日の「カトマンズ・ポスト」紙によると当日の様子は以下のとおり。[★01]

当日、カンニャークマリ・プジャに参加した少女は五〇四人で、藁のマットが敷かれた上に並んで座っていた。十時三十分頃になってディル・クマリ・サキャ（九十歳）を含む歴代のクマリたちが、ネワールの楽器が演奏されるなか人々の温かい歓迎をうけて到着した。短いセレモニーの後で、彼女らは五〇四人の少女たちを従えてタレジュ寺院に入り、高僧（グバージュ）ウッダブ・カルマチャルヤによるプジャを受けた。

たとえいろいろ問題のあるギャネンドラの企みであったとしても、それはまさに圧巻ともいえる光景だった。女性たちはひな壇に並んで座っているEXクマリたちの前を礼拝してまわっている。これでなんとか退位したばかりのプリティとも連絡が取れることになる。

クマリの最初の巡幸（合計三回あるのはご存じのとおり）は翌日の夕方から行われる。午後三時にダルバールスクエアの近くに到着するも、すごい人込みで身動きできないほど。しかも厳戒態勢

ラケェなどの登場　2010年

インドラジャトラ　2010年

で誰も広場まで入れそうにない。近くの女性警官に事情を話すとなんとかぼくらだけ入れてもらえることになった。すぐにラケェや象などが登場し、シンバルの音がいやがうえにも祭りの気分を盛り上げる。ようやく日が暮れようとしている。風が涼しい。旧王宮のベランダには大臣や各国の大使などが顔をそろえており、開始を待っている。鳥が飛び交っている。

　ラケェなどの登場とともにシンバルの音が鳴り響いていたが、いまや軍隊の音楽隊と警察の音楽隊も加わって、広場は騒然とした雰囲気になっている。いよいよクマリの登場だ。王政が廃止されて、この祭りもどうなるかわからなかったのだが、なんとか例年と同じように人々に支持されているのが伝わってくる。クマリの存在だってこれからどうなるかわからないが、この年もいつもの年のように過ぎていく。それだけでもなんだかホッとした気分になるのだった。

　その翌日も同じ時間にダルバールスクエアに出かけてみたが、前日とは打って変わってのんびりムード。観光客の姿ばかり目につく。祭りの四日目は厳戒態勢が解けて、軍隊もいないので、どこにいても制限されることはない。民衆のための一日だ。混雑は同じでもはるかにリラックスした空気が伝わってくる。

祭りの五日目はもう何も特別なことはないと知っているので、再びバクタプルに向けて出発する。今回もクマリ・プジャをオーダーしたのだが、昨年から撮影禁止とのことで、なんとなく愉快ではない。フランスのテレビクルーに会ったので聞くと、彼らもパタンで三〇〇〇ルピー（約六〇〇〇円）要求されたと怒っている。いつからそんなことになったのか。

EX ロイヤル・クマリ、プリティ　2010年

カトマンズに戻って、ようやくEXクマリのプリティの家を訪れる。事前の電話での母親の応対はもう一つぶっきらぼうな感じがしたのだが、実際に会ってみるとすごく親切にしてくれて、楽しい時間を過ごすことになった。プリティほどきれいなロイヤル・クマリはいなかったのではないかと言うと彼女の母親も（当然のことだが）大きく頷いていた。プリティは十三歳。二〇〇八年にやめて二年になるという。最近ではロイヤル・クマリといえども家庭教師がついていて、クマリの座を降りてすぐに小学五年に編入されて、いまはもう飛び級して同じ学年（中学二年）のクラスに入っている。

バスンダラー・プジャ

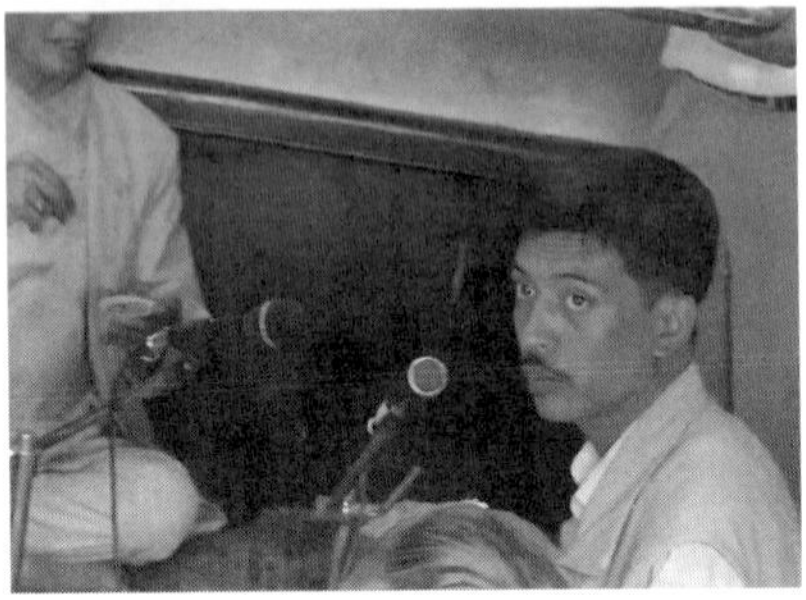

プジャを主導するシュレス

インドラジャトラ最終日。豊饒をもたらす大地母神バスンダラーを祝うバスンダラー・プジャがその日に行われる［口絵78・79］。十一時にパタンのゴールデンテンプルに行くと既に準備はできており、シュレスが唱えるマントラにしたがって、みんなが同じ文句を唱えつつ糸をたぐる。参加者は女性のみ。以前にもパタンで同じ儀礼を見たことがあるけれど、今回のほうが親密な雰囲気がただよっており、撮影しながらゆっくり過ごさせてもらった。一段落したらカトマンズのダルバールスクエアに戻ることになるだろう。最終日はおそらくまだ明るいうちに山車が出ることになるし、山車巡幸も比較的早めに進行して、それから長い夜を楽しむことになる。

あとがき――処女神よ、永遠に

大人になる前の女の子には不思議な力が宿っている。本書で論じてきた「処女神」だが、その処女というのは文字どおりの「処女」を意味しているわけではない。その言葉で言い表されているのはもっと象徴的なものである。むしろ、そこには年老いた熟練の宗教者が最後に追い求めようとする何かが含まれている。それはいったい何だろうか。

本書の前半でナボコフの『ロリータ』をはじめとする十三、四歳前後の女の子の不思議な魅力について書いた。その年齢の女の子には自分でもわからない変化が起こっている。そこでは、なにかが失われ、なにかが獲得される。これまで人々はそれを子どもから大人への通過儀礼のように見なしてきた。それゆえに関西には十三参りの風習があり、その年齢からくる危機を乗り越えるための大事な機会が与えられたのである。

また、アメリカ映画『タクシードライバー』（一九七六年）でジョディ・フォスターが演じる十三歳ちょっと手前の娼婦アイリスといい、同じくアメリカ映画『プリティ・ベビー』（一九七八年）でブルック・シールズが演じる十二歳すぎの娼婦バイオレットといい、どうしてそんな年齢に設定したのかと問いたくなるのだが、ある意味ではというか聖・俗まったく相反する物語ではあるけれど、クマリの運命と共通したところがないわけではない。

『プリティ・ベビー』でブルック・シールズが演じるバイオレットは、娼館で生まれ育って外のことを何も知らない女の子。十二歳というその年齢を境に外の世界へと導かれるというストーリー。映画では、バイオレットを救いたいと思った写真家の男が、彼のところに転がり込んできた少女に買い物ついでにおみやげの人形を渡すシーンがある。

「すてき、でもなぜ人形を」

「子どもには必要さ」

「わたしは子ども？」

ちょっと不満そうなバイオレット。それでも人形を離さない。

ぼくらもいまから十年ほど前に日本で人形を寄贈してもらって、カトマンズのクマリやEXクマリたちに届けたことがある。すばらしい時間だった。十三参りは「危機を乗り越えるために」どの世界の女の子にも共通して必要なのかもしれない。スタジオジブリの映画『魔女の宅急便』（一九八九年）でも、魔女の血を受け継ぐヒロインのキキが魔女として生きることを決心したのがちょうど十三歳の時だった。彼女らは十二歳以下ではいけないし、十六歳以上ではもっといけない。ちょうどそのあいだのある時期に昆虫の変態のような出来事が起こるのだ。その変化は世界を一変させてしまう力を持っている。

そう、その年齢に特有の危機とはいうものの、もしかしたら彼女らにはその内部でもっと大きな変化が起こっているのかもしれない。女の子の場合、そこで子どもを産むという特別な力を得るとともに、それまで暗々裏に保持してきた「神と親しく交わる力」を失うことになる。クマリが普通の女の子に戻ると、なにか憑き物でも落ちたかのようにすっきりとした表情になるのは気のせいではなかったのだろう。彼女らの大半は自分が神だった時のことをあまり憶えていない。そうやって歴代のロイヤル・クマリは知らないうちに大きな試練を乗り越えてきたのである。

一九八〇年に最初にネパールを訪れてからずいぶんと長い年月が経過してしまった。写真家の中村保さんがヒマラヤの写真集を出すというので、編集者、デザイナーなどにまぎれて総勢十名ほどのメンバーとネパールを訪れたのが最初だった。ぼくは大学に職を得たばかりでメンバー中最年少だった。その時泊まったのがホテル「ヤク&イエティ」のすぐ近くのゲストハウスだということは憶えているが、現在ではその痕跡はどこにも見当たらない。当時のメンバーのほとんどが既に亡くなっているということからしても時代の流れを感じさせられる。カトマンズと聞くとそうした記憶がよみがえってきて、ちょっとセンチメンタルな気分にさせられる。

それ以来毎年のようにカトマンズを訪れてはクマリのところに足を運び、気がつけば三十年以上経過したことになる。当初は古代ギリシアを舞台にした処女作『男が女になる病気』の東洋版である処女神クマリをめぐる謎解きを目指していたのだが、ぼくの謎解きはいつも謎のまわりを旋回するように飛び、むしろ謎そのものを深くしてしまうだけで、いっこうに何も明らかにならないまま終わってしまうことが多い。

しかし、まだ幼い女の子が神として選ばれるということ一つとっても、この世にはありえないことなど何一つないということが伝わってこないだろうか。仏教、ヒンドゥー教その他の信仰が折り重なるような場に処女神クマリが位置していて、ひたすら転生を繰り返す。神という概念だけがリアリティを持ち、彼女らの身体を通過していく。歴代のロイヤル・クマリといくらインタビューを重ねても、そこには神としての記憶の片鱗も残されていない。歴史はたえまなく動いていくが、それを動かす力（実体）はどこにも存在していない。それこそ宗教のダイナミズムそのものではなかろうか。

このところエチオピア、グルジア、アルメニアの人類学調査を続けており、再びヨーロッパの辺境性をめぐる議論に立ち戻っている。ちなみに、アルメニアは西暦三〇一年、世界で最初のキリスト教国となり、エチオピアはそれに次いで三五〇年にキリスト教国となって現在に至っている。ローマ帝国がキリスト教を国教としたのはミラノの勅令が出された後の三八〇年のことである。なぜアルメニアなのか、なぜエチオピアなのか。その詳細について現在調査を続けているところである。とはいうものの、それでも今年もカトマンズ調査に入ることになるだろう。そこには一生かかっても終わりが見えない多くの課題が横たわっているからである。今年の二月からブータン、チベットと調査を重ねてきたが、再び秋にはネパールに戻りたいと思っている。

さて、本書の成立については多くの人々の力が必要だった。まず第一に名前を挙げなければならないのは、当初からずっと助手として一緒に調査を進めてくれた峰純さんで、彼女の助けがなければ本書は成立しなかっただろう。そして、調査に協力してくれたトリブヴァン大学のプレム・K・カトリ（Prem K. Khatry）教授夫妻、パタンふるさと日本語学校長のシャム・バハドル・ダンゴル（Shyam BDR. Dangol）先生、パタンで仏像づくりを仕事にしているラジャン・サキャ（Rajan Shyakya）、スダン・サキャ（Sudan Shakya）、スニル・ヴァジュラチャリヤ（Sunil Vajracarya）ら友人たち。マイケル・アレンの翻訳を通じて手伝ってくれた磯忠幸くん、調査に同行して写真を提供してくれた春日聡くん、大西恵子さん、一緒にカトマンズに通いつめた学生たち、関大の大学院で一緒に議論した院生の諸君らも含めて、みなさんに感謝の意を表したい。そして、本書の出版に尽力していただいた文芸編集部の鯉沼広行氏には言葉では言い尽くせないほどの協力をいただいた。みなさん本当にありがとう。

二〇一四年六月

著者記す

註一覧

はじめに

★01 白洲正子『十一面観音巡礼』新潮社、二〇一〇年。

★02 モンテーニュ『エセー』筑摩世界文学大系13、原二郎訳、筑摩書房、一九七三年。

第1章

★01 英語ではKathmandu Valleyだが、日本語では「渓谷」というよりも「盆地」と呼ぶほうが適当であろう。

★02 大物忌については、櫻井勝之進『伊勢神宮の祖型と展開』国書刊行会、一九九一年。岡田精司『古代祭祀の史的研究』塙書房、一九九二年など参照。

★03 日本ネパール協会編『ネパールを知るための60章』明石書店、二〇〇〇年。

★04 リッチャヴィ王朝を九世紀までとする区分もある。石井溥編『もっと知りたいネパール』弘文堂、一九八六年。

★05 那谷敏郎『ネパールの生神様』平凡社、一九七七年。

★06 Mollica Dastider, *Religious Minorities in Nepal*, Nirala Publication, 1995., Naresh M. Bajracharya, *Buddhism in Nepal*, Eastern Book Linkers, 1998. 日本でも田中公明、吉崎一美『ネパール仏教』春秋社、一九九八年などが出版されている。

第2章

★01 実際にはパタンやバクタプルのネワール社会でもまったく見られないわけではないが、ほとんど気づかれないほどである。

★02 Gérard Toffin, "The Indra Jatra of Kathmandu as a Royal Festival: Past and Present", *Contributions to Nepalese Studies*, Vol.19, No.1, 1992.

★03　Margaret & James Stutley, *A Dictionary of Hinduism*, Routledge & Kegan Paul, 1977.

★04　寺田鎮子「ネパールの杜祭りと王権」『ドルメン』4号、一九九〇年。この論文はインドラジャトラについて日本で書かれた最もすぐれた論文の一つである。

★05　Narayan P. Shrestha, *Kathmandu: The Eternal Kumari*, Saroj &Kauz, 1997.

第3章

★01　ガブリエル・ガルシア＝マルケス『百年の孤独』鼓直訳、新潮社、一九九九年。二人の対照的な女の子を描いたものとしては、アカデミー賞作品賞を受賞した映画『アメリカン・ビューティー』（一九九九年）をも参照のこと。

第4章

★01　この章の記述は、主にMicheal Allen, *The Cult of Kumari Virgin Worship in Nepal, Kathmandu*, 1975, 1986, 1996. に依拠している。八母神については、立川武蔵『女神たちのインド』せりか書房、一九九〇年、および、Indra Majupuria & Patricia Roberts, *Kumari: Living Virgin Goddess*, Craftsmen Press, 1993, 2007の口絵を参照されたい。50頁の図は、Trilok C. Majupuria & Rohit Kumar, *Gods, Goddesses & Religious Symbols of Hinduism, Buddhism & Tantrism*, M. Devi, New Edition, 2008に拠る。

★02　*ibid.*

★03　*ibid.*

★04　*ibid.*

★05　ここでの記述は『エリュトゥラー海案内記』村川堅太郎訳、中央公論社、一九九三年に拠る。Mahabharata（マハーバーラタ）。古代インドの宗教的、哲学的、神話的叙事詩。ヒンドゥー教の聖典でもあり、ラーマーヤナと並ぶインド二大叙事詩のひとつ。原本はサンスクリット語で書かれ、全十八巻、十万詩節、二十万行を超える。

★06　ネパールの王統譜『バンシャバリ』はネパール独自の伝承文献で、これについてはライト（D. Wright）が採集したものなどいくつかあるが、佐伯和彦氏も指摘するように古い時代についての記述は十分信頼にたるものとは言えない。その詳細については、Kamal.P. Malla, *Classical Newari Literature: a Sketch,* Educational Enterprise, 1982、佐伯和彦『ネパール全史』明石書店、二〇〇三年参照。

★07 Micheal Allen, *op.cit.*

★08 *ibid.*

★09 *ibid.* ちなみにヴァジュラヤナ仏教とは金剛乗仏教のことを指している。チベット仏教では、仏教を小乗、菩薩乗（大乗）、金剛乗（真言乗）に分類しており、金剛乗仏教は日本では真言密教に対応している。

★10 *ibid.*

★11 *ibid.*

★12 Niloufar Moaven, "Enquete sur les Kumari", *Kailash,* II (3), 1974.

第5章

★01 ここでの仏教とヒンドゥー教との関係については、Mary S. Slusser, *Nepal Mandala,* Vol1-2, Mandara Book Point, 1982, 1998, David N.Gellner, *Monk, Householder,and Tantric Priest,* Cambridge University Press, 1992を参照のこと。特にマリー・スラッサー『ネパール・マンダラ』（全2巻）の功績は大きい。ネパール文化全般にわたる議論もよく目の行き届いたものだが、とりわけ第2巻の図版がすばらしい。

★02 このあたりの議論については中村元「真言密教の成立」、山折哲雄「密教における内臓認識」、三枝充悳「密教と私」を参照せよ。『現代思想』特集・密教、一九八三年九月号所収。

★03 輪廻転生については、ヴィッキー・マッケンジー『チベット 奇跡の転生』山際素男訳、文藝春秋、一九九五年、および、ハニー・エル・ゼイニ&キャサリン・ディーズ『転生者オンム・セティと古代エジプトの謎』田中真知訳、学習研究社、二〇〇八年などが興味深い。

★04 ティカについては、佐々木幹郎『カトマンズ デイ ドリーム』五柳書院、一九九三年参照。

第6章

★01 クマリ選出委員会については、斎藤昭俊『インドの民俗宗教』吉川弘文館、一九八四年にも記述あり。

★02　ここに列挙された三十二の身体的条件は、主にNiloufar Moaven, "Enquete sur les Kumari", *Kailash*, II (3), 1974を典拠としているが、Micheal Allen, *op.cit.* の注のリストとのあいだには二、三異同がある。主な異同については、「整った爪」「長く形のよい足指」「鶩のように澄んで柔らかな声」などだが、それについてはまた別の機会に論じてみたい。

★03　ミシェル・フーコー『言葉と物』渡辺一民・佐々木明訳、新潮社、一九七四年。

★04　龍樹の『大智度論』は大品般若経の百巻にも及ぶ注釈書であるが、その巻四に三十二相についての記載がある。バティスラクチェンとの異同を正確に確かめることもできる。

第7章

★01　澁澤龍彦『エロティシズム』桃源社、一九七七年。

★02　「けだし前代の女性が霊界の主要なる事務を管掌して、能くこの世の為に眼に見えぬ障碍を除去し、必ず来るべき厄難を予告することによって、言われなき多くの不安を無用とし、乃至男たちの単独では決し難い問題に、色々の暗示を与える等、隠れて大切な役目を果たして居たことは、もう我邦ではわかりきった歴史である……」。柳田國男「妹の力」『定本柳田國男集』第9巻、筑摩書房、一九六九年。

★03　松村一男『女神の神話学』平凡社、一九九九年。

★04　ウラジーミル・ナボコフ『ロリータ』大久保康雄訳、新潮文庫、一九八〇年。

★05　同。

★06　同。

★07　シェイクスピア『ロミオとジュリエット』中野好夫訳、新潮文庫、改版、一九九四年。正確な訳文は以下のとおり。「娘はまだ、全くの世間知らずでございましてな、まだ十四の春も迎えていませんような始末、娘盛り、せめてもう二夏の繁りを過ぎませんことには、嫁入り頃とは、どうもまだ思えませんのでね」

★08　マルキ・ド・サド『悪徳の栄え』澁澤龍彦訳、河出文庫、一九九〇年。

★09　ウラジーミル・ナボコフ、前掲書。
★10　谷崎潤一郎「少年」『刺青・秘密』新潮文庫、一九六九年。なお、この章の記述については、村瀬学『13歳論』洋泉社、一九九九年をも参照のこと。
★11　澁澤龍彥、前掲書。
★12　松村一男、前掲書。

第8章

★01　Georges Dumézil, *Mitra-Varuna*, Gallimard, 1948. G・デュメジルの著作は現在幾つか翻訳になっているが、当時はほとんど名前も知られていなかった。
★02　この章の記述は主に Mary M. Anderson, *The Festivals of Nepal*, Rupa, 1971,1988. に依拠している。
★03　*ibid.*
★04　Micheal Allen, *ibid.*

第9章

★01　植島啓司『男が女になる病気』朝日出版社、一九八〇年。
★02　ヒポクラテス『古い医術について』小川政恭訳、岩波書店、一九六三年。
★03　アリストテレス「ニコマコス倫理学」加藤信朗訳『アリストテレス全集』第13巻、岩波書店、一九七三年。
★04　ヘロドトス『歴史』松平千秋訳、岩波書店、一九七一年。
★05　M. I. Rostovtzeff, *Iranians and Greeks in South Russia*, Oxford, 1992、M・ロストウツェフ『古代の南露西亜』坪井良平・榧本亀次郎訳、桑名文星堂、一九四四年。
★06　J. G. Frazer, *The New Golden Bough*, Macmillan, 1959, p.372.
★07　ジェフリー・グリグスン『愛の女神』沓掛良彦・榎本武文訳、書肆風の薔薇、一九九一年。
★08　ヘロドトス、前掲書。

★09　ジェフリー・グリグスン、前掲書。
★10　ミルチャ・エリアーデ『豊饒と再生』小苅米晛訳『エリアーデ著作集』第2巻月報、せりか書房、一九七四年。

第10章

★01　ロイヤル・クマリの名は在任中けっして明かされることはない。彼女らのその後については Indra Majupuria & Patricia Roberts, *Kumari: Living Virgin Goddess*, Craftsmen Press, 1993. や Rashmila Shakya, *From Goddess to Mortal*, Vajra Publications, 2007 などにも描かれている。
★02　ライヘル＝ドルマトフ『デサナ』寺田和夫・友枝啓泰訳、岩波書店、一九七三年。
★03　ミシェル・レリス『幻のアフリカ』岡谷公二他訳、イザラ書房、一九七一年。
★04　Micheal R.Allen, *op.cit.*, Niloufar Moaven, *op.cit.* なおクマリの分類については Indra Majupuria & Patricia Roberts, *op.cit.* にも一覧表あり。

第11章

★01　フランス映画『エコール』二〇〇六年日本公開。
★02　Carlo Buldrini,"Child Goddess or Captive?", *New Delhi*, Nov-Dec, 1980.
★03　*ibid.*
★04　Indra Majupuria & Patricia Roberts, *op.cit.*
★05　以下の監督インタビューは、すべて映画『エコール』劇場用パンフレット（シネマライズ No.165）からの引用である。ルシール・アザリロヴィック監督は、インタビュアーに「この映画を観ていて思い出された作品が2つあります。ダリオ・アルジェント監督の『サスペリア』（一九七七）とピーター・ウィアー監督の『ピクニック at ハンギング・ロック』（一九七五）です」と言われて、「その2作品を思い出していただけたのは嬉しいです」と答えている。『サスペリア』は同じ短編を原作とするホラーであり、『ピクニック at ハンギング・ロック』は思春期の少女らがピクニックの最中に突然失踪してしまう実際にあった事件の映画化である。彼女は、それにヴィクトル・エリセ監督の『ミツバチのささやき』（一九七三）を自分自身で付け加えている。

第12章

★01 宮田登『生き神信仰』塙書房、一九七〇年。本書は、柳田國男「人を神に祀る風習」から加藤玄智『本邦生祠の研究』をへて、生き神崇拝の実態について論じている。新宗教の教祖たちから天皇崇拝までを民衆の宗教意識の流れのなかで捉えようとしたものである。

★02 ババ（Baha）とはサンスクリットのヴィハーラを語源としており、妻帯した僧の住居を意味しており、バヒ（Bahi）は独身僧のための住居で、もともとはバヒが組織形態としては昔のヴィハーラに通じるとされている。宮脇檀・中山繁信編『Wandering Kathmandu―ネパール・カトマンドゥの都市ガイド』建築知識、一九九九年。

★03 以下の記述は主に、Micheal Allen, *op.cit.* に依拠している。

★04 *ibid.*

★05 E・R・ドッズ『ギリシア人と非理性』岩田靖夫・水野一訳、みすず書房、一九七二年。翻訳では「ドッズ」になっているが、そう発音されることはないので本文では「ダッズ」に統一した。

★06 ワカンタンカとはネイティブ・アメリカンのスー族にとっての創造主を意味している。アニマ・ムンディとは錬金術などでいう「宇宙の霊魂」の意味。マナはメラネシアにおける超自然的な力を指しており、日本の「カミ」概念と近いニュアンスで用いられる。オルゴンとは精神医学者W・ライヒが発見したとされる自然界に遍在するエネルギーを指す。

第13章

★01 David N.Gellner, *op.cit.*

★02 二〇〇三年当時サジーナは七歳だったので、調査した二〇〇六年の時点では新しいエカンタ・クマリが選任されていたかもしれない。M・R・アレンは一九七五年のバクタプルのエカンタ・クマリ

★03 Buramayani Vajracharya について記しているが、彼女は当時十二歳で、五歳のときにクマリに選任されている。Micheal Allen, *op.cit.*

★04 次の取材では自分の話を忘れてしまっていたので、ナレンドラの言うことはあまり信用できないかもしれない。

アシュタ・マトリカ（八母神）は、第4章で登場した「サプタ・マトリカ（七母神）」にマハーラクシュミーが加わったものである。

第14章

★01 内藤道雄『聖母マリアの系譜』八坂書房、二〇〇〇年。中丸明『聖母マリア伝承』文春新書、一九九九年。植田重雄『聖母マリヤ』岩波新書、一九八七年など参照。

★02 『聖書 新共同訳』日本聖書教会、一九八七年。ただし、本文のルビは省略したところもある。

★03 *Newsweek*（電子版）2004. 12. 5.

★04 中丸明、前掲書。

★05 アルメニア映画 *The Priestess*（Vigen Chaldranian 監督）二〇〇七年、日本未公開。

★06 内藤道雄、前掲書。

第15章

★01 Micheal Allen, *op.cit.* ブンガマティのマチェンドラナート寺院の世話役（Panju）は、七名のヴァジュラチャリヤと二十四名のサキャからなり、その七名のヴァジュラチャリヤの家族からクマリが選任されているとしている。

★02 Prem K. Khatry, "The Kumari of Bungmati," *Aspects of Nepali Culture*, Everest Book Service, 1989. トリブヴァン大学のプレム・カトリ教授（二〇〇一—〇二年関大客員教授）とは当時からしばしば一緒に調査に出かけていた。

★03 田中公明・吉崎一美、前掲書。

第16章

★01 アントニオ・タブッキ『インド夜想曲』、須賀敦子訳、白水社、一九九一年。その他、フェルナンド・ペソア『不穏の書、断章』澤田直訳、思潮社、二〇〇〇年も参照のこと。

★02 辛島昇・坂田貞二編『南インド』、山川出版社、一九九九年。

★03 立川武蔵『シヴァと女神たち』(大村次郷・写真) 山川出版社、二〇〇二年。

★04 植島啓司『聖地の想像力』集英社新書、二〇〇〇年。

★05 ネパールのクマリについてはこれまでに三度番組を作ったことがある。NHK素晴らしき地球の旅『少女神クマリとの出会い』(一九九五年放映)、TBS『神々の詩』(一九九九年放映)、NHKスペシャル『アジア古都物語　カトマンズ』(二〇〇二年放映)[口絵25]。

第17章

★01 アラン・ド・ボトン『旅する哲学』安引宏訳、集英社、二〇〇四年。

★02 このストーリーについては多くの民話集に収録されている。Kesar Lall, *Lore and Legend of Nepal*, Tiwari's Book House, 1991.

第18章

★01 ゴルカナートについては、Jnan K. Manandhar, *The Legends of Nepal*, Sukhaveti Manandhar, 2002 を参照のこと。

★02 M・エリアーデ『ヨーガ2』立川武蔵訳、『エリアーデ著作集』第10巻、せりか書房、一九七五年。

★03 同。

★04 同。

★05 同。

★06 すでにトニー・ハーゲン『ネパール』町田靖治訳、白水社、一九九七年にも、「マチェンドラナートはネワール仏教では観音菩薩として、ヒンドゥー教ではシヴァ神として崇拝されている」という記述がみられる。

★07 彌永信美『観音変容譚』法蔵館、二〇〇二年。

第19章

★01 John K. Locke, *Karunamaya*, Sahayogi Prakashan, 1980.

★02 *ibid.*

★03 彌永信美、前掲書。

★04 高橋明「蓮」『世界宗教大事典』平凡社、一九九一年。

★05 彌永信美、前掲書。

★06 汎亜細亜文化交流センター編「シルクロード西域文物展：江上波夫コレクション」解説、一九九四年。

★07 「ハーゾークト・ナスク第二章」については、辻直四郎編「アヴェスター」『世界古典文学全集』3、筑摩書房、一九六七年。さらに小林太市郎「千手信仰の民間的潮流」『小林太市郎著作集』7、淡交社、一九七四年。清水乞「観音の原像をめぐって」『観音信仰事典』戎光祥出版、二〇〇〇年など参照のこと。

★08 以下の観音信仰についての記述は、主に速水侑編『観音信仰事典』戎光祥出版、二〇〇〇年を参照させてもらった。それ以外の文献については「参考文献」をご覧になっていただきたい。

★09 同。

★10 同。

第20章

★01 比較表については、かつて大学院の学生だった磯忠幸、谷岡茂良くんらの研究発表をも参考にさせてもらった。特に磯忠幸くんはマイケル・アレン『クマリ信仰』の全訳をするなど多大な貢献をしてくれた。ここに感謝の意を表したい。

★02 John K. Locke, *op.cit.*

★03　以下の記述については Mary M. Anderson, *op.cit.* 参照。

第21章

★01　Micheal Allen, *op.cit.*

★02　John K. Locke, *op.cit.*

★03　菊地成孔のアルバム『La Pensee Sauvage／野生の思考』のジャケットを飾るホテルで、ジミ・ヘンドリクスらも泊まったとされている。

第22章

★01　彌永信美、前掲書。

★02　John K. Locke, *op.cit.* つまり、アヴァロキテシュヴァラについての最初の碑文の記述は五五七年の日付となっており、ナレンドラデヴァの治世（在位六四四―八〇）とはほぼ百年のずれが見られる。Ranjana Bajracharya, *Bodhisattva Avalokitesvara*, Bhakta Nanda Bajracharya, 2003 も参照のこと。

★03　佐伯和彦、前掲書。

★04　John K. Locke, *op.cit.*

★05　吉崎一美は『ネパール仏教』（一九九八年）でカルナマヤについて以下のようにまとめている。「たとえばカトマンドゥ盆地で最も人気のあるカルナーマヤという仏教神は観音の化身として絶大な信仰を得て今日に至るが、ヒンドゥーの諸王はこの信仰を国家的な行事として受け入れる代わりに、この神をヴィシュヌ、あるいはシヴァ神の化身として、その名もマチェンドラ・ナート（マッチンドラ・ナートともいう）と呼び改めさせ、その祭りにヒンドゥーのバラモンたちを参加させるように定めた。またこのカルナーマヤ尊（赤観音、ブンガ・デオ）はもともとはパタンの南に位置するブンガマティ村のブンガ・バハに安置されていたが、十七世紀中頃からはパタン市内にも寺（タ・バハ内の御座所）が作られ、二つの寺を半年ごとに遷座させられるようになった」。

第23章

★01 那谷敏郎、前掲書。
★02 John K. Locke, *op.cit.*
★03 セト・マチェンドラナートについては以下を参照のこと。Trilok & Indra Majupuria, *Holy Places of Buddhism in Nepal and India*, Tecpress Books, 1997. 立川武蔵編『講座 仏教の受容と変容』チベット・ネパール編、佼成出版社、一九九一年。
★04 バスンダラー・プジャについては、Karunakar Vaidya, *Buddhist Traditions and Culture of the Kathmandu Valley*, Shjha Prakashan, 1986 を見よ。カトマンズ盆地の女性らにとっては実際にはこういうローカルな信仰のほうが人々の日常に近いところに位置しており、年に一度の大祭よりも人々のあいだによく浸透している。なお、マイケル・アレンも、クマリとバスンダラー女神とマハーラクシュミーとがほぼ同一の神格であることを示唆している。

第25章

★01 *The Kathmandu Post, 2010. 9. 22.*

主要参考文献

Micheal Allen, *The Cult of Kumari: Virgin Worship in Nepal,* Kathmandu, 1975, 1986, 1996.

John K. Locke, *Karunamaya,* Sahayogi Prakashan, 1980.

Mary M. Anderson, *The Festivals of Nepal,* Rupa, 1971, 1988.

Mary S. Slusser, *Nepal Mandala,* Vol1-2, Mandara Book Point, 1982,1998.

D. R. Regmi, *Inscriptions of Ancient Nepal,* Abhinav Publications, 1983.

David N. Gellner, *Monk, Householder,and Tantric Priest,* Cambridge University Press, 1992.

M. Dastider, *Religious Minorities in Nepal,* Nirala Publications, 1995.

R. Levy, *Mesocosm: Hinduism and the Organization of a Traditional Newar City in Nepal,* University of California Press, 1990.

Kesar Lall, *Gods and Mountains,* Nirala Publications, 1991.

Kesar Lall, *Lore and Legend of Nepal,* Tiwari's Book House, 1991.

Narayan P. Shrestha, *Kathmandu: The Eternal Kumari,* Saroj & Kauz, 1997.

Trilok Chandra Majupuria & Rohit Kumar, *Gods, Goddesses & Religious Symbols of Hinduism, Buddhism & Tantrism,* M. Devi, New Edition, 2008.

Trilok Chandra & Indra Majupuria, *Holy Places of Buddhism in Nepal & India,* Tecpress Books, 1997.

Indra Majupuria, *Nepalese Women,* Craftsmen Press, 1996.

Indra Majupuria & Patricia Roberts, *Kumari: Living Virgin Goddess,* Craftsmen Press, 1993.

Anne Vergati, *Gods and Masks of the Kāṭhmāṇḍu valley,* D. K. Printworld, 2000.

Götz Hagmüller, *Patan Museum,* Serindia Publications, 2003.

Georges Dumézil, *Mitra-Varuna,* Gallimard, 1948.

Lydia Aranne, *The Art of Nepal,* Sahayogi Prakashan, 1978.
Hemanta K. Jha, *Hindu-Buddhist Festivals of Nepal,* Nirala Publications, 1996.
Jim Goodman, *Nepalese Festivals,* Surya print Process, 1992.
Juan Bahadur Sakya, *Short Description of Gods, Goddesses and Ritual Objects of Buddhism and Hinduism in Nepal,* Subhash Printing Press, 1989.
Kamal P. Malla, *Classical Newari Literature: a Sketch,* Educational Enterprise, 1982.
Naresh Man Bajracharya, *Buddhism in Nepal,* Eastern Book Linkers, 1998.
Karunakar Vaidya, *Buddhist Traditions and Culture of the Kathmandu Valley,* Shajha Prakashan, 1986.
Prakash A. Raj, *Some Tibetan Buddhist Monasteries of Nepal,* Nabeen Publications, 1999.
Gayatri Sinha(ed.), *Woman/Goddess,* Multiple Action Research Group, 1999.
Narendra N. Bhattacharyya, *The Indian Mother Goddess,* Manohar Publishers & Distributors, 1970, 1977, 1999.
Harischandra Lal Singh, *Reflections on Buddhism of the Kathmandu Valley,* Educational Enterprise, 1996.
Min Bahadur Shakya, *The Iconography of Nepalese Buddhism,* Handicraft Association of Nepal, 1994.
Rishikeshab Raj Regmi, *Kathmandu, Patan & Bhaktapur,* Nirala Publications, 1993.
Margaret & James Stutley, *A Dictionary of Hinduism,* Routledge & Kegan Paul, 1977.
Jnan Kaji Manandhar, *The Legends of Nepal,* Sukhaveti Manandhar, 2002.
Dhooswan Sayami, *The Lotus and the Flame,* Ratna Pustak Bhandar, 1972, 1980.
Jimmie & Adrian Storrs, *People and Places in and around the Kathmandu Valley,* Sahayogi Press, 1986.
Ranjana Bajracharya, *Bodhisattva Avalokitesvara and his symbolic mantra "Om mani padme hum",* Bhakta Nanda Bajracharya, 2003.
Rashmila Shakya, *From Goddess to Mortal,* Vajra Publications, 2007.
Micheal Allen, "Buddhism without Monks: The Vajrayana Religion of the Newars of Kathmandu Valley,"

South Asia, no.3, 1973.
Micheal Allen, "Kumari or 'Virgin' Worship in Kathmandu Valley," *Contributions to Indian Sociology,* vol.1, no.2, 1976.
David N.Gellner, "Priests, Healers, Mediums and Witches: The Context of Possession in the Kathmandu Valley, Nepal", *Man,* vol29, no.1, 1994.
Gérard Toffin, "Société et Religion chez les Newar du Nepal,", CNRS, 1984.
Gérard Toffin, "Le Palais et le Temple: La fonction royale dans la vallée du Népal,", CNRS, Paris, 1993.
Gérard Toffin,"The Indra Jatra of Kathmandu as a Royal Festival: Past and Present", *Contributions to Nepalese Studies,* Vol.19, No.1, 1992.
Niloufar Moaven, "Enquete sur les Kumari", *Kailash,* II (3), 1974.
Prem K. Khatry, "The Kumari of Bungmati", *Aspects of Nepali Culture,* Everest Book Service, 1989.
Prem K. Khatry, "Rain for the Drought: an Anthropological Inquiry into the Structure of a Buddhist Festival in Kathmandu", *Contributions to Nepalese Studies,* vol.23, no.1, 1996.
Carlo Buldrini, "Child Goddess or Captive?", *New Delhi,* Nov-Dec, 1980.
Stahl Anca Vergati," Grand Reportages,", Mars/Avril, 1980.
John Mellowship, "Child Goddess of a Himalayan Kingdom", *Reflections,* 1992.
川喜田二郎監修『ネパール研究ガイド』日外アソシエーツ、一九八四年
那谷敏郎『ネパールの生神様』平凡社、一九七七年
佐伯和彦『ネパール全史』明石書店、二〇〇三年
トニー・ハーゲン『ネパール』町田靖治訳、白水社、一九九七年
デイヴィッド・スネルグローヴ『ヒマラヤ巡礼』吉永定雄訳、白水社、一九八一年
川喜田二郎監修『ネパール叢書 神話と伝説の旅』古今書院、一九八一年

斎藤昭俊「クマリ・プージャとマリ女神」『智山学報』29号、一九八〇年
斎藤昭俊『インドの民俗宗教』吉川弘文館、一九八四年
ビジャイ・マッラ『神の乙女クマリ』寺田鎮子訳、新宿書房、一九九四年
寺田鎮子「ネパールの柱祭りと王権」『ドルメン』4号、一九九〇年
寺田鎮子「ネパールの生き神・クマリ」①②③『春秋』三七一―三七三号、一九九五年
立川武蔵『女神たちのインド』せりか書房、一九九〇年
立川武蔵『シヴァと女神たち』（大村次郷・写真）山川出版社、二〇〇二年
立川武蔵編『講座 仏教の受容と変容3』チベット・ネパール編、佼成出版社、一九九一年
立川武蔵・頼富本宏編『インド密教』春秋社、一九九九年
フィリップ・ローソン『タントラの世界』本園正興訳、青土社、二〇〇〇年
田中雅一編『女神』平凡社、一九九八年
石井溥編『もっと知りたいネパール』弘文堂、一九八六年
田中公明、吉崎一美『ネパール仏教』春秋社、一九九八年
日本ネパール協会編『ネパールを知るための60章』明石書店、二〇〇〇年
宮脇檀・中山繁信編『Wandering Kathmandu―ネパール・カトマンドゥの都市ガイド』建築知識、一九九九年
マイケル・J・ルーハン「クマリ」西奥史訳『太陽』一九九〇年七月号
松村一男『女神の神話学』平凡社、一九九九年
ハリー・オースティン・イーグルハート『女神のこころ』矢鋪紀子訳、現代思潮新社、二〇〇〇年
辛島昇・坂田貞二編『南インド』山川出版社、一九九九年
M・エリアーデ『豊饒と再生』小苅米晛訳『エリアーデ著作集』第2巻月報、せりか書房、一九七四年
M・エリアーデ『ヨーガ2』立川武蔵訳『エリアーデ著作集』第10巻、せりか書房、一九七五年

佐々木幹郎『カトマンズ デイドリーム』五柳書院、一九九三年
フレイザー『金枝篇』永橋貞介訳、岩波文庫、二〇〇二年
J・グリグスン『愛の女神』沓掛良彦・榎本武文訳、書肆風の薔薇、一九九一年
中村元「真言密教の成立」『現代思想』特集・密教、一九八三年九月号
山折哲雄「密教における内臓認識」『現代思想』特集・密教、一九八三年九月号
三枝充悳「密教と私」『現代思想』特集・密教、一九八三年九月号
ヴィッキー・マッケンジー『チベット 奇跡の転生』山際素男訳、文藝春秋、一九九五年
ハニー・エル・ゼイニ&キャサリン・ディーズ『転生者オンム・セティと古代エジプトの謎』田中真知訳、学習研究社、二〇〇八年
ダライ・ラマ『ダライ・ラマ「死の謎」を説く』クレスト社、一九九四年
ジャン・ポワスリエ『ブッダの生涯』木村清孝監修、富樫瓔子訳、創元社、一九九五年
宮田登『生き神信仰』塙書房、一九七〇年
柳田國男『妹の力』『定本柳田國男集』第9巻、筑摩書房、一九六九年
彌永信美『観音変容譚』法藏館、二〇〇二年
速水侑『観音信仰』塙書房、一九七〇年
鎌田茂雄『観音のきた道』講談社現代新書、一九九七年
前田孝道『観音信仰入門』朱鷺書房、一九八七年
速水侑『観音・地蔵・不動』講談社現代新書、一九九六年
速水侑「観音信仰のあゆみ」『観音信仰事典』戎光祥出版、二〇〇〇年
大法輪閣編集部編『観音さま入門』大法輪閣、二〇〇〇年
高橋明「蓮」『世界宗教大事典』平凡社、一九九一年
汎亜細亜文化交流センター編「シルクロード西域文物展：江上波夫コレクション」解説、一九九四年

清水乞「観音の原像をめぐって」『観音信仰事典』戎光祥出版、二〇〇〇年
小林太市郎「千手信仰の民間的潮流」『小林太市郎著作集』7、淡交社、一九七四年
網野房子「龍と観音」『観音信仰事典』戎光祥出版、二〇〇〇年
宮坂宥勝「密教の歴史的意義」『密教の歴史』講座密教第2巻、春秋社、一九七七年
金岡秀友「ネパール・チベット・モンゴルの密教」『密教の歴史』講座密教第2巻、春秋社、一九七七年
ドッズ『ギリシァ人と非理性』岩田靖夫・水野一訳、みすず書房、一九七二年
西郷信綱『古代人と夢』平凡社、一九七二年
佐藤任『ブッダの謎―仏教西アジア起源論』出帆新社、二〇〇〇年
ガブリエル・ガルシア＝マルケス『百年の孤独』鼓直訳、新潮社、改訳版、二〇〇六年
ウラジーミル・ナボコフ『ロリータ』大久保康雄訳、新潮社、一九八〇年
澁澤龍彦『エロティシズム』桃源社、一九七七年
植島啓司『男が女になる病気』朝日出版社、一九八〇年
ヒポクラテス『古い医術について』小川政恭訳、岩波書店、一九六三年
アリストテレス「ニコマコス倫理学」加藤信朗訳『アリストテレス全集』第13巻、岩波書店、一九七三年
ヘロドトス『歴史』松平千秋訳、岩波書店、一九七一年
M・ロストウツェフ『古代の南露西亜』坪井良平・榧本亀次郎訳、桑名文星堂、一九四四年
ライヘル＝ドルマトフ『デサナ』寺田和夫・友枝啓泰訳、岩波書店、一九七三年
ミシェル・レリス『幻のアフリカ』岡谷公二他訳、イザラ書房、一九七一年
アラン・ド・ボトン『旅する哲学』安引宏訳、集英社、二〇〇四年
アントニオ・タブッキ『インド夜想曲』須賀敦子訳、白水社、一九九一年
フェルナンド・ペソア『不穏の書、断章』澤田直訳、思潮社、二〇〇〇年
ミシェル・フーコー『言葉と物』渡辺一民・佐々木明訳、新潮社、一九七四年

植島啓司『聖地の想像力』集英社新書、二〇〇〇年
村瀬学『13歳論』洋泉社、一九九九年
内藤道雄『聖母マリアの系譜』八坂書房、二〇〇〇年
植田重雄『聖母マリヤ』岩波新書、一九八七年
中丸明『聖母マリア伝承』文春新書、一九九九年
本田和子他『少女論』青弓社、一九八八年
アンケ・ベルナウ『処女の文化史』夏目幸子訳、新潮社、二〇〇八年
『エコール』劇場用パンフレット（シネマライズNo.165）

初出　「青春と読書」2005年11月号〜2007年6月号
＊単行本化にあたり、大幅に加筆・修正をおこないました。

彫刻／儀保克幸（The Flame 2008）
装丁／高柳雅人

本文組版／アミークス

＊本文中の写真で撮影者・出所等の明示がないものは、著者および、峰純、春日聡、大西恵子、鯉沼広行ほかによります。

植島啓司
1947年東京生まれ。宗教人類学者。東京大学卒業。東京大学大学院人文科学研究科博士課程修了後、シカゴ大学大学院に留学、ミルチャ・エリアーデらのもとで研究する。NYのニュースクール・フォー・ソーシャルリサーチ客員教授、関西大学教授、人間総合科学大学教授などを歴任。70年代から国内外で宗教人類学調査を続けている。『聖地の想像力』『世界遺産 神々の眠る「熊野」を歩く』『日本の聖地ベスト100』『「頭がよい」って何だろう』『偶然のチカラ』『生きるチカラ』他、著書多数。

処《しょ》女《じょ》神《しん》 少女《しょうじょ》が神《かみ》になるとき

2014年7月30日　第1刷発行

著者　植島啓司《うえしまけいじ》

発行者　加藤 潤

発行所　株式会社集英社

〒101-8050　東京都千代田区一ツ橋2-5-10
電話　03-3230-6100（編集部）
03-3230-6393（販売部）
03-3230-6080（読者係）

印刷所　大日本印刷株式会社

製本所　株式会社ブックアート

©2014 Keiji Ueshima, Printed in Japan
ISBN978-4-08-771564-4　C0014
定価はカバーに表示してあります。

造本には十分注意しておりますが、乱丁・落丁（本のページ順序の間違いや抜け落ち）の場合はお取り替え致します。購入された書店名を明記して小社読者係宛にお送り下さい。送料は小社負担でお取り替え致します。但し、古書店で購入したものについてはお取り替え出来ません。
本書の一部あるいは全部を無断で複写・複製することは、法律で認められた場合を除き、著作権の侵害となります。また、業者など、読者本人以外による本書のデジタル化は、いかなる場合でも一切認められませんのでご注意下さい。

植島啓司の本

聖地の想像力
――なぜ人は聖地をめざすのか

エルサレムやメッカ、古代の神殿など世界各地の聖地を訪れて考察、
その特別な空間の本質を明らかにする。

世界遺産 神々の眠る「熊野」を歩く
［写真／鈴木理策］

聖地研究の第一人者と地元出身の写真家が、熊野の深層に迫り、
その本当の魅力を伝える決定版カラー新書。

日本の聖地ベスト100

長期調査にもとづき、必ず訪れるべき聖地をランキングしつつ解説。
日本古来の魅力を探訪する画期的試み。

「頭がよい」って何だろう
――名作パズル、ひらめきパズルで探る

本当の意味で頭がよいとは何か？
柔軟な発想やひらめきが必要な難問奇問、天才たちのエピソードから探る。

偶然のチカラ

占いや確率、宗教やスピリチュアルを超え、偶然のしくみを知ることから始める、
幸福への新しい方法論。

生きるチカラ

人は誰もがさまざまな課題や困難に出会って生きている。
悩みを断ち、迷いを消す、究極の思考法を示す。

集英社新書